Praxis des Bewegten Ganztags

Aus Gründen der besseren Lesbarkeit haben wir uns entschlossen, durchgängig die männliche (neutrale) Anredeform zu nutzen, die selbstverständlich die weibliche mit einschließt.

Das vorliegende Buch wurde sorgfältig erarbeitet. Dennoch erfolgen alle Angaben ohne Gewähr. Weder der Autor noch der Verlag können für eventuelle Nachteile oder Schäden, die aus den im Buch vorgestellten Informationen resultieren, Haftung übernehmen.

BEWEGTER GANZTAG
BAND II

Gerhard Waschler & Martin Leitner (Hrsg.)

PRAXIS DES BEWEGTEN GANZTAGS

32 Beispiele der schulischen Verwirklichung

Meyer & Meyer Verlag

Praxis des Bewegten Ganztags – 32 Beispiele der schulischen Verwirklichung
Bibliografische Information der Deutschen Nationalbibliothek
Die Deutsche Nationalbibliothek verzeichnet diese Publikation in der Deutschen Nationalbibliografie;
detaillierte bibliografische Details sind im Internet über <http://dnb.d-nb.de> abrufbar.

Alle Rechte, insbesondere das Recht der Vervielfältigung und Verbreitung sowie das Recht der Übersetzung,
vorbehalten. Kein Teil des Werkes darf in irgendeiner Form – durch Fotokopie, Mikrofilm oder ein
anderes Verfahren – ohne schriftliche Genehmigung des Verlages reproduziert oder unter Verwendung
elektronischer Systeme verarbeitet, gespeichert, vervielfältigt oder verbreitet werden.

© 2015 by Meyer & Meyer Verlag, Aachen
Auckland, Beirut, Dubai, Hägendorf, Hongkong, Indianapolis, Kairo, Kapstadt,
Manila, Maidenhead, Neu-Delhi, Singapur, Sydney, Teheran, Wien

 Member of the World Sport Publishers' Association (WSPA)

Gesamtherstellung: Print Consult GmbH, München
ISBN 978-3-89899-813-0
www.dersportverlag.de
E-Mail: verlag@m-m-sports.com
www.wissenschaftundsport.de

Inhalt

Vorwort der Projektleiter ... 8

1 Projektschulen in der Gesamtkonzeption des Forschungsprojekts *Bewegter Ganztag*
Gerhard Waschler, Martin Leitner & Matthias Stadler ... 12

2 Auswahl der Projektschulen *Matthias Stadler* ... 22

3 Erhebungsinstrumente *Matthias Stadler* ... 26

4 Analyse der Projektschulen *Matthias Stadler* ... 30

    4.1 Fallkontrastierung und Typenbildung im Hinblick auf die Integration von Bewegung, Spiel und Sport ... 31

    4.2 Analyse der gesunden Schulverpflegung an den Projekt- und Porträtschulen ... 32

    Literatur Kap. 1-4 ... 34

5 Darstellung der Situation an den Projektschulen
Carmen Fringer & Stephan Uhlschmied ... 38

    5.1 Projektschulen in Niederbayern ... 38

        5.1.1 Hans-Carossa-Grundschule Heining-Schalding ... 38

        5.1.2 Grundschule am Haidel Hinterschmiding-Grainet ... 44

        5.1.3 Grundschule Gotteszell ... 49

        5.1.4 Lenberger Grund- und Mittelschule Triftern ... 56

        5.1.5 Propst-Seyberer-Mittelschule Grafenau ... 61

        5.1.6 Mittelschule Regen ... 66

        5.1.7 Grund- und Mittelschule Teisnach ... 72

        5.1.8 Grund- und Mittelschule Hebertsfelden ... 78

        5.1.9 Mittelschule St. Martin Deggendorf ... 82

        5.1.10 Mittelschule Vilsbiburg ... 88

        5.1.11 Staatliche Realschule Passau ... 96

        5.1.12 Coelestin-Maier-Realschule Schweiklberg ... 101

6 | Bewegter Ganztag: Band II

5.1.13	Staatliche Realschule Tittling	106
5.1.14	Staatliche Realschule Freyung	110
5.1.15	Realschule Schöllnach	117
5.1.16	Realschule Damenstift der Maria Ward Stiftung Passau in Osterhofen-Altenmarkt	122
5.1.17	Conrad-Graf-Preysing-Realschule Plattling	128
5.1.18	Staatliche Realschule Neufahrn in Niederbayern	133
5.1.19	Adalbert-Stifter-Gymnasium Passau	139
5.1.20	Gymnasium Pfarrkirchen	144
5.1.21	St.-Gotthard-Gymnasium der Benediktiner Niederaltaich	150
5.2	Projektschulen in Oberösterreich	155
5.2.1	Volksschule Perg	155
5.2.2	Volksschule Marchtrenk 2 – Dr.-Schärf-Schule	160
5.2.3	Volksschule 2 Freistadt	164
5.2.4	Volksschule Laakirchen-Süd	168
5.2.5	Hauptschule Vorderweißenbach	173
5.2.6	Musikhauptschule Eggelsberg	177
5.2.7	(Sport-)Hauptschule Niederwaldkirchen	182
5.2.8	Neue Mittelschule Alkoven	187
5.2.9	Bundesrealgymnasium Linz Landwiedstraße	191
5.2.10	Georg-von-Peuerbach-Gymnasium Linz	196
5.2.11	Bundesgymnasium/Bundesrealgymnasium Dr.-Schauer-Straße Wels	201
	Literatur	Bildnachweis Kap. 5	206
6	Die Integration von Bewegung, Spiel und Sport an den Projektschulen *Matthias Stadler*	210
6.1	Die niederbayerischen Projektgrundschulen	210

6.2	Die oberösterreichischen Projektvolksschulen	211
6.3	Die niederbayerischen Projekthaupt- bzw. -mittelschulen	212
6.4	Die oberösterreichischen Projekthaupt- bzw. -mittelschulen	214
6.5	Die Projektrealschulen	215
6.6	Die niederbayerischen Projektgymnasien	218
6.7	Die oberösterreichischen Projektgymnasien	219
	Literatur Kap. 6	221
7	Fazit *Matthias Stadler*	224

Anhang	226
Abkürzungsverzeichnis	226
Glossar	228
Literatur	251
Untersuchungsschulverzeichnis: Projekt- und Porträtschulen	257
Bildnachweis	258

Vorwort der Projektleiter

Von Juni 2010 bis September 2013 hat sich das EU-Forschungsprojekt *Bewegter Ganztag* mit der Implementierung von Bewegung, Spiel und Sport in den schulischen (Ganz-)Tagesbetrieb in Niederbayern und Oberösterreich beschäftigt. Die Forschungsergebnisse sind in drei Bänden mit jeweils unterschiedlichen Zielstellungen verzeichnet.

Im hier vorliegenden Band 2 mit dem Titel *Praxis des **Bewegten Ganztags** – 32 Beispiele der schulischen Verwirklichung* folgt auf der Basis der flächendeckenden Fragebogenerhebung an allgemeinbildenden Schulen in Niederbayern und Oberösterreich die Auswahl und verfeinerte Beschreibung von 21 Schulen aus verschiedenen Schularten in Niederbayern und von 11 Schulen aus Oberösterreich für eine tiefer gehende Analyse. Die Verfeinerung an diesen „Projektschulen" beinhaltet Dokumentenanalysen, Schulleiterinterviews sowie eine eingehende Analyse der bewegungsbezogenen, räumlich-materiellen Infrastruktur vor Ort. Es zeigt sich ein buntes Bild an unterschiedlichen Graden und Wegen der Umsetzung, um Bewegung, Spiel und Sport in den Schulalltag zu integrieren. Die individuelle und mit zahlreichen Bildern gestaltete Beschreibung der schulischen Situation an den „Projektschulen" soll zu einer praxisnahen Beschäftigung motivieren. Dem Kreis dieser „Projektschulen" wurde für eine weitere, vertiefte Beschreibung eine Anzahl von acht zusätzlichen Schulen, nachfolgend „Porträtschulen" genannt, hinzugefügt. Diese acht Schulporträts werden im Band 3 „Acht Schulporträts zum Bewegten Ganztag" des Forschungsprojekts dargestellt.

Bei der Analyse der Projektschulen unterscheidet sich aufgrund der unterschiedlichen Autorenschaft die Handhabung der Genderschreibweise im Sprachgebrauch. Aus diesem Grund werden Begriffe sowohl in der männlichen und weiblichen Schreibweise verwendet als auch im generischen Maskulinum. Im letzteren Fall steht das generische Maskulinum stellvertretend für beide Geschlechter, die damit selbstverständlich gleichberechtigt angesprochen sind.

Im Band 1 mit dem Titel **Bewegter Ganztag** – *Daten zur Analyse der schulischen Situation in Niederbayern und Oberösterreich mit Handlungsempfehlungen* werden unter anderem die Ausgangspunkte der explorativ angelegten, flächendeckenden Untersuchung zur Situation der Einbeziehung von Bewegung, Spiel und Sport an Grund-, Haupt- bzw. Mittelschulen sowie Realschulen, Gymnasien und berufsbildenden mittleren und höheren Schulen in Niederbayern und Oberösterreich dargelegt. Ausgehend von den flächendeckenden Fragebogenerhebungen bei Schulleitern und Elternbeiratsvorsitzenden, werden quer- und längsschnittlich schul- und länderspezifische Vergleiche gezogen. Nach weiteren Erhebungen zu sportspezifischen Rahmenbedingungen, zum motorischen Profil und Einschätzungen zum Wohlbefinden auf Schülerseite werden Gelingens- und Misslingensfaktoren für die Integration von Bewegung, Spiel und Sport in den Schultag sowie spezifische Handlungsempfehlungen formuliert.

Eine begleitende Erfassung der Gegebenheiten an beruflichen Schulen und vorschulischen Einrichtungen in beiden Ländern rundet das EU-Forschungsprojekt ab.

Im Band 3 mit dem Titel *Acht Schulporträts zum **Bewegten Ganztag** in Niederbayern und Oberösterreich – Umfassende Analyse an ausgewählten Schulen* werden aus dem Kreis der 40 „Projektschulen" vier „Porträtschulen" aus Niederbayern und vier aus Oberösterreich mit Dokumentenanalysen, Schulleiterinterviews sowie einer eingehenden Analyse der bewegungsbezogenen, räumlich-materiellen Infrastruktur vor Ort vorgestellt. Zusätzliche Analyseschritte bestanden aus exemplarischen Befragungen von Schülern und Lehrern, den Ergebnissen des „Deutschen Motoriktests" nach Bös et al. (2009) sowie aus den Testergebnissen zum Schulklima nach Eder und Mayr (2000). Auf dieser Basis eröffnet sich die Formulierung von abrundenden, fein differenzierten Schulporträts, die den Leser und Praktiker vor Ort zur zielgerichteten Beschäftigung und Umsetzung motivieren soll.

Ein zum Forschungsprojekt produzierter Film kann bezogen werden durch den Meyer & Meyer Verlag unter: mmurl.de/bg mit dem Benutzernamen: bewegter_ganztag und dem Passwort: 8d4m1orQ. In Kurzform sind dort in der Praxis besonders bewährte Verfahrensweisen zum *Bewegten Unterricht*, der *Bewegten Pause* und zusätzliche Bewegungs-, Spiel- und Sportangebote vorgestellt.

Zu Dank sind die Leiter des Forschungsprojekts an dieser Stelle vor allem den untersuchten Porträtschulen mit Schulleitungen und Kollegien, ihren Schülern und deren Eltern verbunden. Dank gebührt dem Europäischen Fonds für Regionale Entwicklung mit dem Programm INTERREG Bayern-Österreich, dem Freistaat Bayern wie dem Land Oberösterreich, dem Bayerischen Landes-Sportverband e. V., der Bayerischen Fördergemeinschaft für Sport in Schule und Verein sowie der Handwerkskammer Niederbayern-Oberpfalz und der Industrie- und Handelskammer Niederbayern. Ohne sie alle hätte dieses Projekt nicht erfolgreich durchgeführt werden können.

Hervorgehoben werden muss nicht zuletzt die überaus engagierte Arbeit aller Projektmitarbeiter. Mitgewirkt haben in verschiedener Dauer und Zuständigkeiten auf niederbayerischer Seite Dr. Silvia Dollinger, Carmen Fringer, Verena Weyland, Dr. Désirée Wilks, Susanne Perlinger, Utta Pollmeier, Stefanie Schneider, Matthias Stadler, Julia Schurm, Stefan Uhlschmied und auf oberösterreichischer Seite Eduard Saxinger, Dr. Karin Grinner, Dr. Peter Klimo und Gottfried Kocher. Abschnitte, die federführend von den hier genannten Personen erstellt wurden, sind namentlich gekennzeichnet.

Aus dem Kreis der Werkvertragsnehmer danken wir besonders Daniel Althaus und Kornelius Neufeld für die statistische Begleitung, Cordula Cavaleiro für die Begleitung der Schulporträts und Dr. Renate Mehringer für die notwendigen Arbeiten auf dem Weg zur Verlagsveröffentlichung.

Passau & Linz im November 2014

Gerhard Waschler und Martin Leitner (Leiter des Forschungsprojekts und Herausgeber)

1 PROJEKTSCHULEN IN DER GESAMTKONZEPTION DES FORSCHUNGSPROJEKTS *BEWEGTER GANZTAG*

© Thinkstock/Purestock

1 Projektschulen in der Gesamtkonzeption des Forschungsprojekts Bewegter Ganztag

Gerhard Waschler, Martin Leitner & Matthias Stadler

Um den Schulen insbesondere im Zuge der sukzessiven Einführung von Ganztagsklassen in Niederbayern und Oberösterreich auf dem Wege der Integration von Bewegung, Spiel und Sport[1] (BSS) und gesunder Schulverpflegung Unterstützung und Gestaltungsideen anbieten zu können, werden im Folgenden 32 „Projektschulen" aus Niederbayern und Oberösterreich mit dem Fokus auf die Einbindung von BSS in den Schulalltag und gesunder Schulverpflegung vorgestellt. Wie in Abb. 1.1 zum Untersuchungsdesign dargestellt, werden weitere vier Projektschulen aus Niederbayern und vier Projektschulen aus Oberösterreich durch weitere Erhebungs- und Analyseschritte zu „Porträtschulen" aufgewertet, welche in Band 3 zum Forschungsprojekt beschrieben werden (vgl. Waschler & Leitner, 2015c).

Die Untersuchung der 32 „Projektschulen" ist Teil der Studie *Bewegter Ganztag*, die zwischen Juni 2010 und September 2013 die niederbayerischen und oberösterreichischen Schulen im Hinblick auf Ganztagsstrukturen und die Integration von BSS und gesunder Schulverpflegung in den Schulalltag untersuchte (vgl. Waschler & Leitner, 2015a & b sowie Kap. 5 in dem vorliegenden Band). Die länderübergreifende INTERREG-Studie *Bewegter Ganztag* wird aus dem Europäischen Fonds für Regionale Entwicklung gefördert. Sie basiert zum einen auf umfassenden quantitativen Daten zu Ganztags-, BSS- und Schulverpflegungsstrukturen an den Schulen in Niederbayern und Oberösterreich und zum anderen auf quantitativen und qualitativen Daten ausgewählter niederbayerischer und oberösterreichischer Schulen. Ziel der gesamten Studie ist es, die Gelingensbedingungen und Wege für eine umfassende, nachhaltige und qualitativ hochwertige Integration von BSS und gesunder Schulverpflegung in den Schulalltag von Regel- und Ganztagsklassen zu identifizieren und so zu einer Verbesserung dieses Einbindungsprozesses beizutragen.

Mit der Identifizierung derartiger Gelingensbedingungen soll jedoch kein Kontrollinstrument für die Integration von BSS und gesunder Schulverpflegung in den Schulalltag aufgelegt werden. Das Ziel liegt vielmehr auf konkreten Handlungsempfehlungen und -vorschlägen, die zur Realisierung einer vermehrten, auf Dauer gestellten und qualitativ hochwertigen Einbindung von BSS und gesunder Schulverpflegung beitragen sollen.

Umfassende Integration von BSS und gesunder Schulverpflegung in den Schulalltag kann auf unterschiedlichen Wegen erreicht und sichergestellt werden. Zu berücksichtigen sind dabei immer die verschiedenen (sport- und gesundheits-)pädagogischen Ziele, Ausgangslagen und Rahmenbedingungen der einzelnen Schulen. Insofern sind nicht alle im Folgenden angeführten Vorgehensweisen

---

[1] Bewegung, Spiel und Sport wird im Folgenden mit BSS abgekürzt.

für jede Schule einfach oder vorteilhaft umsetzbar. Viele Maßnahmen lassen sich jedoch schon mit geringem Einsatz räumlich-materieller, personeller oder finanzieller Mittel und der notwendigen Innovationsbereitschaft realisieren.

Die verstärkte Einbindung von BSS und gesunder Schulverpflegung kann nicht allein die Aufgabe und das Ziel der Schulleitungen und der Lehrerkollegien sein. Um eine weitergehende Integration von BSS und gesunder Schulverpflegung zu erreichen, bedarf es der Zusammenarbeit mit allen weiteren, an der Schule beteiligten Akteursgruppen, wie Schulträger, Schüler, der weiteren pädagogischen Fachkräfte, der externen Kooperationspartner und der Eltern. Alle Beteiligten sind dabei aufgefordert, sich im Sinne einer weitergehenden Integration von BSS und gesunder Schulverpflegung im Rahmen ihrer Möglichkeiten einzubringen. Der Öffnung von Schule, der Innovationsbereitschaft und der partnerschaftlichen Zusammenarbeit mit außerschulischen Akteuren kommt mit Blick auf eine *Bewegte (Ganztags-)Schule* eine besondere Bedeutung zu.

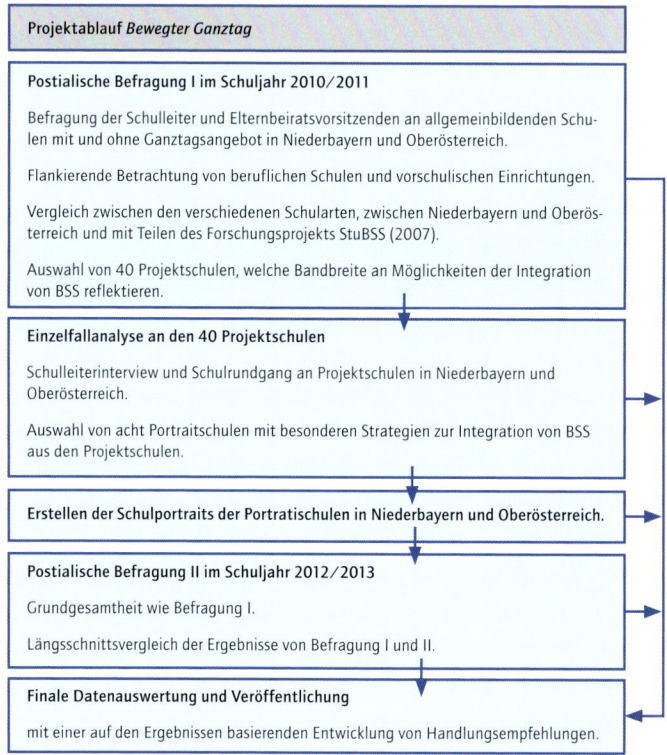

*Abb. 1.1: Ablauf des Projekts **Bewegter Ganztag***

Die Studie *Bewegter Ganztag* hat sich aufgrund der aktuell gegebenen, vermehrten Ausweisung von ganztägigen Angeboten in Bayern und Österreich zum Ziel gesetzt, Umfang, Art und Weise der Integration von Bewegung, Spiel und Sport und gesunder Schulverpflegung an den niederbayerischen und oberösterreichischen Schulen während der Schuljahre 2010/2011 bis 2012/2013 zu analysieren, um sowohl die bisherigen Erfolge der Schulen einer breiteren Öffentlichkeit zugänglich zu machen als auch die noch vorhandenen Defizite aufzuzeigen. Während die quantitative Analyse eine im Untersuchungsgebiet breit angelegte, vorrangig statistische Untersuchung zur Situation der Ganztags-, BSS- und Schulverpflegungsangebote an Schulen und vorschulischen Einrichtungen vornimmt (vgl. Abb. 1.1; vgl. Waschler & Leitner, 2015a), konzentrieren sich die vornehmlich qualitativen Analysen (Einzelfallstudien und Schulporträts) auf die Darstellung der schulpraktischen Einbindung von BSS und gesunder Schulverpflegung in Ganztags- und Regelschulbetrieb (vgl. Abb. 1.1; vgl. Waschler & Leitner, 2015a & c sowie die vorliegende Publikation).

Die qualitativen Analysen stützen sich dabei auf 40 ausgewählte niederbayerische und oberösterreichische, sogenannte *Projektschulen*[2], von denen 32 mit dem Fokus auf Grundstrukturen der Einbindung von BSS analysiert worden sind. Die übrigen acht sogenannten *Porträtschulen* wurden mit dem Fokus auf eine umfassende Darstellung der Integrationsbemühungen von BSS in den Schulalltag an anderer Stelle untersucht (vgl. Waschler & Leitner, 2015c). Daneben findet sich im vorliegenden Band zudem die Analyse aller 40 Untersuchungsschulen im Hinblick auf die Einbindung gesunder Schulernährung.

Um den Schulen in Niederbayern und Oberösterreich auf ihrem Weg der Integration von BSS und gesunder Schulverpflegung Unterstützung und Gestaltungsideen anbieten zu können, finden sich im Folgenden 32 textreduzierte Zusammenfassungen, die Globalauswertungen[3] (vgl. Glossar; Flick, 2007, S. 474ff.; Legewie, 1994) von niederbayerischen und oberösterreichischen Schulen, die je unterschiedliche Umfänge und Strategien der Einbindung von BSS und gesunder Schulverpflegung verfolgen. Die im Folgenden vorgestellten, sogenannten *Projektschulen*[4] sind Teil der hauptsächlich qualitativen Einzelbetrachtung, die im Rahmen des Forschungsvorhabens *Bewegter Ganztag* angestrebt wurde. Ein zweiter Teil dieser qualitativen Einzelbetrachtung findet sich in Waschler & Leitner (2015a). Ziel der gesamten Studie ist es, die Gelingensbedingungen und Wege für eine umfassende, nachhaltige und qualitativ hochwertige Integration von BSS und gesunder Schulverpflegung in den Schulalltag von Regel- und Ganztagsklassen zu identifizieren und so zu einer Verbesserung dieses Einbindungsprozesses beizutragen.

Anhand der 32 ausgewählten „Projektschulen" sollen im Folgenden die vielfältigen Wege in Richtung einer umfassenden Einbindung von BSS in den Schulalltag und deren Erfolge aufgezeigt

---

2 Zur genauen Abgrenzung von *Projekt-* und *Porträtschulen* vergleiche Glossar und Waschler & Leitner (2014a).
3 *Globalauswertungen* analysierten Informationen aus Datenquellen textreduzierend, indem sie Datenmengen strukturieren, in den Kontext theoretischen Wissens einordnen und inhaltsanalytisch zusammenfassen.
4 Erläuterungen zum Terminus *Projektschulen* finden sich in den folgenden Kapiteln sowie im Glossar.

```
              Acht
           Porträtschulen
       Postalische Befragung,
         Dokumentenanalyse,
  Schulleiterinterview, Schulrundgang,
 Lehrerinterviews, Schülerbefragung, Motoriktest
  ─────────────────────────────────────
              32 Projektschulen
    Postalische Befragung, Dokumentenanalyse,
       Schulleiterinterview, Schulrundgang
  ─────────────────────────────────────
 Grundgesamtheit aller Schulen aus Niederbayern und Oberösterreich
              Postalische Befragung
```

Abb. 1.2: Projektschulen im Forschungsdesign der Studie **Bewegter Ganztag**

werden[5]. Im Rahmen von Einzelfall- und komparativen Analysen werden die Zusammenhänge der schulspezifisch unterschiedlichen Strategien zur Integration von BSS mit den Ausgangsbedingungen und Schwerpunktsetzungen an den Schulen identifiziert. Die Vergleichanalyse wird dabei anhand der Kriterien Schulart, Ganztagsorganisation und Land durchgeführt. Die Analyse der Projektschulen stellt dabei nur einen Teil der Studie *Bewegter Ganztag* dar, wie Abb. 1.2 verdeutlicht.

Für die vorliegende Analyse der Bandbreite an Möglichkeiten zur Einbindung von BSS in den Schulalltag wurden aus der Grundgesamtheit aller allgemeinbildenden Schulen in Niederbayern und Oberösterreich 32 „Projektschulen" ausgewählt. Dabei stammen 21 dieser Projektschulen aus Niederbayern, 11 aus Oberösterreich[6]. Untersucht wurden diese Projektschulen mittels postalischer Befragung, Dokumentenanalyse, Schulleiterinterviews und Schulrundgängen[7]. Aufgrund dieses Methodenmixes entsteht über die Zusammenführung der Daten aus den einzelnen Quellen in sogenannte *textreduzierende Zusammenfassungen* bzw. *Globalauswertungen* (vgl. Flick, 2007, S. 474ff.; Kap. 5) jeweils ein Bild der Integration von BSS an den einzelnen Projektschulen. Mithilfe komparativer Analysen[8] der auf diese Weise beschriebenen Einzelfälle ergibt sich daraus in der Gesamtschau ein vielfältiger Möglichkeitsraum der Integration von BSS.

---

5   Die Analyse der gesunden Schulverpflegung, die für die 32 Projektschulen und die in Waschler & Leitner (2015a) beschriebenen acht Porträtschulen zusammen vorgenommen wurde, wird in Kap. 7 beschrieben. Sie gleicht in ihren Datenquellen die Analyse der Integration von BSS in den Alltag der Projektschulen ab.
6   Zur Auswahl der Projektschulen vergleiche Kap. 2 im vorliegenden Ban und Waschler & Leitner (2015a).
7   Zur Erläuterung der Erhebungsmethoden vergleiche Kap. 3 im vorliegenden Band und Waschler & Leitner (2015a).
8   Zur Vergleichsanalyse siehe Kap. 5 im vorliegenden Band und Waschler & Leitner (2015a).

Die Vergleichsanalysen beziehen sich dabei auf die Kriterien „Land", „Schulart" und „Ganztagsorganisation". Die komparativen Analysen münden schließlich in eine Typisierung[9] bestimmter Einbindungswege und -strategien (vgl. Tab. 1.1). Im Rahmen der gesamten Analyse der Projektschulen wird davon ausgegangen, dass die schulspezifischen Ausgangslagen und (sport-)pädagogischen Schwerpunktsetzungen im Hinblick auf BSS je spezifische Wege und Strategien der Einbindung von BSS erleichtern. Entsprechend müssten die Kriterien „Land", „Schulart" und „Ganztagsorganisation" als Teile der schulspezifischen Ausgangslagen mehr oder minder große Effekte auf Umfang und Art der Integration von BSS in den Schulalltag der einzelnen Projektschulen haben.

Ausgerichtet auf die (sport-)pädagogischen Ziele, die die Schule verfolgt, darauf, welche Zeitstrukturen für BSS bzw. welche Ganztagsangebote existieren und welche räumlich-materiellen und personellen Bewegungsinfrastrukturen gegeben sind, werden sich demnach spezifische BSS-Angebote im Unterricht, in den Pausen und bei außerunterrichtlichen Angeboten an der Schule und spezifische Strategien der Einbindung von BSS in den Schulalltag herausbilden. Entsprechend stellt sich der Untersuchungsgegenstand der Integration von BSS in den Schulalltag als äußerst vielgestaltig dar.

Die Schulen können auf staatliche, korporative und private Sport-, Bewegungs- und Gesundheitsinitiativen, Kooperationsmodelle oder eigene gesundheitliche, gewalt- und suchtpräventive sowie breiten- und leistungssportliche Profilierungen (vgl. Balz, 2011, S. 175) zurückgreifen. Das praktische Instrumentarium der BSS-Angebote und -Gelegenheiten reicht vom Sportunterricht, dem schulsportlichen Wettkampfwesen, *Bewegten Pausenangeboten*, bewegungsorientierten Veranstaltungen, über außerunterrichtliche BSS-Angebote oder unterrichtsinterne Elemente wie *Bewegungspausen, Bewegte Lernorganisation* und lernbegleitende bzw. -erschließende Bewegungsaktivitäten[10] (vgl. Glossar; Projekt StuBSS, 2007, S. 5ff.), bis hin zu räumlich-materiellen Bewegungsgelegenheiten, wie frei zugängliche Sport- und Spielgeräte, Bewegungsinstallationen und entsprechende, für BSS nutzbare Räumlichkeiten und Anlagen. Dabei „fallen [die BSS-Angebote und -Gelegenheiten in Unterricht, Pause und Freizeit an der Schule] institutionell offener, inhaltlich vielseitiger und organisatorisch flexibler" (Balz, 2010, S. 378) aus als der reguläre Sportunterricht.

Auch im Hinblick auf die Zeit- beziehungsweise Ganztagsstrukturen der Schulen in Niederbayern und Oberösterreich sind schulspezifisch deutlich unterschiedliche Ausgangslagen für die Integration von BSS gegeben. Neben dem Regelschulbetrieb bestehen an den Schulen nachunterrichtliche Betreuungsangebote, wie Tagesheim, Hort, Mittagsbetreuung und verlängerte Mittagsbetreuung sowie Ganztagsklassen bzw. schulische Tagesbetreuung in *Offener* bzw. *Getrennter* und *Gebundener* bzw. *Verschränkter* Form.

Aufgrund dieser Vielfältigkeit der Möglichkeiten zur Umsetzung von BSS-Angeboten und -Gelegenheiten sind zahlreiche schulspezifische Rahmenbedingungen (Schulart, Ganztagsorganisation,

---

9   Zur Vergleichsanalyse siehe Kap. 5 im vorliegendem Band und Waschler & Leitner (2015a).
10 Zur Erläuterung dieser Begriffe siehe Glossar.

Tab. 1.1: Erhebung, Dokumentation und Analyse der Daten an den Projektschulen

Forschungsfortgang	Projektschule
Erhebungen	Flächendeckende Fragebögen[a]
	Dokumentenanalyse
	Schulleiterinterviews (inklusive Schulrundgang und Fotodokumentation)
Dokumentation der Daten (aus den Interviews)	Audioaufnahme und Protokoll
	Transkription einzelner Zitate und Verifizierung der Protokolle anhand der Audioaufnahmen
Aufbereitung der Daten	Textreduzierende Zusammenfassung (Globalauswertung) verknüpft Daten aus Protokollen und Teiltranskriptionen der Schulleiterinterviews, Fotoaufnahmen, Schuldokumenten und Schulleiterfragebögen.
Analyse	Thematisches Codieren
	Fall- und Gruppenvergleiche
	Typenbildung
	Fortlaufender Vergleich der Analyseprozesse und -ergebnisse

[a] Zwei Wellen in den Schuljahren 2010/2011 und 2012/2013.

räumlich-materielle, finanzielle und personelle Bewegungsinfrastruktur, Vorhandensein von Kooperationspartnern etc.) sowie die vorherrschenden Schwerpunktsetzungen durch die Schulakteure (Ziele der Schul- und Personalentwicklung, (sport-)pädagogische Sichtweisen und persönliche Einstellungen, Bewegungsinteressen und -wünsche der Schüler[11] etc.) zu berücksichtigen, um BSS an den unterschiedlichen Schulstandorten gewinnbringend ansiedeln zu können. Um diese Rahmenbedingungen und die Schwerpunktsetzungen der Schulakteure ebenso wie gewinnbringende Strategien, praktikable Arrangements, Ge- und Misslingensfaktoren zur Integration von BSS in den Blick zu bekommen, ist eine Einzelfallanalyse ausgewählter Schulen unumgänglich. Aus forschungsökonomischen Gründen konzentriert sich die Analyse der Projektschulen vornehmlich auf die Ausgangslage bzw. die Rahmenbedingungen und den Umfang sowie die Art der Integration von BSS an den Projektschulen.

Für die vorliegende Analyse der Projektschulen wurden die Forschungsfragen auf die Themenbereiche „Konzeption und Organisation", „Umfang, Art und Qualität der BSS-Angebote" und „Kooperationen" eingegrenzt. Der verfeinerte und qualitativ unterstützte Analyseteil im Projekt *Bewegter Ganztag* fragt demnach:

---

11 Aus Gründen der besseren Lesbarkeit steht im Folgenden das generische Maskulinum stellvertretend für beide Geschlechter, die damit selbstverständlich gleichberechtigt angesprochen sind.

- mithilfe welcher Konzeption (Schulentwicklung, Schulprofil und -programm, *Ganztagskonzept*, Bewegungsinteressen und -wünsche der Schüler und deren Berücksichtigung, [sport-] pädagogische Sichtweisen, persönliche Einstellung der Schulleitung und ausgewählter Lehrer bezüglich BSS etc.) und Organisation (Personalentwicklung, räumlich-materielle Infrastruktur, Schul- bzw. *Ganztagsorganisation*, Rhythmisierung etc.),
- mithilfe welcher BSS-Angebote (schulische Handlungsfelder, Umfang der Angebote, Art der Angebote, Qualität der Angebote) und
- mithilfe welcher Kooperationen und Netzwerkbildungen (Kooperationsmodelle, Vereinswesen, Eltern etc.)

integrieren die Projektschulen BSS mehr oder weniger erfolgreich in ihren Schulalltag[12]? Dabei beziehen sich die „schulischen Handlungsfelder" auf Abschnitte des Schulalltags, wie Unterricht, Pause, Veranstaltungen, Freizeit, und die „Qualität der Angebote" verweist hier auf die (sport-) pädagogische Ausbildung des Angebotspersonals und die Zufriedenheit der Schulleitungen mit den Angeboten.

Neben dem generellen Fokus des Forschungsvorhabens *Bewegter Ganztag* auf die Einbindung von BSS in den Schulalltag ist die Analyse der Integration von gesunder Schulverpflegung ein weiteres, flankierendes Anliegen des Projekts. Bewegung und gesunde Ernährung stehen dabei in einem engen gesundheitlichen und lebensweltlichen Zusammenhang. Aus diesem Grund wird im Rahmen des Forschungsprojekts danach gefragt,

- welche Bedeutung eine gesunde Pausen- und Mittagsverpflegung an den Projekt- und Porträtschulen mit und ohne Ganztagsangebot hat sowie
- welche Bedeutung die Thematisierung von gesunder Ernährung an den Projekt- und Porträtschulen mit und ohne Ganztagsangebot hat.

Zu diesen Fragestellungen soll gesondert[13] die Praxis der Schulverpflegung und der Aufklärung zu Ernährungsfragen an den Projektschulen mittels vergleichender Analysen rekonstruiert und dargestellt werden.

Um diese Forschungsfragen für Einzelschulen beantworten zu können, wurden mithilfe *thematischen Codierens*[14] (vgl. Flick, 2007, S. 419) aus den verschiedenen Datenquellen textreduzierende Zusammenfassungen bzw. Globalauswertungen zusammengestellt. Diese rekonstruieren die Anstrengungen der Projektschulen zur Einbindung von BSS in den Schulalltag und bilden die Grundlage der fallvergleichenden sowie typenbildenden Analyse (vgl. Kap. 5 im vorliegenden Band). Aufbauend auf den Daten aus den verschiedenen Quellen, sollten die Globalauswertungen zusammenfassend darüber informieren,

---

12 Zur Präzisierung der Fragestellung und ihrer Themenbereiche, siehe Waschler & Leitner (2014a).
13 Zur Analyse gesunder Schulverpflegung und der Thematisierung von Ernährungsfragen in den Projekt- und Porträtschulen vgl. Kap. 6 und Waschler & Leitner (2014a).
14 Zuordnung von Textpassagen aus den Aufzeichnungen der einzelnen Datenquellen zu thematischen Blöcken, die mit den genannten Fragestellungen aufgeworfen wurden.

- welche allgemeinen Rahmenbedingungen (Schulart, Schulträger, Ganztagsorganisation etc.) an den Projektschulen gegeben sind,
- welche räumlich-materielle Bewegungsinfrastruktur an den Projektschulen vorhanden ist,
- inwieweit und in welcher Art BSS in den Schulalltag und Ganztag integriert werden,
- welche Ziele die Projektschulen mit dieser Einbindung verfolgen,
- welche Faktoren für diese Einbindung fördernd bzw. hemmend wirken,
- worin die vor Ort angewandte Strategie zur Integration von BSS besteht,
- welche Maßnahmen im Rahmen der Schulentwicklung bezüglich Ganztag sowie BSS geplant sind,
- welche Bedeutung eine gesunde Pausen- und Mittagsverpflegung an Projektschulen hat und
- welche Faktoren die praktische und theoretische Thematisierung gesunder Ernährung begünstigen bzw. erschweren.

Zur zusammenfassenden Beantwortung dieser Fragestellungen wurden die Aufzeichnungen aus den einzelnen Erhebungen mit thematischen Stichworten versehen und so einer thematischen Gliederung zugeführt, die durch obige Fragestellungen ebenso wie durch die thematischen Schwerpunktsetzungen der Einzelfälle angeleitet wurde. Zur genaueren Erläuterung der Globalauswertungen vergleiche Waschler & Leitner, 2015a.

2 AUSWAHL DER PROJEKTSCHULEN

© Thinkstock/Pixland

2 Auswahl der Projektschulen

Matthias Stadler

Die Auswahl der Projektschulen erfolgte anhand der Kriterien „Land", „Schulart", „Art und Alter der Ganztagsorganisation" sowie „sportliche bzw. bewegungsorientierte Prägung der Schulen". In Bezug auf die Art und das Alter der Ganztagsorganisation wurden Schulen, die ohne Ganztagsbetrieb, mit *Offenem Ganztagsbetrieb*, oder mit bestehendem, *Gebundenem Ganztagbetrieb*[15] ausgestattet waren, ausgewählt. In Bezug auf die sportliche bzw. bewegungsorientierte Prägung wurden Schulen mit besonderer sportlicher und bewegungsorientierter Prägung im Halbtagsbereich und/oder mit sportlichem und bewegungsorientiertem Schwerpunkt im Ganztagskonzept sowie Schulen, die darüber nicht verfügen, ausgewählt. Auf Basis dieser Kriterien sollten für Niederbayern und für Oberösterreich pro Schulart zwei Schulen aus den jeweiligen Ganztagskategorien mit oder ohne besondere sportliche Prägung im Halbtagsbereich bzw. mit oder ohne besonderen sportlichen und bewegungsbezogenen Schwerpunkt im Ganztagskonzept ausgewählt werden.

Für Oberösterreich besteht kein unmittelbares Pendant zur Realschule. Im Schuljahr 2010/2011 gab es an staatlichen niederbayerischen Realschulen und Gymnasien nur jeweils eine Pilotschule, die den *Gebundenen Ganztag* neu eingeführt hatte sowie bei Grundschulen in Niederbayern nur die Form des *Gebundenen Ganztagsbetrieb*. Daher ließen sich für einige Merkmalskombinationen keine passenden Schulen finden, die zudem ihre Zustimmung zu den Erhebungen geben mussten. Unter diesen Voraussetzungen ergaben sich schließlich die nachfolgend aufgeführten und im vorliegenden Band vorgestellten 32 Projektschulen (vgl. Tab. 2.1).

---

[15] Zur Unterscheidung der Begriffe *Offenes-, Gebundenes-, Getrenntes- und Verschränktes Ganztagsangebot* sowie zusätzliche Betreuungsangebote wie Mittagsbetreuung siehe Glossar.

Auswahl der Projektschulen | 23

Tab. 2.1: Die Projektschulen[16]

Schulart	Niederbayern	Oberösterreich
Grundschule/ Volksschule	Hans-Carossa-Grundschule Heining-Schalding Lenberger Volksschule Triftern; seit 08/2011: Lenberger Grund- und Mittelschule Triftern Grundschule am Haidel Hinterschmiding-Grainet Grundschule Gotteszell	Volksschule 2 Freistadt Volksschule Laakirchen Süd Volksschule Perg Volksschule Marchtrenk 2 – Dr. Schärf Schule
Haupt- bzw. Mittelschule	Hauptschule Regen/seit 08/2011: Mittelschule Regen Mittelschule Vilsbiburg Hauptschule St. Martin Deggendorf; seit 09/2010: Neue Mittelschule St. Martin Deggendorf Volksschule Hebertsfelden; seit 09/2011: Grund- und Mittelschule Hebertsfelden Propst-Seyberer-Mittelschule Grafenau Volksschule Teisnach; seit 09/2010: Grund- und Mittelschule Teisnach	Hauptschule Vorderweissenbach Musikhauptschule Eggelsberg Neue Mittelschule Alkoven (Sport)Hauptschule Niederwaldkirchen
Realschule	Realschule Neufahrn in NB Realschule Damenstift der Maria Ward Schulstiftung Osterhofen-Altenmarkt Conrad-Graf-Preysing-Realschule Plattling Staatliche Realschule Passau Coelestin-Maier-Realschule Schweiklberg Realschule Schöllnach Staatliche Realschule Tittling Staatliche Realschule Freyung	–
Gymnasium/ allgemeinbildende höhere Schule[a]	St.-Gotthard-Gymnasium der Benediktiner Niederaltaich Adalbert-Stifter-Gymnasium Passau Gymnasium Pfarrkirchen	Bundesrealgymnasium Landwiedstraße Linz Bundesgymnasium/Bundesrealgymnasium Dr.-Schauer-Straße Wels Georg von Peuerbach-Gymnasium Linz
[a] Die österreichischen Volksschüler wechseln entweder auf die Haupt- bzw. Mittelschule oder in die Unterstufe der allgemeinbildenden höheren Schule (AHS). Nach Abschluss der achten Klasse kann zwischen der Oberstufe der AHS und einer Reihe verschiedener berufsbildender Schulen (BHS, BMS, Polytechnische Schule etc.) gewählt werden, die in der Tabelle alle unter dem Oberbegriff „Gymnasium/allgemeinbildende höhere Schulen" geführt werden. Obwohl der Übertritt in die Unterstufe der AHS Zugangsbeschränkungen in Abhängigkeit vom Notendurchschnitt und/oder Aufnahmetests unterliegt, haben später auch Haupt- bzw. Mittelschüler weiterhin die Möglichkeit, auf die Oberstufe der AHS zu wechseln. Dabei entspricht die AHS (Unter- und Oberstufe) dem deutschen Gymnasium und wird dementsprechend auch in Österreich so bezeichnet.		

---

16 Die acht Porträtschulen, die aus dem Kreis der Projektschulen ausgewählt wurden, sind im Band 3 des Forschungsprojekts umfassend dargestellt (vgl. Waschler & Leitner 2015c)

3 ERHEBUNGSINSTRUMENTE

© Thinkstock/iStock

3 Erhebungsinstrumente

Matthias Stadler

Die textreduzierenden Zusammenfassungen bzw. Globalauswertungen der Projektschulen ergeben sich aus den Datenquellen Schulleiterfragebogen, Dokumentenanalyse und Internetrecherche, sowie Schulleiterinterview mit Schulrundgang zur Bestandsaufnahme der räumlich-materiellen Bewegungsinfrastruktur an den Projektschulen. Dieser Methodenmix sorgt für eine wechselseitige Überprüfung der Informationen aus den unterschiedlichen Quellen und damit für die notwendige Distanz zum Untersuchungsgegenstand.

Im Rahmen der postalischen Befragung mithilfe des Schulleiterfragebogens (vgl. Waschler & Leitner, 2015a) wurden Informationen unter anderem zur Ganztagsorganisation, zur Integration von BSS, zu Kooperationen mit externen Partnern, zur Qualifikation des sport- und bewegungspädagogischen Personals und zur Schulverpflegung erhoben. Die Fragebögen wurden zu Beginn des Forschungsprojekts *Bewegter Ganztag* im Januar (Niederbayern) und Mai (Oberösterreich) 2011 sowie im Oktober und November 2012 versandt und beziehen sich damit auf die Sachstände der Schuljahre 2010/2011 und 2012/2013.

Die Dokumentenanalyse (vgl. Waschler & Leitner, 2015a) bestand aus einer Internetrecherche und der Analyse von Schuldokumenten, wie Stundenplänen, Schulprogrammen, Ganztagskonzeptionen, Speiseplänen etc., und diente der Ergänzung und Validierung der übrigen Daten mittels schuleigener, schriftlich fixierter Zielvorgaben (Schulprogramm, Ganztagskonzeption) und Zeit- bzw. Speiseplänen ebenso wie der Vorbereitung der Schulleiterinterviews.

Die teilstrukturierten Schulleiterinterviews (vgl. Waschler & Leitner, 2015a) wurden zwischen April und Juli 2011 durchgeführt und stehen daher für die Gegebenheiten im Schuljahr 2010/2011. Der erste Teil des Interviews zielte darauf, Umfang, Art und Weise der Integration von BSS in den Schulalltag, die Ziele, die mit dieser Einbindung verbunden sind, die hemmenden und fördernden Faktoren der Integration von BSS sowie die Zufriedenheit der Schulleitung im Hinblick auf die Einbindung von BSS in Erfahrung zu bringen. Der Schulrundgang als zweiter Teil des Interviews wurde zur Bestandsaufnahme der bewegungsorientierten räumlich-materiellen Infrastruktur an den Schulen und deren praktischer Verwendung im Schulalltag genutzt.

4 ANALYSE DER PROJEKTSCHULEN

© Thinkstock/iStock

4 Analyse der Projektschulen

Matthias Stadler

Die Analyse der Projektschulen wurde in einem dreigliedrigen Verfahren vorgenommen:
1. Erstellung textreduzierender Zusammenfassungen,
2. Fallkontrastierung und
3. Typenbildung.

Die textreduzierende Zusammenfassung der Datenmenge für die Projektschulen ist dabei an die Globalauswertung angelehnt (vgl. Flick, 2007, S. 474ff.), während sich die Fallkontrastierung und Typenbildung an der fallvergleichenden Methodik nach Kelle und Kluge (2010) orientiert.

Die textreduzierenden Zusammenfassungen bzw. die Globalauswertungen (vgl. Waschler & Leitner, 2015a) wurden auf Grundlage der Schulleiterinterviews aus dem Schuljahr 2010/2011 erstellt und rekonstruieren die Anstrengungen der Projektschulen zur Einbindung von BSS in den Schulalltag. Sie bilden die Grundlage der fallvergleichenden sowie typenbildenden Analyse (vgl. ebd.). Mithilfe thematischen Codierens (Flick, 2007, S. 419), das mit einer an den Gegebenheiten der betreffenden Projektschulen orientierten *Dimensionalisierung*[17] (Mey & Mruck, 2011, S. 41) einherging, wurde dabei versucht, oben genannte Fragestellungen (vgl. Kap. 1) einzelfallanalytisch und textreduzierend zu beantworten. Das Ergebnis der Textreduktion, der thematischen Codierung und der Dimensionalisierung bilden kurze und prägnante, dabei jedoch umfassende Zusammenfassungen der Integrationsbemühungen der Projektschulen im Hinblick auf BSS und gesunde Schulverpflegung. Diese textreduzierenden Zusammenfassungen bilden die Grundlage für die komparative Analyse und die Typenbildung.

---

17 Die *Dimensionalisierung* fächert die einzelnen thematischen Unterpunkte etwa der Integration von BSS in den Schulalltag in ihre empirischen Ausprägungen auf. Entsprechend kann z. B. das Thema Rhythmisierung des Schultags in Bezug auf die Rhythmisierung in den verschiedenen schulischen Handlungsfeldern Unterricht, Pause, Veranstaltungen und Freizeit aufgefächert werden. Dabei kann dann die Rhythmisierung des Handlungsfelds Unterricht wiederum in Rhythmisierung durch bewegungsorientierte Lernorganisation, Bewegungs- und Entspannungspausen, lernbegleitende und/oder lernerschließende Aktivitäten „dimensionalisiert" werden. Durch das, was an den Projektschulen empirisch der Fall ist, lassen sich so die thematischen Kategorien auffächern bzw. dimensionalisieren. Zur Erläuterung der Begriffe „bewegungsorientierte Lernorganisation", „lernbegleitende" und „lernerschließende Unterrichtsaktivitäten" siehe Glossar.

4.1 Fallkontrastierung und Typenbildung im Hinblick auf die Integration von Bewegung, Spiel und Sport

Die vergleichende Analyse wurde entlang der Kriterien „Ganztagsorganisation", „Schulart" und „Land" vorgenommen. Sie geht dabei der Frage nach, welche dieser Merkmale und welche anderen Faktoren dazu beitragen, dass Schulen, vermittelt über bestimmte, schulspezifische Maßnahmen und Vorgehensweisen, ein gewisses Ausmaß und eine bestimmte Art an Integration von BSS in den Schulalltag zu realisieren vermögen. Ziel der komparativen Analyse der Projektschulen sowie der anschließenden Typenbildung ist es damit, erfolgreiche Strategien und Gelingensbedingungen einer möglichst umfassenden, nachhaltigen und qualitativ hochwertigen Integration von BSS in den Schulalltag zu identifizieren.

Vergleich und Typenbildung werden zudem von theoretischen Modellen[18], wie sie sich in der erziehungswissenschaftlichen Literatur finden, angeleitet. Hier einige ausgewählte Modelle:

- Differenzierung verschiedener Integrationskonzeptionen zur Einbindung von BSS in den Schulalltag (additive Sport- und Bewegungsperspektive, komplementär-integrative Sport- und Bewegungsperspektive, extensive Bewegungsperspektive, intensive Sportperspektive) von Laging (2011, S. 220f.).
- Unterscheidung verschiedener Ganztagsorganisationen in dual-additive und integrative Typen (vgl. Hildebrandt-Stramann, 2010, S. 42) und deren Konkretisierung durch Laging (2011, S. 210ff.) (additiv-dual, additiv-komplementär, integrativ, inklusiv).
- Differenzierung verschiedener Personalstrategien im Hinblick auf die Bereitstellung von BSS-Angeboten von Laging (2011, S. 222ff.) („Angebotsorientierung", „Schülerorientierung", „Kooperationsorientierung", „Verständigungsorientierung").
- Differenzierung der Möglichkeiten des *Bewegten Unterrichts* in „Bewegte Lernorganisation", „lernbegleitende und lernerschließende Aktivitäten" (Projekt StuBSS, 2007, S. 1ff.) bzw. in „Lernen mit, in und durch Bewegung" (Laging et al., 2010, S. 165).
- Unterscheidung verschiedener Rhythmisierungsmöglichkeiten in „Takt", „äußere Rhythmisierung" und „innere Rhythmisierung" (Burk, 2006, S. 97).

Die Typisierung der Projektschulen im Hinblick auf die Integration von BSS in den Schulalltag soll schließlich erfolgreiche Strategien auf dem Weg zum *Bewegten Ganztag* beispielhaft verdeutlichen. Je nach Einordnung der Projektschulen in verschiedene Ausprägungen des Umfangs und der Art der Einbindung von BSS in den Schulalltag und in die genannten theoretischen Modelle ergeben sich verschiedene Typen der Integrationsbemühungen.

---

18   Zur Erläuterung dieser Modelle vgl. Waschler & Leitner (2015a).

4.2 Analyse der gesunden Schulverpflegung an den Projekt- und Porträtschulen

Analog zur Analyse der Einbindung von BSS in den Schulalltag wurde auch die Integration von gesunder Schulverpflegung an den 32 Projekt- und zusätzlich an den acht Porträtschulen untersucht. Ebenso wie BSS fällt auch die Thematik einer gesunden Schulverpflegung in die schulischen Kernaufgaben Erziehung und Bildung. Dies gilt für alle Schulen, insbesondere für Mittagsbetreuung und Ganztag, da sich der Schultag hier in jedem Fall über die Mittagszeit hinweg erstreckt. Aus der zeitlichen Ausdehnung im Ganztag resultiert ebenso wie im Hinblick auf BSS sowohl eine (ernährungs-)pädagogische Chance als auch eine entsprechende Verantwortung der Schulen ihren Schülern gegenüber. Auch das Thema *gesunde Ernährung* rückt im Ganztag wie von selbst näher in das schulische Blickfeld. Daher ist in den Analysen zu prüfen, wie der Schultag in Regel- und Ganztagsschule durch gesunde Schulverpflegung und deren Thematisierung gestaltet werden kann.

Ausgehend von der Fragestellung, in welcher Art und in welchem Umfang es Schulen gelingt, gesunde Schulverpflegung in den Schulalltag zu integrieren, wurden an den 32 ausgewählten Projekt- und den acht Porträtschulen im Rahmen der Schulleiterfragebögen, der Dokumentenanalysen und der Schulleiterinterviews Daten zur praktischen und theoretischen Thematisierung gesunder Ernährung, zum Pausenverkauf, zu den Mittagsmahlzeiten, zur Schulmilchbeihilfe und zum Schulobstprogramm erhoben.

Im Rahmen der textreduzierenden Zusammenfassungen wurden die entsprechenden Datensequenzen aus den verschiedenen Datenquellen der Einzelschulen analog der Vorgehensweise zur Analyse der Integration von BSS in den Schulalltag bei den Projektschulen wechselseitig abgeglichen und angereichert. Entsprechendes gilt für die Beschreibung der Thematik gesunde Schulverpflegung in den für die Porträtschulen angefertigten Schulporträts (vgl. Waschler & Leitner, 2015a & c). Sowohl in den textreduzierenden Zusammenfassungen als auch in den Schulporträts wurden dazu die Fragen:
- Welche Bedeutung hat eine gesunde Pausen- und Mittagsverpflegung an den Projekt- und Porträtschulen mit und ohne Ganztagsangebot? Wie drückt sich dieser Stellenwert konkret im Schulalltag aus?
- Welche Bedeutung hat die Thematisierung von gesunder Ernährung an den Projekt- und Porträtschulen mit und ohne Ganztagsangebot? Gibt es spezielle Aktionen zur Information über gesunde Ernährung?
- Welche Faktoren begünstigen bzw. erschweren die Thematisierung von gesunder Ernährung? entsprechend der Datenlage beantwortet.

Auf Basis der entsprechenden Textpassagen aus den textreduzierenden Zusammenfassungen und den Schulporträts gehen die schulspezifischen Integrationsbemühungen einer gesunden Schulverpflegung in die vergleichende Analyse der 40 Projekt- und Porträtschulen entlang der Kriterien

„Ganztagsorganisation", „Schulart" und „Land" ein. Ziel der Vergleichsanalyse ist neben einem Überblick über die Anstrengungen der Untersuchungsschulen zur Einbindung einer gesunden Ernährung in den Schulalltag auch die Beantwortung der Frage, ob sich die Thematisierung gesunder Schulverpflegung tendenziell im Hinblick auf verschiedene Ausprägungen der Vergleichsmerkmale unterscheidet. Lässt sich also etwa im *Gebundenen Ganztag* gesunde Mittagsverpflegung, wie vermutet, leichter integrieren, als dies bei dem klassischen Regelschulbetrieb mit Nachmittagsunterricht der Fall ist? Dabei orientieren sich die Empfehlungen einer gesunden Ernährung an den Qualitätsstandards für Schulverpflegung der Deutschen Gesellschaft für Ernährung (vgl. Deutsche Gesellschaft für Ernährung e. V., 2009, S. 8f., 16, 31f.). Die Typenbildung basiert dann entsprechend auf den schulspezifischen Ausprägungen im Rahmen der Kategorien „Ernährung im Unterricht", „praktische und theoretische Veranstaltungen und Aktionen bezüglich der Ernährungsthematik", „Pausenverkauf", „Mittagessen" und „Teilnahme an offiziellen Modellen", wie „Voll in Form" oder an der europäischen Schulmilchbeihilfe.

Der Vergleichsanalyse ebenso wie der Globalausweitungen selbst liegen die Erhebungen zu Grunde, die in Niederbayern im Schuljahr 2010/2011 und in Oberösterreich im Schuljahr 2011/2012 durchgeführt wurden.

Literatur Kap. 1-4

Balz, E. (2010). Außerunterrichtlicher Schulsport. In A. Hummel, N. Fessler & G. Stibbe (Hrsg.), *Handbuch Schulsport* (S. 373-387). Schorndorf: Hofmann.

Balz, E. (2011). Schulsportentwicklungsforschung. In E. Balz, M. Bräutigam, W.-D. Mietling & P. Wolters (Hrsg.), *Empirie des Schulsports* (S. 175-196). Aachen: Meyer & Meyer.

Bös, K., Schlenker, L., Büsch, D., Lämmle, L., Müller, H., Oberger, J., Seidel, I & Tittlbach, S. (2009). *Deutscher Motorik-Test 6-18* (DMT 6-18). Hamburg: Czwalina.

Burk, K. (2006). Mehr Zeit in der Schule – der Rhythmus macht's. In K. Höhmann & H. Holtappels (Hrsg.), *Ganztagsschule gestalten: Konzeption, Praxis, Impulse* (S. 92-105). Seelze: Kallmeyer.

Deutsche Gesellschaft für Ernährung e. V. (DGE). (2009). *Qualitätsstandards für die Schulverpflegung.* Bonn: DGE.

Eder, F. & Mayr, J. (2000). *Linzer Fragebogen zum Schul- und Klassenklima* (LFSK 4-8). Göttingen: Hogrefe-Verlag.

Flick, U. (2007). *Qualitative Sozialforschung. Eine Einführung.* Reinbek: Rowohlt.

Hildebrandt-Stramann, R. (2010). Bewegungsaktivitäten in Ganztagsschulen. Zeitkonzepte zwischen integrativer und additiver Perspektive. In P. Böcker & R. Laging (Hrsg.), *Bewegung, Spiel und Sport in der Ganztagsschule. Schulentwicklung, Sozialraumorientierung und Kooperationen* (S. 41-56). Baltmannsweiler: Schneider Hohengehren.

Kelle, U. & Kluge, S. (2010). *Vom Einzelfall zum Typus. Fallvergleich und Fallkontrastierung in der qualitativen Sozialforschung.* Wiesbaden: VS Verlag für Sozialwissenschaften.

Laging, R., Derecik, A., Riegel, K. & Stobbe, C. (2010). *Mit Bewegung Ganztagsschule gestalten. Beispiele und Anregungen aus bewegungsorientierten Schulportraits.* Baltmannsweiler: Schneider Hohengehren.

Laging, R. (2011). Bewegungs- und sportorientierte Ganztagsschulforschung. In E. Balz, M. Bräutigam, W.-D. Mietling & P. Wolters (Hrsg.), *Empirie des Schulsports* (S. 208-225). Aachen: Meyer & Meyer.

Legewie, H. (1994). Globalauswertung. In A. Böhm, T. Muhr & A. Mengel (Hrsg.), *Texte verstehen. Konzepte, Methoden, Werkzeuge* (S. 100-114). Konstanz: Universitätsverlag.

Mey, G. & Mruck, K. (2011). Grounded-Theory-Methodologie: Entwicklung, Stand, Perspektiven. In G. Mey & K. Mruck (Hrsg.), *Grounded Theory Reader* (S. 11-48). Wiesbaden: VS Verlag für Sozialwissenschaften.

Projekt StuBSS, Universität Marburg (2007). *Von der Bewegungspause zum bewegten Unterrichten.* Zugriff am 13.08.2012 unter http://www.uni-marburg.de/fb21/ifsm/ganztagsschule/schulmaterial/workshop

Waschler, G. & Leitner, M. (Hrsg.). (2015a). *Bewegter Ganztag – Daten zur Analyse der schulischen Situation in Niederbayern und Oberösterreich mit Handlungsempfehlungen.* Aachen: Meyer & Meyer.

Waschler, G. & Leitner, M. (Hrsg.). (2015c). *Acht Schulporträts zum Bewegten Ganztag in Niederbayern und Oberösterreich – Umfassende Analyse an ausgewählten Schulen.* Aachen: Meyer & Meyer.

5 DARSTELLUNG DER SITUATION AN DEN PROJEKTSCHULEN

© Thinkstock/iStock

5 Darstellung der Situation an den Projektschulen

Carmen Fringer & Stephan Uhlschmied

5.1 Projektschulen in Niederbayern

5.1.1 Hans-Carossa-Grundschule Heining-Schalding

Abb. 5.1: Aula mit Schulmotto

Abb. 5.2: Außenbereich mit Klettergerüst

Die Grundschule Heining liegt am Stadtrand von Passau. Sie befindet sich etwas versteckt auf einem Hügel. Für eine Stadtschule sind relativ viele und große Grünflächen vorhanden.

Das Schulgebäude umfasst einen Eingangsbereich, eine Aula mit Theaterbühne und Pausenverkauf, 10 Klassenzimmer (die auf drei Stockwerke verteilt sind), einen Raum für die Mittagsbetreuung der Ganztagskinder und eine große Turnhalle. Zum Schulgelände gehört ebenfalls der frisch eingeweihte Naturerlebnispausenhof, an den sich ein Hartplatz mit zwei Basketballkörben, ein Rasenplatz, eine Laufbahn und eine Weitsprunganlage anschließen. Der an das Grundstück angrenzende Spielplatz wird von den Ganztagskindern besonders gern besucht.

Die Klassenzimmer sind alle gleich ausgestattet und verhältnismäßig groß, um *Bewegten Unterricht* zu ermöglichen. In einigen Klassenzimmern sind sogar Yogamatten zu finden. Jeder Gang verfügt über eine „Voll in Form"-Kiste.

Abb. 5.3: „Voll-in Form"-Kiste *Abb. 5.4: Matten für Bewegungs- und Ruhephasen*

Die Turnhalle entspricht dem Standard, ist aber, was Groß- und Kleingeräte betrifft, sehr gut ausgestattet.

Die Grundschule Heining ist eine Ganztagsschule mit derzeit (Schuljahr 2012/2013) vier *Gebundenen Ganztagsklassen* (Jahrgangsstufen 1-4) und sechs Regelklassen. Die Anzahl der *Gebundenen Ganztagsklassen* wurde in den vergangenen Schuljahren jeweils um eine Klasse erhöht.

Integration von BSS in den Schulalltag und in den Ganztag

Die Integration von BSS in dieser Schule ergibt sich allein schon aus dem Lehrplan. Der Pflichtsportunterricht wird in vollem Umfang abgedeckt. „Darüber hinaus gibt es nur mehr Sport in den [...] Ganztagsklassen" (1[19], SL, S. 2) Am Nachmittag bieten die Vereine an der Grundschule Heining ein vielfältiges Sportprogramm (eine AG Tennis, eine AG Judo, eine AG Jazzdance, Kindertanz, Kinderturnen und Schwimmen) an, das für alle Schüler der Schule offensteht. Im Schuljahr 2012/2013 stehen nun auch Arbeitsgemeinschaften Fußball und Eislaufen für die Kinder zur Verfügung. Die Sportangebote finden gleich im Anschluss an den Unterricht und an der Schule bzw. in der Turnhalle selbst statt. Somit haben alle Kinder die Chance, daran teilzunehmen. Vor der Implementierung dieser Angebote startete die Schulleitung eine Umfrage bei ihren Schülern, welche Sportarten sie gerne an ihrer Schule ausüben würden. Daraufhin lud die Schulleitung mehrere Vereine ein, die ihre Sportarten vorstellten. So kam das vielfältige Sportangebot an dieser Schule zustande, das bis heute mit großer Beliebtheit von den Kindern angenommen wird. Derzeit stehen vier Trainer bzw. Übungsleiter zur Verfügung (Schuljahr 2012/2013).

Der Bereich BSS hat in den Ganztagsklassen eine besonders große Bedeutung. Laut der Schulleitung brauchen diese Klassen mehr Bewegung, mehr *Bewegungspausen* und mehr Gelegenheiten, ihren

---

19 Um die Interviewprotokolle aus den verschiedenen Schulen leichter auffinden zu können, wurden den Untersuchungsschulen jeweils Zahlen zugeordnet. Der Hans-Carossa-Grundschule wurde unter der Ziffer 1 verzeichnet. Alle Untersuchungsschulen finden sich im Untersuchungsschulverzeichnis am Ende des Buches.

natürlichen Bewegungsdrang ausleben zu können. Die Ganztagsklassen brauchen auch vormittags mehr Bewegung, um den langen Schultag durchhalten zu können. Der Schultag muss in diesen Klassen unbedingt durch BSS rhythmisiert und strukturiert werden. Zusätzlich konnte auch der Sportunterricht um zwei Stunden in den Ganztagsklassen erweitert werden. Darüber hinaus unternehmen die Lehrkräfte und Erzieherinnen mit den Ganztagskindern mehr Ausflüge mit sportlichem Schwerpunkt (z. B. Schlittschuhlaufen, Wandern, Schwimmen ...), als das in anderen Klassen der Fall ist.

Bewegung während des Unterrichts „wird in jeder Klasse gemacht" (ebd.). Vor allem „in eins/zwei (Anm. erste und zweite Jahrgangsstufe) kann man mal 20 Minuten unterrichten [...] oder 25, 30 Minuten, dann brauchen sie wieder Bewegung – Fenster auf, kurze Übungen" (ebd.). Das Programm „Voll in Form" konnte viele Lehrkräfte überzeugen und bot ihnen vielfältige Ideen, den Unterricht durch *Bewegungspausen* aufzulockern und zu rhythmisieren. In jedem Gang steht eine „Voll in Form"-Kiste, die auch fast täglich zum Einsatz kommt.

Abb. 5.5: Tischtennisplatten im Freien

Abb. 5.6: Weidentunnel als Spiel- und Rückzugsmöglichkeit

Im Lehrerkollegium bemühen sich einige Lehrer sehr um den Sport an dieser Schule, da sie auch privat sehr viel Sport ausüben. Auch die Fortbildungsbereitschaft ist im Sportbereich bei den Lehrern sehr hoch. „Es hat jeder Lehrer seinen Schwerpunkt" (1, SL, S. 4), manche machen mehr, manche weniger in einem Fachbereich, aber die Schulleitung ist überzeugt, dass „ein gutes Mittelmaß" (ebd.) an der Schule erreicht wird.

Der neue Naturerlebnispausenhof ist das Herzstück dieser Grundschule und bietet die besten Möglichkeiten, die Kinder zur Bewegung zu animieren. Er verfügt über eine Balancierholzschlange, ein Klettergerüst mit Leiter, Balancierseile und Kletternetz, eine kleine Kletterwand, eine lange Rutsche und einen Barfußpfad. Außerdem sind auf dem Schulhof drei Tischtennisplatten und ein Basketballkorb vorhanden. Der gepflasterte Bereich des Schulhofs kann ideal für Bewegungsspiele genutzt werden. Die Schule stellt den Kindern hierfür Pedalos, Springseile, Bälle und andere Handspiele, die zur Bewegung auffordern, bereit.

Schon aufgrund des großen Pausenbereichs finden sich genug Möglichkeiten zum Toben, Laufen und Spielen. Eine besondere Attraktion und tolle Idee, sich zu verstecken und hindurchzulaufen, ist der lange Weidentunnel, hinter welchem sich auch ein sogenanntes *Klassenzimmer im Freien*, in Form eines überlangen Tisches mit beidseitigen Bänken befindet. Hier finden die Kinder neben anderen Nischen auch etwas Ruhe, da sich gerade die Mädchen lieber etwas zurückziehen, miteinander kommunizieren, sich austauschen oder einfach nur lesen wollen (vgl. 1, SL, S. 5). Die Jungen haben da einen ganz anderen Bewegungsdrang (ebd.), aber, wie beschrieben, ist für alle Kinder etwas dabei.

Ziele der Schule mit der Einbindung von BSS in den Schulalltag

Die Schulleitung ist mit den vorhandenen BSS-Angeboten sehr zufrieden. Die Qualität, Kontinuität und Zuverlässigkeit der Angebote ist besonders zufriedenstellend. Die Angebote werden von den Schülern gut besucht und angenommen. Der Kontakt zu den Übungsleitern und Trainern ist persönlich und besteht schon über mehrere Jahre.

Für weitere BSS-Angebote an dieser Schule fehlen allerdings die Räume (z. B. Raum für Yoga und Meditation). Auch die gewünschten Übungsleiter (Fußball) stehen aufgrund ihrer Berufstätigkeit zur gewünschten Zeit nicht zur Verfügung.

Die Schule möchte durch die Einbindung von BSS in den Schulalltag die Gesundheit der Schüler fördern, außerdem soll die Schule dem natürlichen Bewegungsdrang der Schüler gerecht werden. Darüber hinaus soll die Freude an BSS und an der Gemeinschaft geweckt sowie soziale Kompetenzen gefördert werden.

Abb. 5.7: Hüpfspiele im Pausenhof

Fördernde und hemmende Faktoren für die Integration von BSS in den Schulalltag
Fördernde Faktoren

Viele Lehrer werden durch das Programm „Voll in Form" angeregt, ihre Schüler zur Bewegung zu motivieren. Natürlich wirkt sich auch die Bereitschaft der Lehrkräfte, *Bewegten Unterricht* durchzuführen und die hohe Fortbildungsbereitschaft im Sportbereich sehr förderlich aus.

Die Schulleitung zeigt eine große Initiative sowie ein hohes Engagement, Sportangebote zu implementieren. Die Einführung des Ganztags, die damit erhöhten Lehrerstunden und die Ausweitung der Sportstunden sowohl im Basissportunterricht als auch am Nachmittag stellen weitere Gelingensfaktoren dar.

Die räumlichen Gegebenheiten, wie z. B. Hartplatz, Rasenplatz, Laufbahn, der an das Grundstück angrenzende Kinderspielplatz sowie der Naturerlebnispausenhof stillen den Bewegungsdrang der Schüler und Ganztagskinder mehr als ausreichend.

Hemmende Faktoren
Den Lehrkräften fehlen zusätzliche sportliche Qualifikationen, z. B. Schwimmausbildung und Übungsleiterscheine. Die Lehrerausbildung müsste breiter gefächert sein und mehrere Sportarten abdecken. Obwohl an der Hans-Carossa-Schule in Passau bereits zusätzliche Stunden für Sportunterricht zur Verfügung stehen, reichen diese allerdings immer noch nicht aus. Die Lehrkräfte zeigen zwar ein hohes Engagement an Fortbildungsbereitschaft, leider sind die Angebote ihrer Meinung nach hierbei aber nicht zufriedenstellend.

Abb. 5.8: Balancier- und Sitzmöglichkeit

Bedeutung einer gesunden Pausen- und Mittagsverpflegung an Schulen mit und ohne Ganztagsangebot – Aktionen zur Information über gesunde Ernährung
Eine gesunde Ernährung wird sowohl in der Pausenverpflegung als auch beim Mittagessen an der Hans-Carossa-Grundschule großgeschrieben. Das Thema gesunde Ernährung ist durch das Programm „Voll in Form" (siehe Glossar) in den Mittelpunkt gerückt.

Zu Beginn eines jeden Schuljahres werden die Eltern in einem Elternbrief aufgefordert, ihren Kindern eine gesunde Pausenverpflegung[20] mitzugeben. Einmal im Monat veranstaltet jede Klasse einen gesunden Pausenverkauf, der von den Eltern der jeweiligen Klasse zubereitet und bereitgestellt wird.

Neben den Eltern achten auch die Lehrer in der Grundschule Heining auf eine gesunde Ernährung. Im Pausenverkauf werden keine Süßigkeiten und keine gesüßten Getränke, sondern nur

Abb. 5.9: Kickerkasten und Couch

---

[20] In den Erhebungen wurde der Begriff *Gesunde Pause* verwendet. Zwecks der besseren Verständlichkeit wird im Folgenden zwischen einem *gesunden Pausenverkauf* bzw. einer *gesunden Pausenverpflegung* unterschieden.

Vollkornprodukte angeboten. Jeden ersten Montag im Monat verkauft der Hausmeister, der den Pausenverkauf übernimmt, zurechtgeschnittenes Obst und Gemüse. Außerdem nimmt die Schule am Schulobstprogramm (siehe Glossar) teil, das durch die EU gefördert wird. An der Schule wird im Rahmen des Programms jedem Schüler einmal wöchentlich ein gesunder Pausensnack aus Obst und Gemüse zur Verfügung gestellt. Das Mittagessen für die Ganztagskinder liefert die AWO Vilshofen. Zu jedem Mittagessen gehört auch ein Salat, der von den Kindern angenommen wird. Gegessen wird gemeinsam in einem eigens dafür vorgesehenen Raum, der mit einer Küche, Tischen, einem Sofa und einem Tischkicker ausgestattet ist.

Begünstigende und erschwerende Faktoren gesunder Ernährung
Das Angebot des Pausenverkaufs ist an dieser Schule besonders hervorzuheben. Hierbei achtet die Schulleitung auf die Empfehlungen aus den Qualitätsstandards für Schulverpflegung. Des Weiteren ist das Engagement der Eltern, welche die gesunde Pausenverpflegung ermöglichen, als begünstigender Faktor zu nennen.

Vor Ort angewandte Strategie zur Integration von BSS
Eine Umfrage unter den Schülern ergab, dass die gewünschten Sportarten nicht durch den Pflichtsportunterricht abgedeckt werden konnten. So wurden die zusätzlichen Angebote nachmittags implementiert.

Geplante Maßnahmen im Rahmen der Schulentwicklung
Für die Ganztagskinder soll im kommenden Schuljahr Golf angeboten werden. Außerdem soll ein frei werdendes Klassenzimmer als Ruhe- oder Bewegungsraum umfunktioniert werden.

Fußball und Tischtennis sollen als weitere BSS-Angebote integriert werden.

5.1.2 Grundschule am Haidel Hinterschmiding-Grainet

Abb. 5.10: Schulmotto grafisch verdeutlicht

Abb. 5.11: Turnhalle mit Bühne

Die Grundschule am Haidel Hinterschmiding liegt in einem sehr ländlichen Raum. Hinterschmiding ist eine Gemeinde im niederbayerischen Landkreis Freyung-Grafenau, Sitz der Verwaltungsgemeinschaft Hinterschmiding und staatlich anerkannter Erholungsort. Die Grundschule ist auf zwei Schulorte aufgeteilt: die Grundschule Hinterschmiding und die Grundschule Grainet. Gelegentlich werden, zum Klassenausgleich, Schüler der einen oder der anderen Schule zugeteilt. Der Fokus des vorliegenden Textes liegt auf dem Standort Hinterschmiding. Die Schule in Hinterschmiding war früher Volksschule, dann Teilhauptschule und ist jetzt nur noch Grundschule. Es stehen daher viele Räume als Funktionsräume zur Verfügung. Es gibt vier Klassenzimmer, davon zwei mit Gruppenräumen. Neben weiteren Funktionsräumen gibt es einen Aufenthaltsraum mit Spielen für die Zeit vor dem Unterricht und für Hauspausen. Die Sporthalle ist sehr gut ausgestattet und schließt auch eine Bühne für Vorführungen mit ein. Der Sportplatz mit Rasenplatz, großer Sprunganlage, Laufbahn und einem kleinen Bolzplatz ist etwa 500 m entfernt. Ein kleiner Sportplatz (Sandplatz) befindet sich gegenüber der Schule, er wird teilweise von Sportvereinen genutzt, außerdem ist er ein Spielplatz

Abb. 5.12: Material für kleine Pausen

für Pausen im Sommer. Im Schulhaus befindet sich eine Bibliothek, die zweimal wöchentlich während der Pause geöffnet ist und gut angenommen wird.

Abb. 5.13: Sportplatz und Pausenplatz im Sommer

Abb. 5.14: Grünfläche als Außenpausenhof

Das Gebäude wurde in den Jahren 2008 und 2009 energetisch saniert und renoviert. Es hat jetzt einen sehr breiten Flur, auf dem die Kinder bei sehr schlechtem Wetter auch mal in der Pause spielen dürfen. Außerdem gibt es einen Ruheraum für die Kinder, die nicht toben, sondern Brettspiele spielen, lesen und sich entspannen möchten. Für alle Klassen benutzbar ist auch die Lernwerkstatt, die in einem großen Raum untergebracht ist. Die Werkstatt bietet verschiedene Lernstationen, die durch Regale von den anderen Stationen abgegrenzt sind. Der Flur ist mit vielen Urkunden geschmückt, da die Grundschule Hinterschmiding bei vielen Vergleichswettkämpfen sehr gut abschneidet.

In zwei der vier Klassenräume gibt es auch Ruhebereiche und Spielnischen. Die anderen Klassenräume sind relativ klein. Oftmals reicht der Platz nicht aus, um BSS in der Klasse durchzuführen. Einige der Klassen wurden zusammengelegt, sodass es zu einer Klassenstärke von 28-30 Schülern kommen kann.

Der Schulhof ist das Sorgenkind der Schulleiterin, da hier noch keine Ideen für zusätzliche Angebote in BSS umgesetzt wurden. Einer der beiden Pausenhöfe ist eine große Rasenfläche, auf dem zweiten gibt es einige Balanciermöglichkeiten und Weidenverstecke. Die Schulleiterin organisierte im Schuljahr 2011/12 Sponsorenläufe, um Geld für die Verschönerung der Schulhöfe und für das Anschaffen von fest installierten und mobilen Spielgeräten zu sammeln.

Integration von BSS in den Schulalltag

BSS hat einen sehr hohen Stellenwert an der Schule, da an dieser Schule viele „sportliche Leute da sind" (3[21], SL, S. 3). Der ehemalige stellvertretende Schulleiter führt an der Schule das Leichtathletiktraining durch. Die Schüler machen auch nach der Schule viel zusätzlichen Sport. Die Schulleiterin war früher Fachberaterin für Sport. Sportstunden wurden nur an diejenigen Lehrkräfte vergeben, die auch eine Ausbildung in diesem Bereich haben. Alle Lehrer haben an den „Voll in Form"-Fortbildungen teilgenommen. Die Schulleiterin sagt, dass Schüler zum Sport motiviert werden können, indem die Lehrer selbst ein gutes Vorbild sind. Laut Aussage der Schulleiterin „macht es schon immer was aus, wenn die Kinder vom Lehrer den Eindruck haben, der tut ja auch noch was" (3,SL, S. 5).

Seit September 2012 gibt es an der Grundschule Hinterschmiding eine Mittags- bzw. verlängerte Nachmittagsbetreuung mit derzeit (Schuljahr 2012/2013) 40 Kindern. Im Rahmen der verlängerten Nachmittagsbetreuung wird den Schülern eine Sportstunde (mittwochs, 15:00-16:00 Uhr, Schuljahr 2012/2013) angeboten.

Bei Vergleichssportfesten schneiden die Schüler der Schule immer sehr gut ab, gerade bei Leichtathletikwettkämpfen gewinnt die Schule sehr oft. Im Winter nehmen die Schüler an den Skirennen teil und da sind diese auch „immer gut dabei" (3, SL, S. 3). Im Bereich Sport gibt es viele SAGs in Zusammenarbeit mit der DJK-SSV Hinterschmiding (Leichtathletik), mit dem SC Herzogsreut (alpiner Skilauf) und dem SV Grainet (zweimal Fußball, Leichtathletik, alpiner Skilauf und Judo).

Im September 2011 fand der „Tag der Freizeitgestaltung" mit vielen sportlichen Angeboten der örtlichen Vereine statt. Die Kinder konnten verschiedene Workshops besuchen und die Freizeitmöglichkeiten, sowohl im sportlichen als auch im nicht sportlichen Bereich, kennenlernen.

„Der Tag des Fußballs und der Leichtathletik" wurde im September 2012 veranstaltet und fand großen Anklang bei den Schülern.

Ziele der Schule mit der Einbindung von BSS in den Schulalltag

Ziel der Einbindung von BSS ist es, die körperliche Fitness der Kinder zu fördern und den Kindern durch Sport einen Ausgleich zum langen Sitzen und konzentrierten Arbeiten zu bieten. Im Sportunterricht achtet die Schulleiterin darauf, dass sich immer alle Schüler bewegen, und

Abb. 5.15: Tischtennisplatte

---

21 Um die Interviewprotokolle aus den verschiedenen Schulen leichter auffinden zu können, wurden den Untersuchungsschulen jeweils Zahlen zugeordnet. Der Grundschule am Haidel/Hinterschmiding wurde unter der Ziffer 3 verzeichnet. Alle Untersuchungsschulen finden sich im Untersuchungsschulverzeichnis am Ende des Buches.

nicht sehr lange in einer Schlange warten müssen, bis sie wieder an die Reihe kommen. Die Kinder sollen Spaß daran haben, sich miteinander zu bewegen und das möglichst in ihren Alltag integrieren. Auch die wechselnden Aktionstage mit Bewegungs- und Sportangeboten sollten den Kindern hierzu einen Anstoß geben.

Fördernde und hemmende Faktoren für die Integration von BSS in den Schulalltag
Fördernde Faktoren
Die Schulleiterin setzt an ihrer Schule im Fach Sport nur Leute ein, die eine Sportausbildung haben. In allen Klassen ist BSS im Unterricht integriert. Das Bewegungsinteresse bei den Schülern ist groß, in den Klassen der Schulleiterin gibt es sehr wenige Schüler, die Sport völlig ablehnen. „Krankheitsbedingte" Nichtteilnahmen am Sportunterricht gibt es sehr wenige. „Die Kinder haben Spaß am Sport" (3, SL, S. 6).

In der Grundschule gibt es keine Sportart, die unbeliebt ist. Im Sportunterricht ist von den Bewegungsinteressen her noch kein Unterschied zwischen Jungen und Mädchen feststellbar.

Die Schule hat ein großes Gelände, auf dem sich die Kinder bewegen können. Sie gehen in den Pausen immer raus, wenn es möglich ist, auch im Winter.

Hemmende Faktoren
„Viele Kinder sind heute zu Hause nicht mehr so aktiv wie früher. Heute spielen die Kinder nicht mehr so viel draußen" (3, SL, S. 6). Problematisch an der Schule sind die Pausen, die im Schulgebäude stattfinden, da es nur einen Gang gibt. Auf diesem Gang dürfen sich die Kinder aber bewegen. Aufgrund der Größe der Klassenzimmer ist es in diesen Klassen sehr schwierig, BSS umzusetzen. Bezüglich des Schulgeländes ist noch einiges zu tun. Die „normalen" Lehrerstunden können durch das Stundenbudget abgedeckt werden. Für BSS-Zusatzangebote stehen allerdings keine weiteren Stunden zur Verfügung.

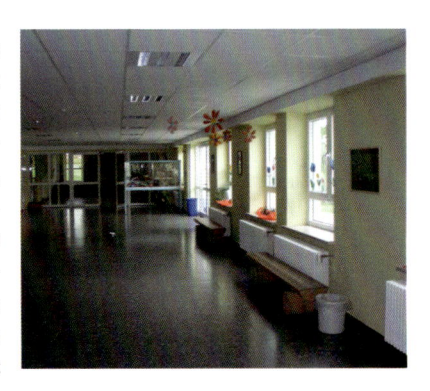

Abb. 5.16: Aula mit Sitzmöglichkeiten

Bedeutung einer gesunden Pausen- und Mittagsverpflegung an Schulen mit und ohne Ganztagsangebot - Aktionen zur Information über gesunde Ernährung
Im Rahmen der Gesundheitserziehung nimmt die Grundschule am Programm „Voll in Form" teil. Dies ermöglicht der Grundschule wiederum die Beteiligung am EU-Schulobstprogramm. Darüber hinaus organisiert der Elternbeirat einmal jährlich ein gesundes Pausenbrot. Die Schule nimmt außerdem am EU-Schulmilchprogramm (siehe Glossar) teil. Vom 15.-19. Oktober 2012 fand eine zusätzliche Aktion, die Woche der Gesundheit und Nachhaltigkeit mit dem Schwerpunkt Ernährung, statt (Verwaltungsgemeinschaft Hinterschmiding, o. J.a).

Den Pausenverkauf an der Schule leitet eine Dame aus der Nachbarschaft. Angeboten werden im Pausenverkauf Weißmehlprodukte, Obst und Gemüse, Milch, ungesüßte Früchte- oder Kräutertees sowie Säfte. Zum Großteil nehmen die Kinder aber ihre Pausenverpflegung von zu Hause mit.

Für die Kinder der Mittagsbetreuung beziehungsweise verlängerten Mittagsbetreuung wird an vier Tagen pro Woche ein Mittagessen angeboten, welches derzeit von einer örtlichen Metzgerei angeliefert wird (Verwaltungsgemeinschaft Hinterschmiding, o. J.b). Die Eltern tragen dabei die Kosten der Betreuung sowie des Mittagessens. Die Getränke müssen zusätzlich bezahlt werden. Der Träger der Betreuung ist die Arbeiterwohlfahrt (AWO).

Begünstigende und erschwerende Faktoren gesunder Ernährung
Die Dame aus der Nachbarschaft, die den Pausenverkauf leitet, wurde bereits gebeten, Vollkornprodukte in das Sortiment des Pausenverkaufs aufzunehmen. Laut ihrer Aussage wurde bereits versucht, diese anzubieten, wegen einer zu geringen Nachfrage das Angebot aber wieder eingestellt. Sie sind daher derzeit nicht im Sortiment.

Vor Ort angewandte Strategie zur Integration von BSS
Die Schulleiterin ist selbst aktive Sportlerin und somit den Kindern ein gutes Vorbild. Alle Lehrer, die das Fach Sport an der Schule unterrichten, haben eine entsprechende Ausbildung, was sich sehr positiv auf den Sportunterricht und auf den Anteil von BSS im normalen Unterricht auswirkt. Durch den „Tag der Freizeitgestaltung" im Schuljahr 2011/2012 konnte aktuell auch noch der GLC Bayerwald als Kooperationspartner gewonnen werden. Die Schüler können hierbei das Golfspielen kennenlernen.

Geplante Maßnahmen im Rahmen der Schulentwicklung
Die Schulleiterin wünschte sich, dass die Kinder einen richtigen Pausenhof mit fest installierten Spielgeräten und mobilen Spielgeräten bekommen. Die Installation dieser Spielgeräte war zu Beginn des Schuljahres 2012/2013 aber nur am Standort Grainet abgeschlossen. Am Standort Hinterschmiding dauerte sie noch an. Ein großes Anliegen der Schulleiterin war die Einführung der Mittagsbetreuung. Wie bereits erwähnt, wurde zu Beginn des Schuljahres 2012/2013 eine Mittags- bzw. verlängerte Nachmittagsbetreuung mit Verpflegung am Mittag eingeführt.

5.1.3 Grundschule Gotteszell

Die vorliegende Beschreibung bezieht sich auf den Schulbesuch im Schuljahr 2010/2011 und stellt nicht die aktuelle Situation an der Schule dar.

Abb. 5.17: Frontansicht mit Haupteingang   *Abb. 5.18: Flur im Obergeschoss*

Die Grundschule Gotteszell liegt an einem Hügel inmitten der kleinen, idyllischen Gemeinde Gotteszell im Bayerischen Wald. Die Schüler dieser Grundschule kommen aus sechs kleinen, umliegenden Nachbargemeinden und werden überwiegend mit dem Bus zur Schule gebracht und auch wieder abgeholt. Die Grundschule Gotteszell ist eine sehr kleine und familiäre Schule.

Das helle und kinderfreundliche Schulgebäude verfügt über sechs große Klassenzimmer, die auf zwei Etagen verteilt sind. Die großzügigen und breiten Gänge sind durch Glastüren bzw. Feuerschutztüren gut abgrenzbar und überschaubar. Die Gänge werden bei schlechtem Wetter als Pausenaufenthaltsräume genutzt. Die Fenster und Wände sind durch liebevolle, bunte Kunstwerke oder Bastelarbeiten der Schüler verziert.

Die Schule verfügt im Dachgeschoss über einen großen Raum, der für BSS ideal genutzt werden könnte. Der fehlende zweite Fluchtweg verhindert aber dies.

BSS bildet einen Schwerpunkt im Schulprofil. Im Rahmen des Kooperationsmodells „Sport nach 1 in Schule und Verein" werden den Schülern eine SAG Tennis (TC Achslach) und eine SAG Volleyball (SV Gotteszell) angeboten. Hinzu kommen Schnuppertage in Karate, Tischtennis, Handball und BVS Behindertensport.

Das Schulgebäude ist direkt mit der Turnhalle verbunden. Die große Turnhalle verfügt über eine normale Ausstattung. Außerdem beinhaltet sie eine kleine Theaterbühne, die für Schulaufführungen genutzt wird. Auffallend sind auch die beiden großen Fußballtore, die an beiden Enden der Halle stehen. Durch eine Tür in der Turnhalle gelangt man in einen separaten Tischtennisraum

Abb. 5.19: Eingang zur Sport- und Festhalle

mit mehreren Tischtennisplatten. Dieser Raum kann von den Schülern und Vereinen regelmäßig genutzt werden.

Der Sportplatz mit Hartplatz, Laufbahn und Weitsprunganlage ist allerdings einige Gehminuten von der Grundschule entfernt.

Die Klassenzimmer sind alle sehr groß und können hervorragend für *Bewegten Unterricht* genutzt werden. Jedes Klassenzimmer verfügt über eine großzügige Kuschel- und Leseecke.

Der riesige Schulhof wird in der Pause jeden Tag für Bewegung genutzt. Allerdings ist dieser mit Kopfsteinpflaster versehen, was die Sturz- und Verletzungsgefahr, laut Aussage der Schulleiterin, erheblich erhöht. Die zum Schulhof gehörende Grünfläche verfügt über mehrere Bewegungsgeräte, wie z. B. Nestschaukel, Rutsche, Holzbalancierschlange und zwei Reckstangen. Außerdem stehen im Foyer der Schule drei Kisten mit Bällen, Wurfgeräten, Seilen und Stelzen als Pausenspiele bereit.

Die Grundschule Gotteszell hat keinen Ganztag, lediglich eine Mittagsbetreuung bis 14:00 Uhr. Allerdings wurde im Schuljahr 2011/12 eine verlängerte Mittagsbetreuung bis 15:30 Uhr eingeführt. Im Rahmen dieser Mittagsbetreuung ist jeden Dienstag ein wechselndes Programm geplant, z. B. Life-Kinetik, Benimmschule, Kartoffeln setzen mit dem Gartenbauverein.

Abb. 5.20: Rückzugsmöglichkeiten

Abb. 5.21: Außenbereich mit Nestschaukel und Rutsche

Integration von BSS in den Schulalltag und in den Ganztag

Der Sportunterricht wird an dieser Schule in vollem Umfang abgedeckt und bildet eine wichtige Säule im Schulprofil. Die Säule „Bewegung" (bzw. im Schulprofil „richtig gut drauf") macht ein Drittel des Schulprofils aus.

Bevor die jetzige Schulleitung an diese Schule kam, wurde im Bereich BSS wenig geboten und hatte auch im Kollegium eine geringe Bedeutung. Daher „war zuerst die Begeisterung nicht groß" (4[22], SL, S. 4). Durch die vielen Anregungen der Schulleiterin, aber auch durch das Programm „Voll in Form" machten die Kollegen die Erfahrung, dass durch regelmäßige Bewegung im Unterricht „die Kinder nicht nur Spaß dabei haben, sondern auch der Unterricht leichter von der Hand geht" (ebd.).

Abb. 5.22: Pausenbereich mit Balancierbalken   *Abb. 5.23: Rückzugsmöglichkeit mit Bänken*

Ein Problem gibt es allerdings beim Schwimmunterricht. Im Kollegium besitzen nur zwei Lehrkräfte einen Rettungsschwimmerschein. So können die Lehrer nur begrenzt mit den Kindern schwimmen gehen. Auch die Fortbildungsbereitschaft des Lehrerkollegiums ist im Sportbereich nicht sehr hoch.

Der Sportunterricht wird an dieser Schule auseinanderdividiert. An Tagen, an denen in den Klassen zwei Stunden Sport auf dem Stundenplan stehen, wird nur eine Stunde tatsächlich gehalten. Die zweite Sportstunde wird stattdessen an einem anderen Tag, an dem kein Sport stattfindet (immer donnerstags ab Anfang des Schuljahres bis Ostern), als sogenannter *Parcourstag* mit mehreren Stationen durchgeführt. Diese Stationen werden von den Kindern und der Schulleiterin morgens aufgebaut und alle Klassen durchlaufen diesen Parcours eine Unterrichtsstunde lang. Die letzte Klasse an diesem Tag baut den Parcours wieder ab. So gelingt es der Schule, einen höheren wöchentlichen Bewegungsanteil zu integrieren. „Gleichgewichtssachen machen großen Spaß" (4, SL, S. 5), „alles,

---

22   Um die Interviewprotokolle aus den verschiedenen Schulen leichter auffinden zu können, wurden den Untersuchungsschulen jeweils Zahlen zugeordnet. Der Grundschule Gotteszell wurde unter der Ziffer 4 verzeichnet. Alle Untersuchungsschulen finden sich im Untersuchungsschulverzeichnis am Ende des Buches.

was mit Ball zu tun hat" (ebd.), wie Zielwerfen, aber auch Fußball, die Kinder wollen gerne „hoch hinaus" (ebd.), indem sie bspw. an einer Seite der Sprossenwand hochklettern und auf der anderen Seite wieder herunterrutschen, und alles, was Wettkampfcharakter hat, begeistert die Kinder. Im Sommer fallen diese Parcourstage weg, damit für die Bundesjugendspiele trainiert werden kann.

An dieser Grundschule gibt es spezielle Projekttage und Aktionstage zum Bereich BSS.

Zum Projekttag, der „Voll-fit-Tag" genannt wird, lädt die Schulleiterin mehrere externe Experten, Übungsleiter oder Trainer an die Schule ein, die eine bestimmte Sportart vorstellen und mit den Kindern ausprobieren. Auch zum Thema „Ernährung und gesundes Leben" werden Fachkräfte eingeladen. Als weitere Teilnehmer werden der Schachklub, das Fitnesscenter und der Kneippverein genannt. Der „Voll-fit-Tag" findet immer am letzten Schultag vor den Herbstferien statt. Manchmal können auch die Eltern an diesem Tag teilnehmen. Alle zwei Jahre findet sogar ein Programm nur für die Eltern statt.

Abb. 5.24: Hinweise beim „Voll-fit-Tag"

Die Zusammenarbeit mit dem BVS Behindertensport steht auch an diesen speziellen Sporttagen an vorderer Stelle.

Die Aktiv- bzw. Sporttage, die die Schulleiterin eingeführt hat, werden immer unter einem bestimmten Motto, z. B. Fußball-WM der Frauen, durchgeführt. Auch hier werden spezielle Sportfachkräfte, in diesem Beispiel Fußballer, zu der jeweiligen Sportart eingeladen. Diese Tage sind offen für alle Klassen, enden meist mit einem Turnier und finden zwei- bis viermal im Schuljahr statt.

Aufgrund der Tatsache, dass die Schulleiterin auch privat sehr viel mit Sport zu tun hat und in mehreren Vereinen Mitglied ist, zudem noch Sportfachberaterin und Geschäftsführerin für den Arbeitskreis Sport ist, hat der Sport an dieser Schule jetzt einen sehr hohen Stellenwert. Man könnte sagen, dass durch sie erst der Sport an der Grundschule Gotteszell Einzug gehalten hat.

Während des Unterrichts werden regelmäßig *Bewegungspausen* eingebaut. Das Programm „Voll in Form" gab vielen Lehrern einen Anstoß, zu erkennen, wie wichtig Bewegung im Unterricht und im Schulalltag ist. Man kann einem Lehrer nichts aufzwingen, besser ist es, jeder Lehrer sucht sich das aus, was zu ihm passt (vgl. 4, SL, S. 2). Die Schulleitung hat eine flächendeckende Umsetzung dadurch erreicht, dass sie ihrem Kollegium „mehr Auswahl geben" (4, SL, S. 2) hat. Erst durch dieses Programm „Voll in Form" wurde der „Bewegungsstein" ins Rollen gebracht.

Darstellung der Situation an den Projektschulen | 53

Abb. 5.25: Außenansicht mit Kletterstangen   *Abb. 5.26: Kiste mit Bällen und Seilen*

Der Pausenhof lädt aufgrund seiner vielen Bewegungsgelegenheiten zur Bewegung ein. Alle Kinder müssen bei schönem Wetter nach draußen gehen. Der gepflasterte Bereich wird regelmäßig zum Fußballspielen genutzt.

Im Foyer der Schule stehen drei Kisten mit Bällen, Wurfgeräten, Seilen und Stelzen als Pausenspiele bereit. Die Schaukel, Rutsche, Reckstangen und Balancierschlange im Grünbereich sind ebenfalls ein beliebter Bewegungsanreiz. Die großzügige Sitzfläche mit Tischen und Bänken stellt die Ruhezone des Pausenhofs dar.

Bei schlechtem Wetter werden die drei Flurzonen des Schulhauses für BSS genutzt:
- Zone: Seilspringen,
- Zone: Ballspielen und
- Zone: Tanzen.

Ziele der Schule mit der Einbindung von BSS in den Schulalltag
Durch eine gezielte Steigerung der Fitness soll auch die Aufmerksamkeitsfähigkeit der Schüler gesteigert werden. Sie sollen lockerer werden und den Leistungsdruck für einige Zeit vergessen und somit eine Entspannung vom Schulalltag erfahren. Für die Schulleitung geht es „um die Basis" (4, SL, S. 7), daher wollen sie „viele Sportarten [vermitteln], die man möglichst lange machen kann" (ebd.), die gut in den Alltag passen.

Fördernde und hemmende Faktoren für die Integration von BSS in den Schulalltag
Fördernde Faktoren
Das hohe Engagement der Schulleitung im Sportbereich und deren gute Kontakte zu Vereinen (Initiative der Schulleitung, auf Vereine und Sportfachkräfte zuzugehen), verbunden mit den entsprechenden räumlichen Gegebenheiten (u. a. bewegungsfreundlicher Schulhof), wirken sich sehr förderlich für die Integration von BSS aus. Die Angebote der Vereine, Sportangebote durch-

zuführen sowie das Bewusstsein der Lehrkräfte über die positive Bedeutung von Bewegung im Unterricht und die grundsätzliche Bereitschaft der Lehrkräfte, *Bewegten Unterricht* anzubieten, stärken die Bemühungen, den Schülern Bewegung als positive Lebenserfahrung nahezubringen, nachhaltig. Nicht vergessen werden darf in diesem Zusammenhang der sehr engagierte Elternbeirat.

Abb. 5.27: Kinder beim Fußballspielen

Hemmende Faktoren

Unter den Lehrern herrscht eine geringe Fortbildungsbereitschaft im Bereich Sport. Qualifikationen, wie z. B. Rettungsschwimmerscheine, sind nicht vorhanden. Der gepflasterte Pausenhof bereitet ebenso Probleme. Es fehlen Lehrerstunden, um BSS stärker integrieren zu können. Neben dem Personal fehlen auch die finanziellen Mittel, außerdem kann ein für BSS geeigneter Raum nicht genutzt werden, da ein zweiter Fluchtweg fehlt. Bei nachmittäglichen BSS-Angeboten gibt es zusätzlich ein Beförderungsproblem.

Abb. 5.28: Turnhalle mit Bühne

Bedeutung einer gesunden Pausen- und Mittagsverpflegung an Schulen mit und ohne Ganztagsangebot – Aktionen zur Information über gesunde Ernährung

Die Grundschule Gotteszell legt großen Wert auf eine gesunde Ernährung. Den Pausenverkauf übernimmt an dieser Schule eine Mitarbeiterin der örtlichen Bäckerei. Verkauft werden Vollkornbrötchen[23], Brezeln[24], süßes Gebäck und zuckerhaltige Getränke. Der Verkauf des süßen Gebäcks wurde auf Wunsch der Schulleitung stark eingeschränkt. Süßigkeiten werden keine verkauft. Zudem wurde im Schuljahr 2010/2011 an der Schule Schulmilch angeboten, deren Verkauf die Schüler selbst übernehmen. Die Schule nimmt auch am „EU-Schulobstprogramm" teil. Dadurch gibt es jeden Tag frische Früchte und Gemüse für die Schüler. Das Obst und Gemüse wird von den Lehrern wöchentlich portioniert und von den Schülern, nach einer kurzen Einführung, selbst zubereitet.

---

23 In den Erhebungen wurde der Begriff *Semmel* genutzt. *Semmel* ist der bayerische und österreichische Ausdruck für *Brötchen*. Im Folgenden wird das Wort *Semmel* durch *Brötchen* ersetzt.
24 In den Erhebungen wurde der Begriff *Brezn* genutzt. Brezn ist der bayerische und österreichische Ausdruck für *Brezel*. Im Folgenden wird das Wort *Brezn* durch *Brezel* ersetzt.

Auch der Elternbeirat engagiert sich an der Grundschule Gotteszell, so veranstaltet der Elternbeirat drei- bis viermal jährlich ein gesundes Pausenfrühstück. Des Weiteren findet einmal jährlich der „Voll-fit-Tag" an der Schule statt. Bewegung und gesunde Ernährung werden hierbei immer thematisiert.

Mit der Einführung der verlängerten Mittagsbetreuung wurde seit dem Schuljahr 2011/2012 auch ein gemeinsames Mittagessen eingeführt. Dieses wird in einem nahegelegenen Gasthaus eingenommen. Das Essen ist sehr abwechslungsreich. Als Vorspeise erhalten die Kinder vitaminreiches, rohes Gemüse, welches von ihnen gut angenommen wird. Vor dem Mittagessen wird ein Tischgebet gesprochen. Auf Tischmanieren wird großen Wert gelegt.

Begünstigende und erschwerende Faktoren gesunder Ernährung
Die Schule nimmt am „EU-Schulfruchtprogramm" teil und fördert dadurch das Angebot von frischem Obst und Gemüse an der Schule. Auch die Schüler werden hier direkt in die Vorbereitung miteinbezogen. Des Weiteren ist das Engagement der Eltern zu erwähnen, durch welches das gesunde Pausenfrühstück angeboten werden kann. Da die Schule beim Pausenverkauf und beim Mittagessen auf externe Anbieter zurückgreifen muss, ist der Einfluss auf das Angebot eingeschränkt. Eine Aufwertung des Pausenverkaufssortiments war trotzdem möglich.

Vor Ort angewandte Strategie zur Integration von Bewegung, Spiel und Sport
Die Schulleitung versucht, so viele Vereine, Profisportler und externe Partner wie möglich für die Integration von BSS-Angeboten an der Schule zu gewinnen. Sie appelliert an das Lehrerkollegium, *Bewegten Unterricht* und *Bewegungspausen* während des Unterrichts durchzuführen und diese als festen Bestandteil in den Schulalltag zu integrieren. Die Initiative, etwas zu „bewegen", geht an dieser Schule sehr stark von der Schulleitung aus.

Um auch auf die Wünsche der Kinder einzugehen, hat die Schulleiterin einen Wunschzettel im Schulhaus aufgehängt. Hier können alle Kinder ihre Wünsche an Pausenspielen, Spielgeräten oder Ähnlichem aufschreiben.

Die Schulleitung ist im Großen und Ganzen mit der Anzahl und Qualität der Bewegungs- und Sportangeboten zufrieden. Die Angebote finden regelmäßig statt und werden von den Kindern gut angenommen. Die Angebote werden von den qualifiziertesten Fachkräften (Profisportler und Trainer) durchgeführt. Tischtennis und Volleyball finden an der Schule selbst statt. Das Tennistraining wird allerdings in der Nachbargemeinde durchgeführt.

Die Schulleitung würde sich aber wünschen, mehr SAGs anbieten zu können, d. h. die grundlegenden Sportarten, wie Leichtathletik, Gerätturnen und Schwimmen, abdecken zu können.

Geplante Maßnahmen im Rahmen der Schulentwicklung
Es sind keine weiteren Maßnahmen geplant.

5.1.4 Lenberger Grund- und Mittelschule Triftern

Die vorliegende Beschreibung bezieht sich auf den Schulbesuch im Schuljahr 2010/2011 und stellt nicht die aktuelle Situation an der Schule dar. Informationen jüngeren Datums wurden durch nachträgliche Recherchen ergänzt und beziehen sich nicht auf Aussagen der Schulleitung.

Abb. 5.29: Eingangsbereich mit Hinweisschildern    Abb. 5.30: Pausenbereich mit Tischtennisplatte

Die Lenberger Grund- und Mittelschule Triftern liegt in einer ländlich geprägten Region. Der Ort Triftern hat 5.000 Einwohner.

An der Lenberger Grund- und Mittelschule Triftern gibt es in den Jahrgängen acht und neun jeweils eine *Gebundene Ganztagsklasse*. Seit dem Schuljahr 2012/13 wurde ein *Offenes Ganztagesangebot* für die Jahrgangsstufen fünf bis sieben eingerichtet.

Das Schulgebäude für den Mittelschulbereich und der Pausenhof für die Grundschule wurden frisch renoviert.

Das Schulgebäude verfügt über mehrere Kickertische und Tischtennisplatten, einen Meditationsraum, einen „Trainingsraum" für Projektarbeiten und das „Training" von schwächeren Schülern sowie einen Mehrzweckraum, der unter anderem auch für die Ganztagsklassen genutzt wird. In der neu errichteten Sporthalle gibt es eine Kletterwand. Das Schulgebäude ist mit Projektarbeiten der Schüler künstlerisch gestaltet. Alle Klassenzimmer sind in etwa gleich ausgestattet und haben eine ähnliche Größe.

Abb. 5.31: Kickerkasten

Der Pausenhof vor dem Schuleingang wurde von den Schülern gestaltet und verfügt über einen künstlerisch angelegten Pavillon, Grünanlagen, Sitzgelegenheiten, Tischtennisplatten und neue Pausenspiele.

Integration von BSS in den Schulalltag und in den Ganztag

An der Grund- und Mittelschule Triftern spielt Bewegung eine große Rolle, wobei die Bewegung nur eine von mehreren Säulen im Schulprofil ist. Die Schulleiterin bezeichnet die Schule als durchschnittlich in Bezug auf den Stellenwert von BSS im Schulalltag. Bewegung im Unterricht wird vom Lehrplan ohnehin gefordert und an ihrer Schule, sowohl im Grundschul- als auch im Mittelschulbereich, durchgeführt. Bewegung im Unterricht ist demnach ein „Muss". „Bewegung ist in der Grundschule absolut erforderlich". „Genauso ist es im Mittelschulbereich. Auch hier wird Bewegung gefordert, die als Voraussetzung für einen erfolgreichen Unterricht ist" (2[25], SL, S. 5).

Abb. 5.32: Atrium mit Nebeneingang *Abb. 5.33: Die musikalische Schule*

Im Bereich der Grundschule ist der Unterricht mit einem Wechsel aus An- und Entspannung, unter Berücksichtigung der Kindgemäßheit sowie des Sach- und Fachanspruchs rhythmisiert. In der Mittelschule ist der Unterricht ebenfalls rhythmisiert und findet weitgehend in 45-Minuten-Einheiten statt. Einige Lehrkräfte verlassen mit den Schülern auch während des Unterrichts das Schulgebäude.

In den Pausen halten sich die Schüler nur bei schlechtem Wetter im Schulhaus auf. Die Schüler können in den Pausen eigenständig spielen, z. B. Fangspiele, Gummihüpfen etc. Spielgeräte sind teilweise vorhanden. Der Schulhof ist neu gestaltet worden. Geräte und eine Infrastruktur für BSS sind weitgehend vorhanden.

---

25 Um die Interviewprotokolle aus den verschiedenen Schulen leichter auffinden zu können, wurden den Untersuchungsschulen jeweils Zahlen zugeordnet. Der Lenberger Volksschule Triftern wurde unter der Ziffer 2 verzeichnet. Alle Untersuchungsschulen finden sich im Untersuchungsschulverzeichnis am Ende des Buches.

An der Lenberger Grund- und MIttelschule Triftern werden im Rahmen der *Gebundenen Ganztagsklassen* Tanz-, Fußball- und Step-Aerobic-AGs angeboten. Sowohl Ganztags- als auch Regelschüler können an Laufgruppen teilnehmen. Die Regelschüler haben zusätzlich die Möglichkeit, sich bei einem Golf- und Karatekurs sportlich zu betätigen.

Im Rahmen der zugeteilten Lehrerstunden sowie der Qualifikation der Lehrkräfte kann diesem Anliegen entsprochen werden, ohne Gewähr auf Realisierung, was auch entsprechend an die Schüler weitergegeben wird. Zusätzlich bringen Lehrkräfte aus eigener Initiative Ideen für die neuen außerunterrichtlichen Angebote ein.

Die AGs Fußball und Step-Aerobic sowie das Karateangebot werden vom TSV Triftern angeboten. Zusätzlich besteht eine Kooperation mit einem Golfklub. Die Zusammenarbeit mit den Vereinen kam durch gegenseitiges Anfragen teils von Seiten der Vereine, teils von Seiten engagierter Lehrkräfte zustande. Die Kommunikation zwischen Schule und Verein übernimmt die entsprechende Lehrkraft.

Die Schulleiterin ist mit der Zusammenarbeit mit den externen Kooperationspartnern in Bezug auf die Kontinuität der Angebote, die Verlässlichkeit der Kooperationspartner und die Stabilität der Kooperationsbeziehungen sehr zufrieden. Weitere Kooperationen mit Vereinen sind geplant.

Ziele der Schule mit der Einbindung von BSS in den Schulalltag
Das Leitmotiv der Schule lautet: „Leistungsorientierung, Werteerziehung und Zusammenhalt". BSS ist dabei ein wichtiger Faktor. Die Schulleiterin sieht einen starken „Zusammenhang zwischen Körper, Geist und Seele" (4, SL, S. 8) und ist der Meinung, dass sich Bewegung positiv auf das Lernverhalten auswirkt.

Die Einbindung von Bewegung in den Schulalltag ist für die Schulleiterin besonders im Rahmen des Ganztagsangebots von großer Bedeutung. Wenn die Schüler den ganzen Tag an der Schule sind, brauchen sie verstärkt Bewegungsmöglichkeiten.

Fördernde und hemmende Faktoren für die Integration von BSS in den Schulalltag
Fördernde Faktoren
Unterstützung erhält die Schule durch externe Partner, wie Sponsoren, Elternbeirat und andere externe Akteure. Die Pausenspiele auf dem Pausenhof wurden bspw. von einer Künstlerin gezeichnet. Zur Beschaffung von weiteren Pausenspielen möchte sich die Schulleiterin an Sponsoren wenden. Sie ist mit der Anzahl der zur Verfügung stehenden Räume und dem Schulgelände sehr zufrieden, da dadurch auch die Einbindung von BSS in den Schulalltag erleichtert wird.

Darstellung der Situation an den Projektschulen | 59

Hemmende Faktoren

Die Schule liegt am Rande des Landkreises und unterliegt somit einer hohen Fluktuation an Lehrkräften. Die Anzahl an Lehrerstunden beeinflusst die Anzahl der „außerunterrichtlichen" Angebote. Bewegung im Unterricht sollte eine Selbstverständlichkeit sein, hierfür muss aber die Ausbildung der zukünftigen Lehrer an den Universitäten besser werden.

Abb. 5.34: Eine Hälfte der Doppelturnhalle

Die Schulleiterin plant schulhausinterne Fortbildungen zum Thema *Bewegter Unterricht*, auch für Lehrer ohne Sportausbildung. Das fehlende Engagement der Lehrkräfte wirkt sich hemmend auf die Integration von BSS in den Schulalltag aus. Das Engagement der Lehrer für eine Integration von BSS in den Schulalltag hängt nicht mit dem Alter der Lehrkraft zusammen, sondern mit deren Persönlichkeit, außerdem ist die Fach- und Sachkompetenz entscheidend. Lehrer mit Sportausbildung setzen Bewegung mehr im Unterricht ein.

Abb. 5.35: Atrium

Bedeutung einer gesunden Pausen- und Mittagsverpflegung an Schulen mit und ohne Ganztagsangebot – Aktionen zur Information über gesunde Ernährung

Die Lenberger Grund- und Mittelschule legt Wert auf eine gesunde Ernährung ihrer Schüler. Die Schulleiterin bemüht sich besonders, eine gesunde Ernährung an der Schule zu implementieren. Sie möchte vor allen Dingen die Eltern informieren und lädt dazu beispielsweise Ernährungsberater zu den Elternabenden ein, oder informiert die Eltern über den Elternbeirat zu Themen, die die gesunde Ernährung betreffen..

Auch im Rahmen der „Woche der Gesundheit und Nachhaltigkeit" im Jahr 2012 (siehe Glossar unter „Tag der Schulverpflegung") thematisierte die Schule die gesunde Ernährung (Wiesbauer, 2013, o. S.). Des Weiteren nimmt die Schule am „EU-Schulmilch"- und am „EU-Schulobstprogramm" teil. Die Teilnahme daran ermöglicht einmal wöchentlich die Ausgabe von Obst in der Pause an der Schule.

Der Pausenverkauf erfolgt durch den Hausmeister. Ziel der Schulleiterin ist es, nur gesunde Produkte im Pausenverkauf anzubieten. In der Ganztagsklasse, welche ab der fünften Klasse angeboten wird, wird mittags Tee getrunken, der selbst zubereitet wird.

Das Mittagessen für die Ganztagsklasse wird an vier Tagen pro Woche angeboten und von einer Metzgerei geliefert. Die Metzgerei richtet sich nach den Wünschen der Schüler und bietet zudem ein sehr abwechslungsreiches Essen an. Der Versuch, das Mittagessen auf Bioprodukte umzustellen, ließ sich bis jetzt nicht umsetzen, da die Eltern mit einem geringfügig höheren Preis nicht einverstanden waren. Vor und nach dem Mittagessen decken die Schüler den Tisch ein und räumen ihn auch wieder ab. Vor dem Essen wird ein Tischgebet gesprochen. Des Weiteren findet ein Tisch- und Kommunikationstraining für die Kinder statt. Das Mittagessen wird in der Schule, in einem für die Ganztagsklassen vorgesehenen Mehrzweckraum, eingenommen.

Begünstigende und erschwerende Faktoren gesunder Ernährung

Im Zusammenhang mit der Ernährung ist die Bereitschaft der Eltern erforderlich, mit der Schule an einem Strang zu ziehen. Oft sind die Eltern nicht bereit, einen höheren Preis für die Ernährung ihrer Kinder zu bezahlen. Somit lässt sich die Umstellung auf Bioprodukte beim Mittagessen zum jetzigen Zeitpunkt nicht realisieren. Das Angebot im Pausenverkauf ist an die Nachfrage der Schüler angepasst. Das Ziel der Schulleitung ist es, den Schülerinnen und Schülern ein gesundes Nahrungsangebot unterbreiten zu können.

Vor Ort angewandte Strategie zur Integration von BSS

Die Schulleiterin verfolgt bei der Einbindung von BSS in den Schulalltag die Strategie, möglichst viele Personen, wie z. B. Lehrer, Eltern, Schüler und Externe, einzubinden. An der Lenberger Grund- und MIttelschule Triftern gibt es bspw. eine Schülerbefragung zu gewünschten außerunterrichtlichen Angeboten. Im Rahmen der *Gebundenen Ganztagsklassen* wird beim Stundenplan auf einen Wechsel zwischen An- und Entspannung, d. h. auf eine Rhythmisierung des Schultags, geachtet.

Geplante Maßnahmen im Rahmen der Schulentwicklung

Die Schulleiterin wünscht sich, die Ganztagsklassen auf die Jahrgangsstufen 5 und 6 ausweiten zu können. Eine weiterführende Analyse der Projektschulen, zu der auch die Lenberger Volksschule Triftern gehört, findet sich in Kap. 6 im vorliegenden Band und ausführlich in Waschler & Leitner, (2014a). Allerdings bezieht sich diese nur auf den Grundschulbereich der Lenberger Grund- und Mittelschule Triftern.

5.1.5 Propst-Seyberer-Mittelschule Grafenau

5.36: Haupteingang

Abb. 5.37: Tischtennisplatte und Kickerkästen

Die Propst-Seyberer-Mittelschule liegt im ruhigen und idyllischen Ferien- und Erholungsort Grafenau im Bayerischen Wald. Das Schulzentrum in Grafenau befindet sich auf einem eigenen Areal und umfasst die Mittelschule, eine Realschule und ein Gymnasium.

Aufgrund der räumlichen Nähe der bestehenden Schulen des Schulzentrums werden die große Dreifachturnhalle, die Schwimmhalle und die Freisportanlagen gemeinsam genutzt.

Das Schulgebäude zeichnet sich durch einen großen Pausenhof, eine Aula (mit Bühne, Flügel, Tischtennisplatten und Kickertisch), einen Schulgarten und durch mehrere Räume für die *Offene* und *Gebundene Ganztagsschule* aus. Der Pausenverkauf befindet sich ebenfalls in der Aula. Obwohl das Schulgebäude von außen durch die Betonfassade eher dunkel wirkt, gelang es, das Innen- und Außenleben der Schule durch zahlreiche Schülerkunstwerke zu verschönern. Aufgrund des hohen Andrangs auf die Ganztagsschule war es sogar nötig, einen Neu- bzw. Anbau mit mehreren Gruppenräumen zu errichten. Darunter befindet sich auch ein Ruhe- und Rückzugsraum mit einem großen Sofa.

Abb. 5.38: Ruhe- und Rückzugsraum mit großem Sofa

Die Klassenzimmer sind verhältnismäßig groß, werden aber kaum für *Bewegten Unterricht* genutzt und verfügen auch nicht über bewegungsfreundliches Mobiliar. Die Integration von *Bewegtem Unterricht* steckt noch in den Kinderschuhen und wird bisher nur wenig durchgeführt.

Die Propst-Seyberer-Mittelschule betreut drei Gruppen im Rahmen der *Offenen Ganztagsschule* und kann in den Jahrgangsstufen 5-9 auch jeweils eine *Gebundene Ganztagsklasse* anbieten. Die Ganztagskinder (aber auch die anderen Schüler) können zwischen einem breiten Repertoire an Sportangeboten (AG Tischtennis, AG Fußball, SAG Mountainbiking, Sportspiele, Einradfahren, Jonglieren, Bogenschießen, Karate) wählen.

Oberhalb der Schule befindet sich die große Dreifachturnhalle mit Gastroküche und Speisesaal.

Integration von BSS in den Schulalltag und in den Ganztag
BSS wird an dieser Schule hauptsächlich durch die bestehenden Sportangebote im Rahmen der *Offenen* und *Gebundenen Ganztagsklassen* integriert. Da ziemlich viele Kinder das Ganztagsangebot nutzen, muss ihnen auch etwas geboten werden, um diese Zeit sinnvoll zu gestalten. Der Stellenwert von BSS wird an der Schule „schon groß." (13[26], SL, S. 3) geschrieben.

Die Vielzahl der Angebote ist der Initiative der Schulleiterin zu verdanken. Sie ist selbst sehr sportlich und besitzt gute Kontakte zu Vereinen, wie z. B. zum Golfklub.

Besonders erfreulich war, dass der örtliche Radsportverein (RSV Grafenau) der Schule angeboten hat, eine Kooperation einzugehen. Daraufhin investierte die Schule in 15 schuleigene Mountainbikes, die regelmäßig für die Radtouren der Ganztagskinder genutzt werden. Um möglichst viele Sportarten abdecken zu können, wird es an der Propst-Seyberer-Mittelschule Grafenau so gehandhabt, dass die Ganztagskinder immer bis zu den nächsten Schulferien eine andere Sportart wählen. So können sie an einem breiten Repertoire an Sportarten teilnehmen.

Mittwochnachmittags findet für alle fünften und sechsten Klassen der Ganztagsschule der wöchentliche Projektnachmittag statt, der überwiegend mit Sportangeboten gefüllt ist. Auch die anderen Schüler können an den Angeboten teilnehmen. Die Ganztagskinder haben aber Priorität.

Um den Bewegungsanteil in den einzelnen Pausen zu erhöhen und auch Bewegung in die Pausen einzubauen, hat die Schule für alle Schüler mehrere Kisten mit Spiel- und Sportgeräten (z. B. Pedalos, Bälle, Seile, Balancierkreisel, Reifen, ein Trampolin ...) gekauft. Alle Kinder können sich so in der Pause ein Sportgerät aus den Kisten nehmen und es ausprobieren. Die Schulleiterin betonte auch immer, wie wichtig diese Bewegung für die Kinder ist. Bewegung tut den Kindern gut, auch unter schulischem Aspekt.

Die Schule organisiert im Laufe des Schuljahrs auch immer wieder Spieletage und Sportfeste, oder nimmt an Wettbewerben teil (z. B. Leichtathletik, Einradfahren).

---

26 Um die Interviewprotokolle aus den verschiedenen Schulen leichter auffinden zu können, wurden den Untersuchungsschulen jeweils Zahlen zugeordnet. Der Propst-Seyberer-Mittelschule, Grafenau wurde unter der Ziffer 13 verzeichnet. Alle Untersuchungsschulen finden sich im Untersuchungsschulverzeichnis am Ende des Buches.

*Abb. 5.39: Materialien für eine **Bewegte Pause***   *Abb. 5.40: Aula mit Bühne*

Die große Aula bietet auch bei schlechtem Wetter viele Möglichkeiten, BSS in den Schulalltag zu integrieren. In ihr stehen mehrere Tischtennisplatten und ein Kickertisch.

Besonders stolz ist die Schulleiterin auf ihre jungen Sportlehrkräfte, worunter auch viele junge sportliche Männer sind. Die Schüler betrachten sie sehr stark als Vorbilder. Diese „sind selbst im [...] aktiven Sportleben mit drin und übertragen das auch auf die Schüler" (13, SL, S. 4). Ein Sportlehrer übernimmt sogar die Radsportgruppe der Ganztagsklassen. Aufgrund dieser Vorbildwirkung der Lehrkräfte überträgt sich das Bewegungsinteresse auch auf die Schüler, meinte die Schulleiterin. Sie achtet bereits bei der Einstellung der Lehrer darauf, dass diese Übungsleiter- oder Trainerscheine besitzen und sich im sportlichen Bereich engagieren.

Ziele der Schule mit der Einbindung von BSS in den Schulalltag

BSS soll einen Ausgleich zum Schulalltag darstellen und ein Dauerbegleiter im Leben sein. Die Schulleiterin ist der festen Überzeugung, dass „Bewegung in der Schule einen hohen Stellenwert haben muss" (13, SL, S. 6), damit die Schüler „das auch in ihr späteres Leben einzubinden" (ebd.) wissen. Den Schülern soll die Freude an der Bewegung und somit eine Basis für das spätere Leben in Hinsicht auf eine gesunde Lebensführung durch Bewegung und eine entsprechende Ernährung vermittelt werden. Daneben sollen die Schüler an die kooperierenden Vereine herangeführt werden.

Fördernde und hemmende Faktoren für die Integration von BSS in den Schulalltag
Fördernde Faktoren

Die jungen, engagierten Sportlehrer stellen Vorbilder für die Schüler dar. Aufgrund der vielen Anmeldungen für den Ganztag stehen hohe finanzielle Mittel und Zuschüsse zur Verfügung. Weiterhin förderlich sind das hohe Engagement der Schulleiterin im Bereich BSS sowie ihre Einstellungskriterien bei der Stellenausschreibung, wo sie auf entsprechende Sportqualifikationen achtet. Die vorhandenen Räumlichkeiten genügen dem Bewegungsdrang der Schüler, vor allem der Jungen, mehr als ausreichend. Natürlich darf auch die Bereitschaft seitens des Sachaufwandsträgers hinsichtlich der

Beschaffung von Sport- und Spielgeräten hier erwähnt sein. Die Beschaffung und Instandhaltung der Mountainbikes stellt ein nicht unerhebliches Volumen dar.

Hemmende Faktoren

Neben allgemeinen Faktoren, wie fehlenden Lehrerstunden und zu wenigen Pflichtsportstunden in der Stundentafel, ist hier die zu geringe Verfügbarkeit gewünschter Übungsleiter zu nennen. Potenzielle Kandidaten stehen aufgrund Berufstätigkeit nicht zur Verfügung. Zur Gründung von SAGs ist zudem der Besitz einer Übungsleiterlizenz notwendig.

Bedeutung einer gesunden Pausen- und Mittagsverpflegung an Schulen mit und ohne Ganztagsangebot – Aktionen zur Information über gesunde Ernährung

Eine gesunde Ernährung spielt auch an dieser Schule eine große Rolle. Um den Schülern bewusst zu machen, wie wichtig eine gesunde Ernährung ist, haben die Lehrer gemeinsam mit den Schülern einen Schulgarten mit mehreren Obst- und Gemüsebeeten angelegt.

In der Woche der „Gesundheit und Nachhaltigkeit" wurde speziell eine Diätassistentin eingeladen, die über gesunde Ernährung informierte.

Abb. 5.41: Mensa

Zum Thema Ernährung fand während dieser Woche ein gesunder Pausenverkauf statt und es wurde ein gesundes Mittagessen angeboten. Zudem wurde eine Obsttheke aufgebaut, an der sich die Schüler kostenlos bedienen durften (Propst-Seyberer-Mittelschule Grafenau, o. J.a).

Das Mittagessen wird in der schuleigenen Gastroküche von einem speziell dafür eingestellten Koch zubereitet, der die Schüler täglich mit frisch zubereitetem Essen versorgt. Dabei wird auf eine abwechslungsreiche Ernährung geachtet. Allen Schülern steht es offen, an dem abwechslungsreichen Mittagessen teilzunehmen. Etwa 100 Schüler nehmen dieses Angebot wahr. Das Essen wird in einem an die Gastroküche angeschlossenen Raum gemeinsam eingenommen.

Die Kinder können sich zwischen zwei Menüs entscheiden. Ein Menü ist in der Regel vegetarisch (Propst-Seyberer-Mittelschule Grafenau, o. J.b).

Außerdem wird zu jedem Menü ein Salat angeboten. Im Schuljahr 2010/2011 gab es an fünf Tagen pro Woche ein Mittagessen. Im Schuljahr 2012/2013 waren es vier Tage pro Woche.

Der Pausenverkauf an der Propst-Seyberer-Mittelschule findet in der Aula statt und bietet sowohl gesunde als auch ungesunde Produkte an. Der Pausenverkauf wird extern geführt. Im Pausenverkauf wird neben einem festen Sortiment während der Pause auch ein Mittagsverkauf angeboten. Wechselnde

Tagesgerichte, wie beispielsweise Schnitzelbrötchen, werden mittags dort angeboten. In der Schule sind zwar Getränkeautomaten aufgestellt, diese enthalten aber nur gesunde Getränke.

Darüber hinaus gibt es seit dem 17.10.2011 die Möglichkeit, in der Schule zu frühstücken (Propst-Seyberer-Mittelschule Grafenau, o. J.c).

Begünstigende und erschwerende Faktoren gesunder Ernährung

Das Mittagessen wird direkt vor Ort von einem sehr gut ausgebildeten Koch zubereitet. Dies ermöglicht, das Angebot der Mahlzeiten direkt zu beeinflussen. Das Wissen der Hauswirtschaftslehrerinnen wird für eine gesunde Ernährung hierbei ebenfalls zurate gezogen. Die Schule möchte darüber hinaus auch professionelle Hilfe durch einen Ernährungsberater in Anspruch nehmen. So bewarb sie sich bereits für das Modellprojekt „Coaching in der Schulverpflegung" (siehe Glossar). Das Projekt wird vom Bayerischen Staatsministerium für Ernährung, Landwirtschaft und Forsten angeboten. Die Schule wurde beim ersten Versuch abgelehnt, wird es aber erneut versuchen.

Abb. 5.42: Hochbeet für Kräuter

Im eigens angelegten Schulgarten können die Schüler Obst und Gemüse in ihrem ursprünglichen Zustand kennenlernen. Dies fördert das Wissen der Kinder über eine gesunde Ernährung.

Vor Ort angewandte Strategie zur Integration von BSS

Die Propst-Seyberer-Mittelschule Grafenau integriert BSS vor allem in den Pausen mithilfe der äußerst ansprechenden räumlich-materiellen Bewegungsinfrastruktur in Form von Bewegungsmaterialien und -geräten und mithilfe der zahlreichen Sport-AGs und SAGs in den Schulalltag. Dabei stehen etwa auch Tischtennisplatten in der Aula für die Hauspause sowie eigene Räumlichkeiten für den *Offenen* und *Gebundenen Ganztagsbetrieb* zur Verfügung. Das außerunterrichtliche BSS-Angebot wird durch enge, persönliche Verbindungen der Schulleitung zu den örtlichen Vereinen, aber auch durch herausragendes persönliches Engagement einzelner jüngerer Sportlehrer ermöglicht. Durch die breite Angebotspalette werden zahlreiche, verschiedene Sportarten abgedeckt, die vor allem den Ganztags-, aber prinzipiell auch den Regelschulkindern offenstehen. Ergänzt werden diese beiden Säulen durch BSS-bezogene Schulveranstaltungen und durch die Teilnahme am Schulwettkampfwesen.

Geplante Maßnahmen im Rahmen der Schulentwicklung

Die Schulleitung will Spendengelder für weitere Anschaffungen von Sportgeräten akquirieren. Die Freisportanlage soll renoviert werden. Außerdem möchte die Schulleitung an ihr Kollegium appellieren, mehr *Bewegungspausen* und auch Bewegung während des Unterrichts einzubauen.

5.1.6 Mittelschule Regen

Abb. 5.43: Eingangsbereich mit Frontansicht   Abb. 5.44: Pausenplatz mit Geräten

Die Mittelschule Regen liegt im Zentrum der Stadt Regen. Regen hat knapp 12.000 Einwohner und ist Kreisstadt des nördlichsten niederbayerischen Landkreises Regen.

An der Mittelschule Regen gibt es im Schuljahr 2013/2014 ein *Offenes Ganztagsangebot* mit Teilnehmern aus den Jahrgangsstufen 5-9 und fünf Ganztagsklassen. Zum Zeitpunkt der ersten Befragung im Schuljahr 2010/2011 gab es nur zwei *Gebundene Ganztagsklassen* in den Jahrgangsstufen fünf und sechs.

Es handelte sich um ein älteres Schulgebäude mit relativ großen Räumen und Gängen und vielen Außensportanlagen. Das Gebäude wurde generalsaniert und kurz vor den Weihnachtsferien 2013 bezogen. „Was die räumliche Ausstattung angeht, können wir überhaupt nicht klagen" (9[27], SL, S. 13). Im Außengelände gibt es neben den klassischen Schulsportanlagen (u. a. eine Zweifachturnhalle) eine Boulderwand, einen Basketballkorb, Sitzgelegenheiten, einen kleinen Spielplatz mit Wiese und Bäumen. Das Außengelände besteht überwiegend aus Beton. Neben dem bisher begrünten kleinen Spielplatz wurde nun auch ein Teil des Pausenhofs mit einer Rasenfläche versehen. Dieser Pausenhof wird auch von der benachbarten Grundschule genutzt.

Alle Klassenzimmer für die Regelklassen haben in etwa die gleiche Größe und Ausstattung. Die Schulleitung ist nach dem Umbau sehr zufrieden mit der Ausstattung der Klassenzimmer.

---

27 Um die Interviewprotokolle aus den verschiedenen Schulen leichter auffinden zu können, wurden den Untersuchungsschulen jeweils Zahlen zugeordnet. Der Mittelschule Regen wurde unter der Ziffer 9 verzeichnet. Alle Untersuchungsschulen finden sich im Untersuchungsschulverzeichnis am Ende des Buches.

Die Klassenzimmer der fünf *Gebundenen Ganztagsklassen* verfügen teilweise über einen Gruppenraum, in den sich die Schüler zurückziehen können. Für die Teilnehmer am *Offenen Ganztag* gibt es einen Freizeitraum mit einem Kickerkasten, einer Tischtennisplatte und weiteren Spielemöglichkeiten.

Abb. 5.45: Begrünter Pausenhof mit Basketballkorb

Abb. 5.46: Möglichkeiten zur Ruhe und Bewegung

Integration von BSS in den Schulalltag und in den Ganztag
Im Rahmen des *Offenen Ganztags* sind Vor- und Nachmittag zeitlich und thematisch voneinander getrennt. Nach dem Pflichtunterricht im Klassenverband am Vormittag findet für die Teilnehmer des *Offenen Ganztags* eine Hausaufgabenzeit mit anschließender Freizeit statt. Während der Freizeit können die Schüler unter Aufsicht u. a. auch Aktivitäten aus dem Bereich BSS nachgehen (z. B. Bouldern oder Fußballspielen). Es handelt sich dabei allerdings nicht um angeleitete Kurse, sondern um bereitgestellte BSS-Geräte.

In den *Gebundenen Ganztagsklassen* findet vormittags ein rhythmisierter Unterricht statt. Nachmittags gibt es verschiedene Kursangebote aus dem Bereich BSS, wie z. B. Eishockey (Stützpunkt mit dem ERC Regen), Fußball (zwei SAGs mit dem TSV Regen), Gerätturnen (SAG mit dem TSV Regen) oder Fitnesstraining.

Es wird darauf geachtet, dass die Mehrheit der Unterrichtsstunden in den *Gebundenen Ganztagsklassen* von einem Klassenlehrer und einem Kooperationslehrer zur Unterstützung gehalten werden.

Abb. 5.47: Mittagsbetreuung mit Ruhezone

Schüler aus den Regelklassen haben die Möglichkeit, neben der Stützpunktsportart Eishockey, auch noch an den SAGs Fußball und Gerätturnen teilzunehmen.

BSS spielt, außerhalb des Pflichtsportunterrichts, an der Mittelschule Regen im Ganztagsbereich eine große Rolle. Laut Aussage des Schulleiters sind besonders Sportarten, die außerhalb des Schulgeländes stattfinden, wie Eishockey oder Fitnesstraining in einem Fitnessstudio, bei den Schülern sehr beliebt. Die Mittelschule Regen ist Stützpunktschule im Kooperationsmodell „Sport nach 1 in Schule und Verein" für Eishockey. An der Stützpunktsportart Eishockey nehmen hauptsächlich Schüler aus den *Gebundenen Ganztagsklassen* teil. Es besteht aber auch für Schüler vom *Offenen Ganztag* die Möglichkeit, teilzunehmen, und, wie bereits erwähnt, können auch Regelschüler mitmachen. Die Schule nimmt an diversen Schulsportwettbewerben teil, z. B. Fußball, Gerätturnen, Shorttrack, Eisschnelllauf, Handball, Eisstockschießen und Leichtathletik. Angebote im Rahmen des Ganztags werden, so weit möglich, mit schuleigenen Lehrkräften durchgeführt. Das restliche Personal setzt sich aus externen Mitarbeitern (AWO, Trainer aus Vereinen) zusammen.

Abb. 5.48: Einfachturnhalle mit Standardausstattung

Die Mittelschule Regen arbeitet mit vier externen Kooperationspartnern (drei Sportvereine, ein Fitnessstudio) zusammen. Im Rahmen des *Gebundenen Ganztags* gibt es Kooperationen mit einem Fitnessstudio und einem externen Musiklehrer. Der *Offene Ganztag* wird durch den Kooperationspartner AWO gestaltet. Die Aufnahme der Kooperationen kam teils durch Initiative des Schulleiters, teils durch Lehrer und teils durch das Engagement von Schülern zustande. Der Schulleiter ist mit der Zusammenarbeit in allen Bereich sehr zufrieden und ist an einer weiteren Zusammenarbeit interessiert. Er kennt die Kontaktpersonen der Vereine persönlich und trifft sich mit ihnen regelmäßig zum Austausch im Rahmen der Kooperationen. „Ich kenne ja fast jeden in Regen hier und fast jeden Verein" (9, SL, S. 19).

Ein einheitliches pädagogisches Konzept für Unterricht und Angebote der externen Kooperationspartner gibt es nicht.

Bewegung im Unterricht spielt an der Mittelschule eher eine untergeordnete Rolle im Schulalltag.

„Wir sind ja keine Grundschule mehr, wo man sagt, Bewegung während des Unterrichts und so weiter müsste unbedingt sein." (9, SL, S. 3). Die erfolgreiche Integration von Bewegung im Unterricht hängt nach Meinung des Schulleiters auch von der jeweiligen Klasse ab. Allgemein ist der Schulleiter damit eher unzufrieden. An der Mittelschule Regen gibt es viele ältere Lehrkräfte, die eher Frontalunterricht durchführen.

Ziele der Schule mit der Einbindung von BSS in den Schulalltag

Der Schulleiter ist der Meinung, dass vor allem im Ganztag Bewegung wichtig ist, da die Kinder dort einen langen Schultag haben. Er verfolgt folgende Ziele mit der Einbindung von BSS in den Schulalltag: „... zum einen Mal um die Bewegungsfaulheit auszugleichen" (9, SL, S. 8), denn Kinder seien zum Teil übergewichtig. „Wir wollen sie [die Kinder] einfach wegholen von Computer, Fernseher" (ebd.). „Kinder gehören einfach raus" (ebd.), wegen der Sauerstoffaufnahme, dadurch wird die Konzentration gefördert.

Abb. 5.49: Sportplatz mit Laufbahn

Fördernde und hemmende Faktoren für die Integration von BSS in den Schulalltag
Fördernde Faktoren

Die Mittelschule Regen verfügt über eine gute Infrastruktur und eine gute Ausstattung des Schulgeländes durch den Sachaufwandsträger. Besonders für den *Offenen Ganztag* wurden viele Spiel- und Sportgeräte (Federball, Tischtennis, Frisbee) angeschafft. Sowohl die im *Offenen* als auch im *Gebundenen Ganztag* beschäftigten Lehrkräfte stehen voll hinter BSS-Angeboten. Dies ist unabhängig vom Alter der Lehrkräfte. „Du musst von der Sache überzeugt sein, sonst kannst du es nicht vermitteln" (9, SL, S. 24). Die Hauptverantwortliche für den *Offenen Ganztag* ist durch die AWO vollbeschäftigt und damit regelmäßig an der Schule. Das Interesse der Schüler an den BSS-Angeboten ist von den Angeboten der örtlichen Vereine abhängig.

Hemmende Faktoren

Die Teilnahme der Schüler an kostenpflichtigen (Sport-)Veranstaltungen (z. B. alpines Skifahren) ist zurückgegangen, da viele Eltern es sich nicht mehr leisten können. Das beeinträchtigt erheblich den sportlichen Bereich. Des Weiteren gibt es Lehrkräfte mit großem Interesse am Sport, es muss aber auch erwähnt werden, dass Lehrer an der Schule sind, die kein Interesse an Sport haben. Höhere Jahrgangsstufen bringen grundsätzlich ein geringeres Interesse am Sport mit. Die Jungen spielen dann noch gerne Fußball, aber vor allem die Mädchen zeigen sehr wenig Interesse, vor allem am Schwimmen. Es gibt zu wenige ausgebildete Lehrkräfte, besonders für Mädchensport. „[...][...] die Ausbildung zum Sportlehrer, Sportfachkräfte, da haben wir Probleme" (9, SL, S. 14). Die Lehrerstunden sind auch sehr knapp bemessen. Das zeigt die Tatsache, dass die Schule zwar seit mehr als 10 Jahren Stützpunktschule für Eishockey ist, und dieser Status auch in den letzten beiden Jahren anerkannt wurde, allerdings erst in diesem Schuljahr wieder zusätzliche Stunden zur Verfügung gestellt wurden. Eine Erhöhung der Stundenzuweisungen wäre nach Ansicht des Schulleiters allgemein von Vorteil.

Abb. 5.50: Mensa mit Geränkeautomat

Bedeutung einer gesunden Pausen- und Mittagsverpflegung an Schulen mit und ohne Ganztagsangebot – Aktionen zur Information über gesunde Ernährung
Eine ausgewogene Ernährung hat einen hohen Stellenwert an dieser Schule. Da viele Schüler ohne Frühstück in die Schule kommen, kaufen sie sich bereits morgens in einem nahegelegenen Geschäft Gummibärchen oder Cola.

Deshalb wird für die Ganztagsklasse der fünften Jahrgangsstufe ein gemeinsames, gesundes Montagsfrühstück angeboten. Dieses finanzieren die Eltern mit. „Wir wundern uns mittlerweile nicht mehr, wie viele Schüler mit leerem Magen in die Schule kommen" (9, SL, S. 17).

Im Pausenverkauf werden belegte Brötchen, süßes Gebäck sowie Milchprodukte angeboten. Des Weiteren verfügt die Schule über einen Getränkeautomaten, der mit zuckerhaltigen Getränken gefüllt wird. Es gibt auch einen Kaffeeautomaten, der für die jüngeren Schüler Brühe und Tee enthält.

Am „EU-Schulmilchprogramm" nimmt die Schule, da sie mit diesem Projekt schlechte Erfahrungen gemacht hat, nicht mehr teil. Kritisiert wird an der Aktion, dass sie von den Anbietern falsch geplant ist, da große Mengen vom Hausmeister abgenommen werden müssen, die dann nicht gekauft werden und verderben.

Das Mittagessen wird an der Mittelschule Regen an vier Tagen pro Woche angeboten und besteht aus zwei Gängen. Zu jedem Mittagessen wird als Nachtisch Obst gereicht. Zuckerfreie Getränke sind im Preis des Mittagessens enthalten. Jetzt kann aus zwei Hauptgerichten ausgewählt werden.

Abb. 5.51: Pausenhof

Diese werden von der Küche der VHS geliefert. Die übrigen Speisen werden in der extra dafür vorgesehenen Küche vor Ort zubereitet. Jede *Gebundene Ganztagsklasse* isst gemeinsam zu Mittag.

Begünstigende und erschwerende Faktoren gesunder Ernährung
Das Wirtschaftspersonal verfügt über eine Ausbildung als Hauswirtschafterin. Die beiden Damen sind in Teilzeit bei der Arbeiterwohlfahrt (AWO) angestellt. Auch im Pausenverkauf und in den Getränkeautomaten unterstützt der Elternbeirat das Angebot ungesunder Produkte im Gegensatz zum Schulleiter. Auf die Wünsche des Elternbeirats muss aufgrund eines gewichtigen Mitspracherechts eingegangen werden.

Vor Ort angewandte Strategie zur Integration von BSS
BSS-Angebote werden, so weit möglich, mit sehr engagierten und vom System Ganztagsschule überzeugten, schuleigenen Lehrkräften durchgeführt. Das restliche Personal setzt sich aus Trainern der kooperierenden Sportvereine zusammen. Der Schulleiter kennt die Kontaktpersonen der Vereine persönlich und trifft sich mit ihnen regelmäßig zum Austausch im Rahmen der Kooperationen.

Ein einheitliches pädagogisches Konzept für Unterricht und Angebote der externen Kooperationspartner gibt es nicht.

Geplante Maßnahmen im Rahmen der Schulentwicklung
Nach der Generalsanierung ist die weitere Zusammenarbeit mit externen Kooperationspartnern, die Einführung von weiteren BSS-Angeboten sowie eine Dreifachturnhalle geplant.

5.1.7 Grund- und Mittelschule Teisnach

Die Grund- und Mittelschule Teisnach liegt in einem sehr ländlichen Raum. Teisnach ist ein Markt im niederbayerischen Landkreis Regen und liegt in der Region Donau-Wald im Naturpark des Bayerischen Waldes. Die AWO bietet allen Familien von schulpflichtigen Kindern der Grundschule eine kostenpflichtige, qualifizierte Betreuungsmöglichkeit in der Schule an.

Neben der Verpflegung besteht auch die Möglichkeit, dass die Kinder ihre Hausaufgaben erledigen und Freizeitaktivitäten nachgehen können. Die Betreuung findet von Montag bis Donnerstag bis um 16:00 Uhr und am Freitag bis um 15:00 Uhr statt. Für die Schüler der 5.-9. Jahrgangsstufe bietet sich im Anschluss an den Regelunterricht die Möglichkeit, die *Offene Ganztagsschule* zu besuchen. Neben der Mittagsverpflegung und einer qualifizierten Hausaufgabenbetreuung bietet diese ein abwechslungsreiches, freizeitpädagogisches Angebot zum Ausgleich an.

Abb. 5.52: Pausenhof mit Basketballkorb

Die *Offene Ganztagsschule* an der Mittelschule wird von Fachkräften betreut und gefördert. Sie findet, ebenso wie die Betreuung an der Grundschule von Montag bis Donnerstag bis um 16:00 Uhr und Freitags bis 15:00 Uhr statt.

Das Schulgebäude umfasst einen Gebäudetrakt für die Grundschule und einen für die Mittelschule. Außerdem befindet sich der Kindergarten von Teisnach auf dem Schulgrundstück.

Abb. 5.53: Fußballplatz

Das Schulhaus ist sehr geräumig mit breiten Fluren und relativ großen Klassenzimmern. In den Klassenzimmern ist zwar Platz für Bewegung, allerdings wird die meiste Bewegung in den Fluren oder auf den Freiflächen vor der Schule durchgeführt.

Die Schule besitzt zwei sehr gut ausgestattete Küchen, von denen jedoch zurzeit nur eine benutzt wird. Es gibt auch zwei große Essensräume, die zusätzlich für weitere Zwecke benutzt werden dürfen. An einen der Essensräume angeschlossen, befindet sich eine Dachterrasse mit viel Platz. Diese Dachterrasse dürfen die Schüler auch benutzen. Sie können im Sommer hier auch ihr Mittagessen zu sich nehmen. An der Grundschule Teisnach steht den Schülern eine Lernwerkstatt zur Verfügung. Diese Werkstatt ist sehr groß und hat viele verschiedene Stationen, an denen die Schüler verschiedene Aufgaben lösen müssen. Die einzelnen Stationen sind sehr gut ausgerüstet und laden die Kinder zum Lernen in Gruppen und zum Lernen in Bewegung ein.

Die Schule besitzt ein sehr großes Außengelände mit einem Rasenplatz, einem Hartplatz, einer sehr gut ausgestatteten Einfachturnhalle und einem großen Betonplatz. Auf diesem Platz sind Hüpfspiele aufgemalt, außerdem steht hier ein Basketballkorb. Die Schüler der Grundschule haben auf dem Schulhof eine „Scheune", einen kleinen Schuppen, in dem sie verschiedene Spielsachen haben. Die Spielsachen in dieser „Scheune" werden von den Schülern selbstverwaltet. In der Nähe der Schule ist ein Fahrradweg, auf dem die Kinder mit ihren Mountainbikes üben können. In einer Entfernung von ca. fünf Gehminuten befindet sich ein Tennisverein, dessen Plätze die Schüler nutzen dürfen.

Integration von BSS in den Schulalltag und in den Ganztag

Die Schulleiterin ist selbst Sportlehrerin und in den letzten fünf Jahren, die sie an der Schule als Schulleiterin tätig war, konnte sie alle Sportvereine, die jetzt Kooperationspartner der Schule sind, für eine Zusammenarbeit gewinnen. Die Grund- und Mittelschule Teisnach hat sechs Kooperationspartner, die in den Bereichen Nordic Fitness, Natursport, Fitness, Radsport, Lifetimesport und Ski alpin Sportangebote an der Schule durchführen. Im Bereich Radsport besteht aktuell eine SAG mit dem MTB-Team Böbrach, im Bereich Fußball mit der SpVgg Teisnach. Die beiden SAGs gesundheitsorientierte Fitness und alpiner Skilauf, beide mit dem Skiklub Oberried-Riedelberg, existierten nur im Schuljahr 2010/2011.

Im Unterricht wird BSS weitgehend integriert. Insbesondere *Bewegtes Sitzen* und *Bewegtes Lernen* werden umgesetzt. Ebenso Entspannungspausen. *Bewegungspausen* werden im Unterricht ebenfalls durchgeführt.

Abb. 5.54: Hartplatz mit Tribünen

Für die Schulleiterin ist „BSS [...], neben dem Sportunterricht, ein elementarer Bestandteil im Schulprofil" (14[28], SL, S. 4).

---

28 Um die Interviewprotokolle aus den verschiedenen Schulen leichter auffinden zu können, wurden den Untersuchungsschulen jeweils Zahlen zugeordnet. Der Grund- und Mittelschule Teisnach wurde unter der Ziffer 14 verzeichnet. Alle Untersuchungsschulen finden sich im Untersuchungsschulverzeichnis am Ende des Buches.

Abb. 5.55: Tennisanlage des örtlichen Sportvereins

Es gibt eine enge Zusammenarbeit mit den Vereinen und in diesem Jahr wurde sehr darauf geachtet, den Kindern sehr früh Lifetime-Sportangebote nahezubringen. *Lifetime-Sportangebote* sind Sportarten, die das ganzes Leben lang ausgeübt werden können. Den Schülern soll dadurch ein gesundheitsbewusster Lebensstil nähergebracht werden. Die Schulleiterin führte in diesem Jahr erstmals zu Beginn und am Ende des Schuljahres einen Fitnesstest, den „Dordel-Koch-Test"[29] (DKT), durch, um die motorische Leistungsfähigkeit der Schüler zu testen und um zu prüfen, welchen Einfluss die Sportangebote auf die Leistungsfähigkeit der Schüler haben.

Im Winter wird die geografische Lage von Teisnach genutzt, denn in der Nähe befinden sich einige Skilifte. Laut Schulleiterin soll „möglichst jedes Kind in der Grundschule Ski fahren können" (14, SL, S. 5). Im Sommer werden vor allem Schwimmkurse angeboten, denn „auch jedes Kind soll schwimmen können" (ebd.). Für die Mountainbikeangebote gibt es im Schulhof einen Extraparcours.

In Teisnach finden zudem Wandertage, Spiel- und Sportfeste, Bundesjugendspiele sowie Sportabzeichen-Wettbewerbe statt.

Ziele der Schule mit der Einbindung von BSS in den Schulalltag

Die Schulleiterin sagt: „Man merkt sofort, ob die Kinder in einem Verein sind, oder zu Hause Sport treiben oder eben nicht" (14, SL, S. 7). Die familiäre Umgebung hat viel damit zu tun, ob die Kinder ein Interesse an Sport haben oder nicht. Wenn sich zu Hause bewegt wird, machen das die Kinder nach. Allerdings gibt es immer wieder Einzelfälle, in denen die Eltern kein Interesse daran haben, ihre Kinder zur Bewegung zu motivieren.

*Abb. 5.56: Materialien für eine **Bewegte Pause***

„Wesentlich ist, dass sich die Kinder wohlfühlen und dass man merkt, dass Sport zum Wohlfühlen beiträgt" (14, SL, S. 9). Durch Sport soll ein Wohlgefühl mit dem eigenen Körper geschaffen werden.

---

29 Dordel-Koch-Test (DKT), ein Test zur Erfassung der motorischen Leistungsfähigkeit im Kindes- und Jugendalter (Jouck, 2009, o. S.).

Auch in der Erziehung zur Fairness spielt Sport eine sehr wichtige Rolle. Durch Sport können die Schüler lernen, ihre Stärken herauszuarbeiten. Dies gilt für alle Schüler. Insbesondere bei den Mittelschülern findet zu Hause oft wenig Bewegung statt. Eine „sportliche" Zielsetzung ist, laut Schulleiterin, überall sinnvoll.

Fördernde und hemmende Faktoren für die Integration von BSS in den Schulalltag
Fördernde Faktoren
In der dritten und vierten Klasse bewegen sich alle Kinder noch sehr viel und sehr gerne. Mit modernen Sportarten kann man viele Schüler ködern, beispielsweise durch Rollbretter, Jonglieren etc. Die Schulleiterin und auch die Lehrkräfte setzen sich sehr für die Integration von BSS ein. Die Schulleiterin ist selbst Sportlehrerin, und es gibt einen Fachberater für den Sport des Landkreises an der Schule. „Es ist bekannt, dass an der Schule viel Sport gemacht wird" (14, SL, S. 6). Die Angebote, die immer auf freiwilliger Basis durchgeführt werden, haben einen hohen Zulauf.

Hemmende Faktoren
„Ab der fünften Jahrgangsstufe nimmt vor allen bei den Mädchen das Interesse am Sport ab, mit dem Einsetzen der Pubertät" (14, SL, S. 7). Gerät- und Bodenturnen kommt bei den Kindern nicht sehr gut an. Es sind ungewohnte Bewegungen und die Schüler sind deshalb ängstlich. Die Einstellung in der eigenen Familie zu Sport und Bewegung hat viel damit zu tun, ob die Kinder ein Interesse am Sport haben oder nicht.

Abb. 5.57: Kickerkasten

Bedeutung einer gesunden Pausen- und Mittagsverpflegung an Schulen mit und ohne Ganztagsangebot – Aktionen zur Information über gesunde Ernährung
An Aktionstagen wird das Thema Ernährung an dieser Schule häufig integriert. Außerdem werden auch die Eltern bei dem Thema gesunde Ernährung miteinbezogen. An bestimmten Tagen in der Woche wird beispielsweise ein gesunder Pausenverkauf zusammen mit den Klasseneltern organisiert. Der gesunde Pausenverkauf findet jahrgangsstufenweise statt. Auch beim „EU-Schulobstprogramm", an dem die Schule seit dem Schuljahr 2010/2011 teilnimmt, beteiligen sich die Eltern. Die Eltern bereiten abwechselnd Obst und Gemüse zum Verzehr zu.

Im Jahr 2012 organisierte die Schülerfirma „teenies@work" einen Gesundheitstag, bei dem auch die gesunde Ernährung eine bedeutende Rolle spielte. Neben einem Vortrag zum Thema gesunde Ernährung wurde für die Schüler ein gesundes Pausenfrühstück zubereitet.

Das Mittagessen an der Schule ist abwechslungsreich und wird von einer Köchin mit der Unterstützung einer Erzieherin jeden Tag frisch zubereitet. Gemüse und Obst sind immer Bestandteil der Mittagsmahlzeit. Die AWO übernimmt die Kosten für das Personal. Das Besondere an der Mittelschule Teisnach ist, dass die Schüler das Mittagessen inklusive einem Getränk kostenlos angeboten bekommen. Die Kosten dafür trägt die Gemeinde. Der Speiseplan für das Mittagessen wird jeweils eine Woche im Voraus von der Köchin erstellt. Die Schulleiterin kontrolliert diesen Plan. Auch die Schüler haben durch Umfragen Einfluss auf das Angebot. Die Kinder und auch die Eltern sind zufrieden. Mittlerweile wurde das Angebot des Mittagessens von vier auf fünf Tage pro Woche ausgeweitet. Die Schule verfügt über zwei Küchen und drei Essräume, die alle ausgelastet sind

Für das Essen können sich auch Kinder aus Regelklassen, die Nachmittagsunterricht haben, anmelden. Das Mittagessen wird gemeinsam eingenommen. Die Schule achtet dabei auf die Einhaltung von Tischregeln (Grund- und Mittelschule Teisnach, o. J., o. S.).

Den Pausenverkauf der Schule übernimmt das Hausmeisterehepaar. Diese bieten Vollkornprodukte, Weißmehlprodukte, Obst und Gemüse, Milch und Milchprodukte, Fleisch, Fleischerzeugnisse und Wurstwaren, Trink- oder Mineralwasser, ungesüßte Früchte- oder Kräutertees, zuckerhaltige Getränke und Müsliriegel an. Außerdem werden Süßigkeiten im Pausenverkauf angeboten. Saftschorlen verkaufen sich laut Schulleitung besser als gesüßte Getränke.

Begünstigende und erschwerende Faktoren gesunder Ernährung

Die Schule verfügt über optimal ausgestattete Küchen, in denen das Mittagessen täglich frisch zubereitet wird und über großzügigen Platz zur Essenseinnahme. Die Schulleiterin bezeichnet diese Ausstattung als ideal. Das Mittagessen wird für alle Schüler kostenlos angeboten. Jeder hat dadurch Zugang zu einem gesunden Essen. Die Schulleiterin stellt die Leistung der Gemeinde, und insbesondere der Bürgermeisterin, in diesen beiden Punkten heraus.

Wenn einmal der Unterricht ausfällt, können die Schüler in der Küche mithelfen. Dadurch bekommen die Kinder einen Einblick in die Zubereitung von frischen Zutaten. Es sind immer 2-3 Kinder in der Küche dabei und helfen, das Gemüse zu schneiden und den Tisch zu decken.

Erschwerend für eine gesunde Ernährung der Schüler ist der Pausenverkauf, der vom Hausmeisterehepaar durchgeführt wird. Bezüglich des Sortiments werden keine Einschränkungen gemacht und auch am Getränkeautomaten können die Schüler sämtliche gesüßte Getränke erwerben.

Vor Ort angewandte Strategie zur Integration von BSS
Es gibt eine enge Zusammenarbeit mit den Vereinen. Durch das Anbieten der Lifetime-Sportangebote soll den Kindern ein Gesundheitsbewusstsein anerzogen werden.

Abb. 5.58: Einfachturnhalle mit Standardausstattung

Abb. 5.59: Pausenhof mit Basketballkorb

Die Initiative für die Kontaktaufnahme mit den Vereinen geht sehr oft von der Schulleiterin aus. Allerdings werden die Schulleiterin und andere Sportlehrer auch sehr oft von Vereinen angesprochen, die ihre Sportart präsentieren wollen. Hiervon profitieren beide, sowohl die Schule als auch die Vereine. Die Schule kann ein interessantes Programm anbieten und die Vereine können auf diese Weise evtl. neue Mitglieder gewinnen. Wenn die Schulleiterin oder Kollegen bemerken, dass es in der Nähe der Schule einen Verein gibt, der interessante Sportarten anbietet, wird Kontakt zu diesen Vereinen aufgenommen.

Durch den *Offenen Ganztag* können mehr Schüler angesprochen werden, da dieser allen Schülern angeboten wird. Auch werden spontane Entscheidungen, unter anderem in Bezug auf den Sport, durch den *Offenen Ganztag* möglich. Beispielsweise kann mit der Klasse schwimmen gegangen werden, was während des normalen Sportunterrichts nicht möglich ist.

Geplante Maßnahmen im Rahmen der Schulentwicklung
In der Ganztagsbetreuung soll ein externer Experte hinzugezogen werden, um das Angebot aufzulockern und/oder auch um neue Erfahrungen sowie autogenes Training, Entspannungstechniken etc. in den Schulalltag zu integrieren.

Der Fußballplatz soll mehr in den differenzierten Sport integriert werden. Auch für die Grundschüler soll künftig ein Angebot entstehen, da hier Interesse besteht. Alle anderen SAGs sollen weitergeführt werden. Im Ski alpin soll das Projekt „1, 2, 3 auf die Plätze" eingeführt werden, das Mountainbikeangebot soll weitergeführt werden, es soll ein Beachvolleyballplatz und ein neuer Spielplatz entstehen.

5.1.8 Grund- und Mittelschule Hebertsfelden

Abb. 5.60: Eingangsbereich mit Brunnen

Abb. 5.61: Aula mit Tischtennisplatte

Die Grund- und MIttelschule Hebertsfelden liegt in der kleinen Gemeinde Hebertsfelden im Landkreis Rottal am Inn, in der Nähe von Pfarrkirchen. Das helle Schulgebäude ist sehr gepflegt und macht von innen und außen einen freundlichen Eindruck.

Die 13 großen Klassenzimmer bieten aufgrund der geringen Schülerzahl sehr viel Platz für Rückzugszonen oder Bewegung. Einige der Klassenzimmer sind mit Sitzsäcken und Turnmatten ausgestattet.

Die Turnhalle ist mit dem Schulgebäude verbunden und verfügt über die Standardausstattung. Gegenüber der Turnhalle befindet sich der Hartplatz mit einer Weitsprunganlage und zwei Basketballkörben. Der Sportplatz befindet sich allerdings einige Gehminuten von der Schule entfernt und gehört nicht zu ihr. Auch die Schwimmhalle ist extern.

Bei gutem Wetter sind die Kinder auf dem weitläufigen, gepflasterten Pausenhof, in dessen Zentrum ein Brunnen steht. Angrenzend befindet sich eine kleine Baumgruppe, die für Slackline genutzt wird, auch der Hartplatz wird bei gutem Wetter genutzt. Bei schlechtem Wetter verbringen die Schüler ihre Pause in der Aula, wo auch ein Kickertisch und eine Tischtennisplatte bereitstehen. Ein großes Klassenzimmer wurde als Raum für die Mittagsbetreuung umfunktioniert. In der Schulküche essen die Schüler gemeinsam.

Die Grund- und MIttelschule Hebertsfelden ist keine Ganztagsschule, bietet ihren Schülern aber eine Mittagsbetreuung und eine verlängerte Mittagsbetreuung mit einem Mittagessen (viermal wöchentlich).

Integration von BSS in den Schulalltag und in den Ganztag

An dieser Schule fanden im Schuljahr 2010/2011 keine BSS-Angebote statt. Es wurde lediglich ein Schnupperkurs in Karate (fünf mal 60 Minuten) für die erste und zweite Klasse angeboten. Im

Schuljahr 2012/2013 tat sich, vermutlich auch begünstigt durch den Wechsel des Schulleiters, sehr viel im Bereich BSS. Neben dem bereits erwähnten Karatekurs nahmen die Schüler auch an diversen Fußballwettkämpfen sowie am Kreisfinale Leichtathletik teil. Wiederum maßgeblich beteiligt an der Gründung der Schulzirkusgruppe, die auch schon einige Auftritte hinter sich hat, war wiederum der Konrektor.

Dieser hatte sich auch für die Schwimmer etwas Besonderes ausgedacht. Im Rahmen der Inklusion ging es für die Schüler aus der Grundschule gemeinsam mit Kindern aus der Johannes-Still-Schule oder der Betty-Greif-Schule zum Schwimmen ins HPZ nach Eggenfelden. Er hatte einen Schwimmpass gestaltet, bei dem verschiedene Aufgaben im Wasser erfüllt werden mussten. Dabei mussten die Schüler nach Ringen tauchen, ins Becken springen, im Wasser gleiten und natürlich auch schwimmen.

Ziele der Schule mit der Einbindung von BSS in den Schulalltag

Die Schule möchte eine „gesunde körperliche Entwicklung" (12[30], stellv. SL, S. 6) der Kinder sowie die Verhinderung von Rückenproblemen oder anderen Krankheiten fördern. Soziale Kompetenzen, Werte sowie Teamfähigkeit sollen durch Angebote in BSS ausgebildet werden. Daneben sollen durch vermehrte Bewegung Aggressionen abgebaut und allgemein das Verhalten verbessert werden. Im Idealfall können entsprechende Angebote Alkohol- und Zigarettenkonsum verhindern. Des Weiteren sollen die Schüler auf das spätere Leben vorbereitet werden, die Übernahme von Verantwortung, z. B. als Funktionsträger in einem Verein, soll angebahnt werden. Für den Konrektor wirkt „der Sport als Erzieher" (ebd.). Es steht für ihn auch fest, je „mehr die in der Grundschule schon gemacht haben, desto bewegungsinteressierter sind die noch in der achten/neunten [Klasse]" (12, stellv. SL, S. 4).

Abb. 5.62: Pausenhof mit Hartplatz

Fördernde und hemmende Faktoren für die Integration von BSS in den Schulalltag
Fördernde Faktoren
Die sportliche Qualifikation des Konrektors, der viele Ausbildungs- und Trainerscheine besitzt, ist sicherlich sehr förderlich, da er durch sein breit gefächertes Angebot viele Schüler erreicht. Die hoch motivierten Schüler wünschen sich viele BSS-Angebote, wobei die Schule über die notwendigen

---

30 Um die Interviewprotokolle aus den verschiedenen Schulen leichter auffinden zu können, wurden den Untersuchungsschulen jeweils Zahlen zugeordnet. Der Volksschule Hebertsfelden wurde unter der Ziffer 12 verzeichnet. Alle Untersuchungsschulen finden sich im Untersuchungsschulverzeichnis am Ende des Buches.

Abb. 5.63: Einfachturnhalle *Abb. 5.64: Hartplatz mit Basketballkorb*

Räumlichkeiten für BSS-Angebote verfügen würde. Die Gemeinde unterstützt die Schule finanziell bei den Schwimmkursen.

Hemmende Faktoren
BSS hatte beim ehemaligen Schulleiter nur eine geringe Bedeutung. Der stellvertretende Schulleiter, der als sportliche Fachkraft auch für das Interview zur Verfügung stand, erhielt bei der Umsetzung und Etablierung von BSS-Angeboten durch den Schulleiter nur wenig Unterstützung. Diese Situation hat sich aber, wie bereits erwähnt, durch den Schulleiterwechsel deutlich verbessert. Es fehlen, aufgrund der geringen Schülerzahlen, allerdings immer noch notwendige Lehrerstunden, außerdem erteilen viele Lehrkräfte Sportunterricht, die Sport nicht im Fachprofil ihres Studiums hatten.

Bedeutung einer gesunden Pausen- und Mittagsverpflegung an Schulen mit und ohne Ganztagsangebot – Aktionen zur Information über gesunde Ernährung
Eine gesunde Ernährung spielt an dieser Schule eine große Rolle. Im Rahmen einer gesunden Ernährung stellen die Eltern der Schüler etwa alle 14 Tage Obstspenden bereit, die an die Kinder in der Pause weitergegeben werden. Dieses Angebot wird von den Kindern sehr gut angenommen. Die Schule verfügt über Sponsoren für die angebotenen Milchprodukte, weshalb sie nicht am „EU-Schulmilchprogramm" teilnimmt.

Abb. 5.65: Schulküche

Des Weiteren wurde im April 2011 an der Schule die „grüne Pause" eingeführt. Hierfür werden in der Pause Salat und Gurken bereitgestellt, die sich dann jeder, der möchte, aufs Pausenbrot legen kann. Das Gemüse wird von den Schülern selbst zubereitet, wofür sie eine Hygienebelehrung erhalten. Die Gurken und der Salat wurden anfangs teilweise vom Schulleiter gespendet. Langfristig wird über Elternspenden oder den eigenen Anbau des Gemüses an der Schule nachgedacht.

Der Hausmeister bietet im Pausenverkauf neben Vollkornprodukten auch Weißmehlprodukte sowie Fleisch und Wurstwaren an. Zu trinken gibt es Wasser, Säfte und Limonaden. Getränkeautomaten gibt es an der Schule keine.

Das Mittagessen wird für Kinder, die Nachmittagsunterricht haben und für die Kinder der Mittagsbetreuung an vier Tagen in der Woche angeboten. Die Frau des Hausmeisters bereitet das Mittagessen in der Schulküche auf Vorbestellung zu. Aufgrund der kleinen Gruppe herrscht beim Mittagessen eine sehr familiäre Atmosphäre, weshalb sich auch der Schulleiter gerne daran beteiligt. Zu jedem Mittagessen gibt es in der Regel einen Salat. Die Kinder können sich während des Essens frei an Leitungswasser bedienen, wofür Extragläser bereitstehen.

Begünstigende und erschwerende Faktoren gesunder Ernährung
Das Engagement der Lehrer ist an dieser Schule besonders hervorzuheben. So wurden, durch die Anregung der Lehrer, Vollkornbrötchen in das Angebot des Hausmeisters aufgenommen. Zudem hat die eingeführte „grüne Pause" auch einen positiven Einfluss auf den Pausenverkauf, denn seit Einführung der „grünen Pause" verkauft der Hausmeister mehr Vollkornbrötchen.

Auch die Obstspenden der Eltern stellen einen weiteren begünstigenden Aspekt für eine gesunde Ernährung dar.

Vor Ort angewandte Strategie zur Integration von BSS
Der Konrektor ist bemüht, durch eine möglichst breite Streuung seiner Sport- und Bewegungsangebote Bewegungsanreize für viele Schüler, zu schaffen, z. B. Slackline, Durchführung von Pausenspielen, Bereitstellung von Spiel- und Bewegungsgeräten, Schwimmen, Zirkus, aber auch die Teilnahme an diversen Schulsportwettkämpfen. Wie an anderen Schulen fehlen oft auch hier die notwendigen Lehrerstunden. Der Schulleiterwechsel hat die Förderung der Bewegungsangebote enorm vorangetrieben.

Abb. 5.66: Aula mit Kickerkasten

Geplante Maßnahmen im Rahmen der Schulentwicklung
Es sind keine weiteren Maßnahmen geplant.

5.1.9 Mittelschule St. Martin Deggendorf

Die Mittelschule St. Martin liegt, zusammen mit der angeschlossenen Grundschule, im Zentrum von Deggendorf. Deggendorf hat 31.500 Einwohner und ist die Kreisstadt des niederbayerischen Landkreises Deggendorf.

Das Schulgebäude umfasst die Grund- und Mittelschule, wobei aber nur die Aula gemeinsam genutzt wird. Der Bereich der Mittelschule besteht aus einem Alt- und einem Neubau.

Abb. 5.67: Eingang mit Pausenbereich   *Abb. 5.68: Künstlerisch gestalteter Gang*

Abb. 5.69: Betreuungsraum mit Kickerkasten und Billardtisch

Die Gänge sind künstlerisch freundlich gestaltet und besitzen Nischen mit Sitzmöglichkeiten. An einem Gang ist sogar ein kleiner, einladender Ruhebereich eingerichtet, der durch eine Glastür vom restlichen Gang abgetrennt ist.

An der Mittelschule St. Martin gibt es sowohl ein *Offenes* (seit 2003), als auch ein *Gebundenes Ganztagsangebot* (seit 2010/2011). Im *Offenen Ganztagsangebot* sind Kinder aus den Jahrgangsstufen 5-10, in der fünften Jahrgangsstufe gibt es eine *Gebundene Ganztagsklasse*. Im neuen Schuljahr wird das Angebot auf zwei *Gebundene* Klassen, je eine fünfte und sechste, ausgedehnt. Für den Ganztagsbereich steht ein Betreuungsraum und ein Hausaufgabenraum zur Verfügung. Im erstgenannten befinden sich zwei Sofas, ein Teppich, Tische, Stühle, Kickerkasten, Billardtisch, Schrank mit Spielen und Büchern. Die Wände wurden von den Kindern bemalt. Dorthin können sich

Abb. 5.70: Einfachturnhalle   *Abb. 5.71: Boulderwand im Außenbereich*

Abb. 5.72: Hüpfspiel und Klettergerüst

Ganztagskinder ab 11:00 Uhr, je nach Unterricht, zurückziehen. Der zusätzliche Hausaufgabenraum kann auch als Seminarraum genutzt werden.

Mit den beiden Einfachturnhallen ist der stellvertretende Schulleiter sehr unzufrieden.

Die Schule hat eine große Kapazität an Räumen. Es gibt neben den üblichen Räumlichkeiten u. a. noch Räume für die Mittagsbetreuung, einen Raum für zusätzliche Hausaufgabenbetreuung, ein Internetcafé, ein Zimmer der Förderlehrerin und einen Raum der Berufseinstiegsbegleitung. Direkt unter dem Dach befindet sich noch eine Lernwerkstatt mit Schülerbibliothek

In der Pause stehen den Schülern zwei Pausenhöfe zur Verfügung. Zum einen der Mittelschulpausenhof für die Jahrgangsstufen 5-8, der relativ klein und durchgängig gepflastert ist. Dieser Pausenhof besitzt eine kleine Boulderwand. Es befindet sich dort auch die Abstellmöglichkeit für Fahrräder. Direkt daneben sind Parkplätze, die Kirche, die Bücherei und der Kindergarten.

Der relativ neu hergerichtete Grundschulpausenhof, den auch die Ganztagskinder in ihrer Freizeit nutzen, wird mitbenutzt von den neunten und 10. Klassen. Dort sind ein Klettergerüst, eine große Kletternetzanlage, ein Basketballkorb und eine Balanciereinheit installiert sowie Hüpfkästchen aufgemalt. Als Sitzgelegenheiten dienen lange Holzbänke und viele Betonstufen.

Über den Grundschulpausenhof führt der Weg zum Stadtpark, durch den man zur Außensportanlage gelangt. Diese sehr gut ausgestattete Außensportanlage steht den ca. 4.000 Deggendorfer Schülern zur Verfügung, liegt allerdings einen 10-Minuten-Fußmarsch entfernt. Deshalb stehen natürlich auch überwiegend Doppelstunden im Fach Sport auf dem Stundenplan.

Integration von BSS in den Schulalltag und in den Ganztag

Der Schwerpunkt dieser Schule liegt in der Förderung und Unterstützung sozial schwacher Familien und in der Förderung der Anzahl von 10 % der Kinder mit sonderpädagogischem Förderbedarf und in der Berufsorientierung.

Für BSS im Klassenzimmer gäbe es nach Aussage des stellvertretenden Schulleiters einen Aktivitätskoffer, den die Förderlehrerin ausgibt. Allerdings ist der Inhalt gering und nicht frei verfügbar.

Allerdings haben die Angebote in der Aula magische Anziehungskraft" (11, stellv. SL, S. 11) und ein Teil der Schüler spielt da bereits morgens, wenn die Klassenzimmer noch zugesperrt sind, Billard, Tischtennis und Kicker. Bei Schlechtwetterpausen wird die Aula genutzt.

Der Klassenlehrkraft in der *Gebundenen Ganztagsklasse* werden keine Vorschriften gemacht, in welchen Bereich sie ihren Fokus legt. Auch hier haben sich Lehrerin und Schüler gemeinsam für eine soziale Sache entschieden und verfolgen das mit Nachdruck.

Darstellung der Situation an den Projektschulen | 85

Für Schüler der *Offenen Ganztagsklasse* beginnt der Nachmittag mit Freizeit und einer aktiven Pause, in der die Turnhalle benutzt werden kann, oder die Kinder auf den Schulhof gehen. Nach den Hausaufgaben gibt es dann weitere Freizeitaktivitäten, wie eine kleine Wanderung, Fußball, Handball und Tischtennis.

Für die Kinder des *Offenen*, aber auch des *Gebundenen Ganztags* stehen auch von Zeit zu Zeit „Events" auf dem Programm, wie Schwimmen im städtischen Bad „Elypso", Schlittschuhlaufen und der Besuch des Klettergartens.

Abb. 5.73: Pausenhof mit Boulderwand

Ziele der Schule mit der Einbindung von BSS in den Schulalltag
Die Gründe, um künftig mehr BSS in den Schulalltag einzubauen, wären für den stellvertretenden Schulleiter der gesundheitliche und der Freizeitaspekt.

Fördernde und hemmende Faktoren für die Integration von BSS in den Schulalltag
Fördernde Faktoren
Fördernde Faktoren für die Integration von BSS in den Schulalltag sind die Motivation des stellvertretenden Schulleiters, in Zukunft die Kooperation mit den örtlichen Sportvereinen zu forcieren sowie die sehr guten und umfassenden Außensportanlagen. Die Struktur der *Gebundenen Ganztagsklassen* soll mehr für BSS genutzt werden.

Hemmende Faktoren

Ein hemmender Faktor ist der grundsätzlich andere Fokus der Schule. Die Personalstruktur und die Qualifikation der Lehrkräfte stellt sich ebenfalls hemmend dar. Der Zustand des Mittelschulpausenhofs und die weit entfernten Außensportanlagen wirken sicherlich nicht positiv und können ein Hindernis für die Integration von BSS in den Schulalltag sein.

Bedeutung einer gesunden Pausen- und Mittagsverpflegung an Schulen mit und ohne Ganztagsangebot – Aktionen zur Information über gesunde Ernährung

Aktionen für eine gesunde Ernährung stellen an der Mittelschule das „EU-Schulmilchprogramm" und das Schulfrühstück „denkbar" dar, wobei das Schulmilchprogramm im Schuljahr 2012/2013 nicht mehr angeboten wurde. Das Schulfrühstück wird seit dem Schuljahr 2011/2012 angeboten. Schülern, die zu Hause nicht frühstücken, soll hierdurch die Möglichkeit gegeben werden, sich für den Unterricht zu stärken und gleichzeitig eine gesunde Ernährung nahegebracht werden. Die Leitung des Schulfrühstücks haben ein Mitglied des Elternbeirats und eine Schülerin der neunten Jahrgangsstufe inne. Das Schulfrühstück wird gemeinsam eingenommen. Für dieses Projekt erhält die Schule finanzielle Unterstützung von „Sternstunden e. V.".

Im Pausenverkauf werden neben Leberkäsbrötchen auch Vollkorn- und Käsebrötchen verkauft. Seit dem Schuljahr 2010/2011 wird zudem in jeder Pause Obst verkauft. Beispielsweise werden Schälchen mit aufgeschnittenen Erdbeeren oder portionierte Weintrauben angeboten. Dieses Angebot wird hervorragend von den Schülern angenommen. Aufgrund der Tatsache, dass an der Schule ein Drittel der Schüler Muslime sind, wird darauf geachtet, dass Alternativen zum Schweinefleisch angeboten werden.

Auch im Hauswirtschaftsunterricht wird darauf Rücksicht genommen. Bei der Zubereitung der Speisen wird ausschließlich Rind- und Putenfleisch verwendet. Das Getränkeangebot beinhaltet neben Mineralwasser auch zuckerhaltige Getränke und Lightgetränke. Im Schuljahr 2012/2013 waren die Lightgetränke nicht mehr im Angebot. Es gibt an der Schule auch einen Getränkeautomaten, welcher auch Kaffee enthält. Dieses Angebot wird besonders von den Eltern der Schüler wahrgenommen.

Das Mittagessen bekommen die Ganztagskinder vom örtlichen Comenius-Gymnasium. Dort wird es von Mitarbeitern des Ganztags in Wärmebehältern abgeholt. Das Mittagessen wird in einem speziell dafür vorgesehenen Raum an der Mittelschule eingenommen, der auch mit einer Küchenzeile ausgestattet ist. Die Schüler des *Gebundenen Ganztags* essen seit dem September 2011 in der Kantine des Robert-Koch-Gymnasiums zu Mittag. Für alle ande-

Abb. 5.74: Mensa mit Küchenzeile

ren Schüler wird in der Mittagspause weder ein Mittagessen und noch ein Pausenverkauf angeboten. Die Schüler, die Nachmittagsunterricht haben, essen zu Hause, da sie grundsätzlich einen kurzen Heimweg haben. Das Öffnen des Pausenverkaufs würde sich für den Betreiber deshalb nicht lohnen.

Begünstigende und erschwerende Faktoren gesunder Ernährung
Der stellvertretende Schulleiter ist zufrieden mit der gesunden Ernährung an der Schule. Weitere Veränderungen sind aus diesem Grund aktuell nicht geplant. Die Möglichkeit, dass die Kinder auch an der Schule frühstücken können, trägt begünstigend zu einer gesunden Ernährung bei. Diesbezüglich kann an der Schule Einfluss auf das Essensangebot genommen werden. Erschwerend könnte sich auswirken, dass weder die Schule, die Schüler noch die Eltern Einfluss auf das übrige Essensangebot nehmen können. Das Kaffeeangebot am Automaten ist ebenso nicht im Sinne einer gesunden Ernährung.

Vor Ort angewandte Strategie zur Integration von BSS
Eine Strategie zur Integration von BSS gibt es an dieser Schule nicht, da der Schwerpunkt, wie bereits oben erwähnt, sehr intensiv auf drei anderen Säulen liegt.

Für die Kinder im *Offenen Ganztag* gibt es Freizeit- und Spielphasen vor und nach der Hausaufgabenzeit. Beide Formen des Ganztags haben gemeinsam, dass von Zeit zu Zeit sportliche Events stattfinden.

An der Mittelschule gibt es bis dato keine sportlichen Kooperationspartner, die BSS an der Schule unterstützen.

Geplante Maßnahmen im Rahmen der Schulentwicklung
Geplant ist der Ausbau des *Gebundenen Ganztags* mit einer zweiten Klasse im kommenden Schuljahr. Die Zusammenarbeit mit Sportvereinen soll nach Möglichkeit forciert werden.

Abb. 5.75: Zwei Kickerkästen auf dem Gang

Der angrenzende Stadtpark bietet sich für die Durchführung von BSS-Angeboten an, das soll nach Möglichkeit mehr genutzt werden.

Das örtliche Schwimmbad „Elypso" wurde bis dato zu wenig genutzt. Das muss unbedingt geändert werden, zumal nun erreicht wurde, dass die örtlichen Schulklassen das Bad zum Sportunterricht kostenfrei nutzen können. In der Schule gibt es leider nur zwei Lehrkräfte mit Schwimmschein, dagegen aber 75 % Nichtschwimmer unter den Schülern.

5.1.10 Mittelschule Vilsbiburg

Abb. 5.76: Eingangsbereich   *Abb. 5.77: Helle und freundliche Aula*

Die Mittelschule Vilsbiburg wurde 1969 als reine Mädchenschule geplant. Einige Bereiche der Schule wurden seit dem nicht verändert. In der Stadt Vilsbiburg mit ihren mehr als 11.000 Einwohnern steht die „Schule zwischen den Türmen", zwischen Kirche und dem Hauptplatz mit dem „oberen Torturm". Die Schulräume sind mehrstöckig um die Aula angeordnet, welche sich sehr gut für Veranstaltungen eignet und entsprechend auch von der Stadt genutzt wird.

Die anstehende Generalsanierung konnte bislang nicht in Angriff genommen werden, obwohl der Stadtrat laut Schulleiter hinter den Sanierungsplänen steht. Die „Klimawoche" (städtische Veranstaltung) machte den Stadträten die dringende Notwendigkeit einer Generalsanierung deutlich.

An der Schule gibt es derzeit (Stand: 2012/2013) eine *Gebundene Ganztagsklasse* in jeder Jahrgangsstufe. 116 Schüler besuchen diese Klassen. Der Schulleiter berichtet von positiven Erfahrungen beim Klassenklima im Ganztagsbereich, die sich auch in Bezug auf den Faktor Migrationshintergrund feststellen lassen. Die Schule hat 20-22 % Schüler mit Migrationshintergrund, in Ganztagsklassen ist dieser Prozentsatz etwas höher. Als Ursache für das verbesserte Klassenklima macht der Schulleiter das gemeinsame Spiel, das gemeinsame Essen etc. aus.

Die Klassenzimmer haben eine Standardausstattung. Allerdings wurden zum Schuljahr 2010/2011 für fünf von 16 Klassenzimmern Bürostühle auf Rollen angeschafft. Kurz nach der Anschaffung wurde auf diesen Stühlen ein Wettrennen in der Aula veranstaltet. Laut Schulleiter geht diese bewegungsfreundlichere Umgestaltung in den nächsten Jahren schrittweise, je nach finanzieller Lage, weiter.

Abb. 5.78: Klassenzimmer mit rollenden Stühlen   Abb. 5.79: Hallenbad mit absenkbarem Boden

Die Schule verfügt über eine Sporthalle, ein Hallenbad, drei externe Turnhallen und den externen Sportplatz des TSV Vilsbiburg, der fünf Gehminuten entfernt liegt. Allerdings ist das Dach und die Fensterfront der eigenen Holzbodenhalle aus den 1960er-Jahren undicht. Die Halle soll im Zuge der energetischen Generalsanierung jedoch repariert werden. Das an der Decke mit bunten Fallschirmen dekorierte Hallenbad verfügt über eine vielfältige Ausstattung und einen absenkbaren Boden.

Der Schulhof besteht aus einer Wiese und einer geteerten Fläche, auf der sich ein Basketballkorb, zwei Tischtennisplatten und zwei Tore ohne Ballnetz befinden. Erst kürzlich wurden zwei weitere Tore mit Netz angeschafft, die in der Pause ausgeliehen werden können. Zudem existiert für die Pause ein „Funschrank" mit Pedalos, Seilen, Bällen, dem Netz des Basketballkorbs, einer Slackline und Tischtennisschlägern. Es gibt keine altersspezifischen Bereiche.

Die einzige Vormittagspause war früher nur 20 Minuten lang und dauert nun 30 Minuten, wodurch die fünfte Stunde auf 40 Minuten verkürzt wurde. Die Schüler werden von den Lehrern dazu angehalten, in der Pause hinauszugehen und sind nur bei ganz schlechtem Wetter in der Aula. Die Jüngeren spielen auf der Wiese Fußball, wohingegen sich die Älteren weniger bewegen. Die Ganztagsschüler sind nach dem Mittagessen viel im Freigelände und in Bewegung.

Es existiert ein Schülercafé – verteilt auf zwei Räume – das als Chill-out-Raum, Mensa und Essensraum genutzt wird. Ein weiterer Raum, die frühere Garderobe, soll im Zuge der Generalsanierung hinzukommen. Momentan beinhaltet das Schülercafé einen Kickerkasten, einen Billardtisch, einige Sofas und diverse Brettspiele. Diese wurden nach Wünschen der Schüler, nach einem Besuch beim Spieletag in Landshut, angeschafft. Auch dieses Mobiliar soll sukzessive erneuert werden.

Abb. 5.80: Pausenhof mit Basketballkorb und Tischtennisplatten

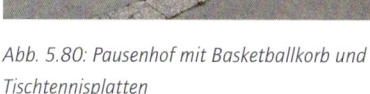

Abb. 5.81: Schülercafé mit Kickerkasten und Billardtisch

Die Tischtennisplatten auf dem Schulhof und der Kickerkasten wurden vom Förderverein subventioniert, was jedoch laut Schulleiter nicht die Aufgabe des Fördervereins, sondern des Sachaufwandsträgers, sprich der Kommune, sein sollte.

Zudem existiert ein Ganztagsraum für Gruppenbildungen während des Unterrichts sowie ein Raum für alle Schüler zur Nutzung in Freistunden. Dort kann man Hausaufgaben machen, essen etc. Die Betreuung obliegt der schuleigenen Sozialpädagogin.

Integration von BSS in den Schulalltag und in den Ganztag

Im Ganztagsbereich hat BSS noch nicht den angestrebten Stellenwert, obwohl die Schule räumlich gut ausgestattet ist. Es wird aber immer schwieriger, geeigneten Sportunterricht für die Kinder abzudecken. Die Fächerkombinationen und die Ausbildung der Lehrkräfte stellen dabei ein Problem dar.

Die Fachberaterin Sport ist sehr bemüht, BSS vor allem im Ganztag zu integrieren. Mittwochs ist der „Aktivitätentag", an dem sich sowohl Jungen als auch Mädchen jeweils für eine Ballsportart entscheiden können. Für die Mädchen wird im Sommer zusätzlich Leichtathletik angeboten, was aber leider wenig Begeisterung bei diesen weckt. Durch die Möglichkeit der Teilnahme am Bodenseecup wird Leichtathletik von der Fachberaterin aber weiter forciert. Weitere, nicht sportliche Arbeitsgemeinschaften werden an diesem Tag auch angeboten.

Die Erfolge der „Roten Raben", dem Bundesligaverein im Damen-Volleyball, bringen einen Motivationsschub in die Bemühungen der Schule.

Mit der Bewegung im Unterricht ist der Schulleiter nicht bzw. weniger zufrieden.

Abb. 5.82: Tischtennisplatten und Sitzmöglichkeit im Pausenhof

Die Zusammenarbeit mit den Vereinen wurde im Ganztagsbereich versucht, scheiterte aber am geeigneten Personal, weil die infrage kommenden Personen anderweitig gebunden sind.

Die Jahrgangsstufen fünf und sechs haben zwei Stunden Basissportunterricht und eine Stunde Differenzierten Sportunterricht. Die Jahrgangsstufen sieben und neun haben zwei Stunden Basissportunterricht und eine halbe Stunde AGs.

Wenn Turniere anstehen (Fußball, Basketball), sind alle sportlichen Schüler gefragt, die dann auch motiviert trainieren.

Wandertage, Spiel- und Sportfeste, Bundesjugendspiele, Schullandheimaufenthalte mit einem sportlichen Schwerpunkt tragen zur Integration von BSS in den Schulalltag bei.

Im Haus befindet sich zwar ein Schwimmbad, aber nur drei Lehrkräfte haben die entsprechende Qualifikation zur Erteilung des Schwimmunterrichts. Die Ausbildungsstruktur der Lehrkräfte steht somit mehr Schwimmstunden entgegen. Der Versuch, die städtischen Bademeister für 4-6 Stunden zu verpflichten, scheiterte. Realschule und Gymnasium nutzen das Schwimmbad sehr regelmäßig.

Der Sportplatz, der dem TSV gehört, ist fünf Minuten entfernt. Ein Leichtathletiktrainer trainiert dort mit den Schülern häufig Disziplinen wie z. B. Speerwerfen.

Ziele der Schule mit der Einbindung von BSS in den Schulalltag

Die Schüler sollen ein „gewisses Rüstzeug mitbekommen" (10[31], SL, S. 5). Sie fühlen sich nach Sport „dann auch ein bisschen wohler" (ebd.) und sind zu neuen Taten aufgelegt.

BSS „ist auch für die Unterrichtshygiene wichtig" (ebd.). Fünf Kernfächer am Stück, ohne Unterbrechung, sind zu anstrengend – das muss ja nicht unbedingt Sport sein, manchmal reiche auch eine kurze Bewegungspause, „um den Rhythmus zu unterbrechen" (ebd.), ist der Interviewpartner überzeugt.

Im Ganztagsbereich stellt sich das Problem nicht, da dieser rhythmisierter ist. Die Lehrer gehen hier auch mal in der Lern- und Übungszeit ins Freie. Aus diesem Grund ist die Umgestaltung des Pausenhofs ein großes Anliegen.

Das Schulprofil basiert auf fünf Säulen: soziales Lernen – Förderung individueller Schülerleistungen – Offenheit und Vertrauen – Wir-Gefühl – Kollegialität.

Viel Wert wird auf einen gemeinsamen Konsens gelegt, wie z. B. soziales Lernen. Die Jugendsozialpädagogin (Vollzeitstelle) kümmert sich um Problemfälle. Sie organisiert Wohlfühlmaßnahmen, z. B. kostenloses Frühstück, bestimmte Aktionen in Eigeninitiative, vor allem Kreatives, aber beispielsweise auch einen Ausflug nach Oberschleißheim in den Klettergarten oder zur Regattastrecke. Sie macht Kooperationsspiele und Bewegungsspiele mit dem Schwerpunkt soziale Interaktion.

In den Lehrerkonferenzen wird überprüft, wie weit die Schule in der Umsetzung dieser fünf Säulen ist. Das *soziale Lernen* wird nun an die Schulordnung gekoppelt. Hier wurden im Rahmen erlebnispädagogischer Maßnahmen Interaktionsspiele im Freien, z. B. eine Slackline, angeschafft.

In Zusammenarbeit mit externen Experten wurde an einem Tag, unter Anleitung von zwei Trainern, sowohl den Schülern (vormittags) als auch den Lehrern (nachmittags) aufgezeigt, was man an Erlebnispädagogik in den Unterricht mit einbringen kann, beispielsweise eine menschliche Pyramide.

---

31 Um die Interviewprotokolle aus den verschiedenen Schulen leichter auffinden zu können, wurden den Untersuchungsschulen jeweils Zahlen zugeordnet. Der Mittelschule Vilsbiburg wurde unter der Ziffer 10 verzeichnet. Alle Untersuchungsschulen finden sich im Untersuchungsschulverzeichnis am Ende des Buches.

Fördernde und hemmende Faktoren für die Integration von BSS in den Schulalltag
Fördernde Faktoren
Förderlich ist sicher die engagierte Sportfachberaterin und die Schulsozialarbeiterin sowie die Mitarbeit des Schulleiters im Erlebnispädagogikbereich beim Kreisjugendring. Weiter unterstützend sind die Infrastruktur und die konzeptionelle Arbeit im Hinblick auf das Thema *soziales Lernen*, das u. a. mit bewegten Mitteln gefördert werden soll. Die räumlichen Möglichkeiten sind eigentlich vorhanden, es stehen ausreichend Lehrerstunden zur Deckung der sportlichen Nachfrage der Schüler zur Verfügung. Im Ganztagsbereich wären ein paar Lehrerstunden mehr hilfreich.

Hemmende Faktoren
Hemmende Faktoren sind zum einen organisatorische Zwänge. Die Sportstunden sinnvoll in den Stundenplan für die Schüler zu legen, ist schwierig (Turnhallenbelegung etc.). Auch die Altersstruktur der Lehrer bereitet Probleme. Zu wenige junge Lehrer, vor allem männliche, mit dem Fach Sport kommen hinzu. Momentan ergänzen fast nur weibliche Lehrkräfte den Lehrkörper.

Die Ausstattung der Klassenzimmer ist nicht auf Bewegung ausgelegt, die Schüler haben aber Rollbürostühle. Die zurückgegangenen Lehrerstunden und die geringere finanzielle Ausstattung des Ganztags (6.000,- € pro Ganztagsklasse pro Schuljahr) hemmen die Integration von BSS in den Schulalltag.

Die Übungsleiter, potenzieller Kooperationspartner, unterliegen einer zeitlichen Restriktion, außerdem steht nicht genügend Geld für die Bezahlung zur Verfügung. Im nächsten Schuljahr gibt es vier Ganztagsklassen und somit 6.000,- € mehr. Geplant ist eine Kooperation (HipHop) mit einer Trainerin aus dem Tanzstudio.

Viele Schüler, besonders Mädchen, sind immer schwerer für Sport zu begeistern. Im Ganztagsbereich besteht dieses Problem nicht, da die Schüler hier die Wahl zwischen Sport und anderen Wahlfächern haben. Sportbefreiungen werden von Eltern bereitwillig geschrieben, ehrenamtliche Tätigkeiten von Eltern bei Sportfesten etc. gehen ständig zurück.

Bedeutung einer gesunden Pausen- und Mittagsverpflegung an Schulen mit und ohne Ganztagsangebot – Aktionen zur Information über gesunde Ernährung
Die Schule organisiert diverse Aktionen zum Thema gesunde Ernährung. Besonders den Lehrern ist eine gesunde Ernährung wichtig. Die Lehrkräfte der Schule wünschen sich beim Pausenverkauf ein gesundes Essensangebot. Dem Hausmeister würde dadurch allerdings ein Teil seiner Einnahmen wegfallen, da die Einnahmen des Pausenverkaufs in seine Bezalung durch die Stadt miteinfließen. Der Pausenverkauf wird deshalb durch einen Fitnesssnack aufgewertet. Dieser wird speziell zum Thema gesunde Ernährung im berufsorientierenden Zweig *Soziales* für den Pausenverkauf zubereitet. Außerdem verkaufen die Schüler in den Pausen im Rahmen von „McObst", einer Schülerfirma, welche aufgrund eines Wirtschaftsplanspiels gegründet wurde, Bioobst aus der Region, allerdings mit bescheidenem Erfolg. Zudem nimmt die Schule am „EU-Schulfruchtprogramm" teil.

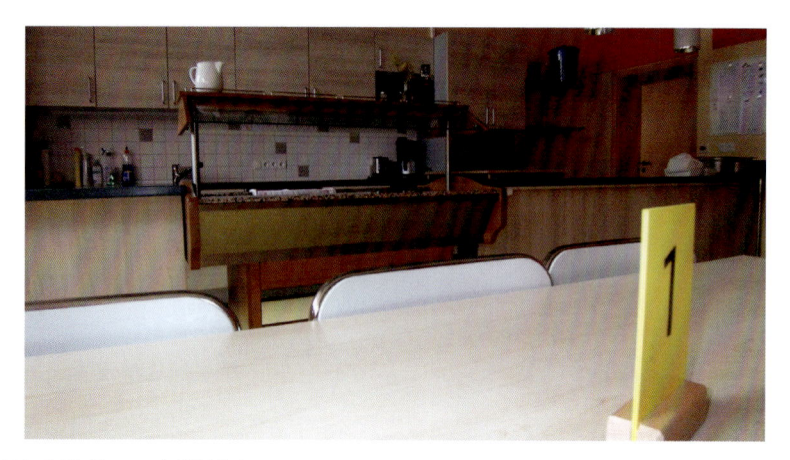

Abb. 5.83: Mensa mit Kühltheke

Auch beim Frühstück prägt diese Schule das Essverhalten der Kinder. Morgens bereitet die Sozialpädagogin zusammen mit angemeldeten Kindern ein kostenloses Schulfrühstück in der Mensa zu. Die Buskinder werden dadurch vor Schulbeginn betreut und halten sich dadurch nicht in der Aula auf. Somit bleibt der Lärmpegel dort geringer, worauf der Schulleiter Wert legt.

Das Mittagessen wird an dieser Schule viermal pro Woche, allerdings nur für Kinder des Ganztagsbereichs, angeboten. Die auswärtigen Kinder, die nicht am Ganztag teilnehmen, kaufen sich ihre Mittagsverpflegung in der Stadt. Die Wahl dieser Schüler fällt dabei zumeist auf Fast-Food-Gerichte. Für die Ganztagsschüler werden hingegen zwei gesunde Gerichte angeboten. Es wird darauf geachtet, dass ein Gericht davon auch für Muslime geeignet ist. Die Menüs enthalten jeweils auch einen Joghurt und einen Salat. Die Vorspeise wird an der Schule selbst zubereitet, das übrige Essen wird geliefert. Getränke stehen den Kindern des Ganztags ganztägig und kostenfrei zur Verfügung. Die Aufsicht führt externes Personal und die Sozialpädagogin, welche über eine höhere Toleranzschwelle beim Lärmpegel verfügen. Lehrer sind während des Mittagessens keine anwesend. Zwischen dem externen Personal und den Kindern ist laut Schulleitung ein gutes Verhältnis erkennbar.

Begünstigende und erschwerende Faktoren gesunder Ernährung
Die Schule wertet den Pausenverkauf durch eigene Aktionen auf, da der Hausmeister nicht bereit ist, das Angebot zu verändern. So kann die Schule trotz des Angebots des Hausmeisters einen Einfluss auf das Sortiment in der Pause nehmen. Durch das Schulfrühstück, das an der Schule angeboten wird, kann ebenfalls Einfluss auf die Ernährung der Kinder genommen werden. Erschwerend ist allerdings, dass die Nachfrage nach Obst bei den Schülern sehr gering ist. Zudem wird den Kindern, die nicht in einer Ganztagsklasse sind, kein Mittagessen an der Schule angeboten, weshalb diese in ihrer Mittagspause auf Fast Food aus der Stadt zurückgreifen müssen.

Vor Ort angewandte Strategie zur Integration von BSS

Für die Ganztagsschüler gibt es mittwochs einen „Aktivitäten-Tag" mit drei verschiedenen AGs. Kooperationen sollen ab dem nächsten Schuljahr hinzukommen. Die Regelschüler haben einerseits ihren Differenzierten Sportunterricht, andererseits können sie an den Ganztags-AGs teilnehmen.

Im Umfeld der Schule herrscht eine gute Bewegungsinfrastuktur, auch Kooperationspartner wären vor Ort. Dies wird allerdings noch nicht ausreichend genutzt. Der Pausenhof muss noch umgestaltet werden.

Der fehlenden Akzeptanz von BSS bei Lehrern wird nur wenig entgegengewirkt und es findet nahezu kein *Bewegter Unterricht* statt. Die Eltern sind von Bewegung im Unterricht noch nicht überzeugt.

Geplante Maßnahmen im Rahmen der Schulentwicklung
„Schule als Lebensraum muss verbessert werden" (10, SL, S. 2).
Der Pausenhof wird abgesperrt und in verschiedene Zonen gegliedert. Tischtennisplatten werden aufgestellt und ein Funcourt, ein Spielplatz mit wetterfestem Belag zum Fußball- und Basketballspielen, soll gebaut werden. Weiterhin soll eine Boulderwand aufgestellt werden, der Platz hierfür ist aber noch sehr ungewiss, evtl. soll sie auch in der Turnhalle installiert werden. Seit dem Schuljahr 2011/2012 wird Aikido und Hip-Hop-Tanz mit einem in Rente gegangenen Übungsleiter bzw. in Kooperation mit einem Tanzstudio angeboten.

Ein dritter Raum wurde für ein Schülercafé hergerichtet, dort können dann mittags einfache Gerichte selbst gekocht werden.

In den Klassenzimmern wurde der erste Schritt mit der Anschaffung von Bürostühlen mit Rollen bereits getan. Geld für weitere Stühle steht bereits zur Verfügung.

Eine Etage in einem Nebengebäude, die ehemalige Krankenpflegeschule, soll für den Ganztagsbereich der Mittelschule ausgebaut werden. Weiter ist angedacht, die Ganztagsklassen der Jahrgangsstufen acht und neun komplett auszugliedern, um den Familiencharakter weiter auszubilden.

5.1.11 Staatliche Realschule Passau

„Die vorliegende Beschreibung bezieht sich auf den Schulbesuch im Schuljahr 2010/2011 und stellt nicht die aktuelle Situation an der Schule dar. Informationen jüngeren Datums wurden durch nachträgliche Recherchen ergänzt und beziehen sich nicht auf Aussagen der Schulleitung. Seit dem Sommer 2014 trägt die Staatliche Realschule Passau den Namen „Dreiflüsse-Realschule". Zusätzlich wurde der Bereich Sport als eine der drei Säulen im Schulprofil weiter ausgebaut. Die Schule kann zahlreiche Erfolge in mehreren Sportarten zählen."

Die Realschule Passau befindet sich in der Neuburger Straße 94 in Passau. Mit der Wirtschaftsschule Passau teilt sie sich einen dreigeteilten Gebäudekomplex an einer viel befahrenen Neuburger Straße. Der östliche Trakt gehört zur Realschule, der westliche zur Wirtschaftsschule. Das mittlere Gebäude, in dem auch der Pausen- und Mittagsverpflegungsverkauf angesiedelt ist, teilen sich beide Schulen, ebenso den Pausenhof. An der Realschule Passau wird ein *Offener Ganztag* von der fünften bis zur neunten Klasse angeboten.

Abb. 5.84: Blick in die Aula

In der Eingangshalle im östlichen Trakt stehen ein Kickerkasten, mobile Sitzwürfel, Stehtische und Infotafeln. Neben Einzeltischen, die ein Umstellen der Sitzordnung für Gruppenarbeit erlauben, gibt es eine Tafel, eine Seitentafel, einen Schrank mit Unterrichtsmaterialien sowie einzelne Ergebnisse von Projektarbeiten an den Zimmerwänden.

Es existiert eine etwas abseits gelegene Dreifachturnhalle, die zusammen mit der Wirtschaftsschule genutzt wird. Schwimmen und Leichtathletik können hingegen nur extern im städtischen Station stattfinden, da an der Schule keine Schwimmhalle und kein Sportplatz vorhanden sind.

Abb. 5.85: Pausenhof mit Tischtennisplatten und Kickerkasten

Darstellung der Situation an den Projektschulen | 97

Abb. 5.86 Kletterwand im Außenbereich

Der Schulhof ist teils gepflastert, teils geteert und durch rechteckige Grün- bzw. Heckenflächen unterbrochen. Er steigt terrassenartig von der Straße her zum Gebäude auf. Neben dem Eingang existiert eine Kletterwand. Außerdem gibt es einen Kickerkasten, eine Tischtennis- und eine Rundlaufplatte. Den Schülern steht zudem ein „Soccer-Court" zur Verfügung, den sie in der Pause nutzen können. Die Kletterwand wurde von *Antenne Bayern* mit 15.000,- € gefördert. Die Kletterwand wurde von Antenne Bayern mit 15.000 Euro gefördert. Über Sponsoren (ortsansässige Firmen, u. a. ein Sportgeschäft), konnten die restlichen 6.000 Euro, die für Sicherheitsmaßnahmen zur Nutzung der Kletterwand (Bodenbelag und Zaun um die Kletteranlage) vorgeschrieben wurden, akquiriert werden.

Integration von BSS in den Schulalltag und in den Ganztag

Der Regelsportunterricht wird von der Schule komplett abgedeckt. Die fünften Klassen haben im Rahmen des erweiterten Sportunterrichts eine zusätzliche Sportstunde pro Woche.

Es gibt keinen Sport- bzw. Bewegungsschwerpunkt im Unterricht. Dort wird ein Wechsel von Konzentrations-, Bewegungs- und Entspannungsphasen allenfalls in den Bereichen Musik und Informationstechnologie umgesetzt.

Abb. 5.87: Hinweis auf die SAG Rudern

Am Nachmittag finden die Angebote Klettern, Parcourstraining und die drei SAGs Eishockey, Fußball und Rudern im Rahmen des Kooperationsmodells Sport nach 1 in Schule und Verein statt. Die Sport nach 1 Angebote werden unter Einsatz ausgebildeter Sportmentoren täglich durchgeführt. An den Angeboten können alle Schüler, nicht nur die aus dem *Offenen Ganztag*, teilnehmen.

Sport ist ein fester Bestandteil des Schulprofils der Realschule Passau.

In der Pause besteht für alle Schüler die Möglichkeit, den „Soccer- Court" zu nutzen. Ein Sportlehrer betreut dieses Angebot in der Pause, während eine zweite Sportlehrkraft für die Aufsicht der Kletterwand verantwortlich ist. Dort kann nach Anmeldung bei der Sportlehrkraft in den Pausen geklettert werden.

Seit November 2013 findet die Nachmittagsbetreuung im Rahmen des *Offenen Ganztags* in der hauseigenen Mensa der Staatlichen Realschule statt. Der 1. FC Passau bietet zusätzlich Freizeitangebote mit sportlichem Schwerpunkt (Tischtennis, Fußball, Basketball, Volleyball und Leichtathletik) an. Zwei- bis dreimal pro Jahr finden informelle Treffen zwischen der Realschule und dem Verein statt.

Ziele der Schule mit der Einbindung von BSS in den Schulalltag

Nach Meinung des Schulleiters ist Bewegung als Ausgleich zum Sitzen am Vormittag und zum Förder- und Projektunterricht am Nachmittag dringend notwendig. Der Schulleiter bemerkt, „dass das immer notwendiger ist, dass die Kinder auch am Nachmittag die Möglichkeit haben, in irgendeiner Weise unter Betreuung zu arbeiten" (22[32], SL, S. 6). Daher wird auch eine *Bewegte Pause* angeboten, die im „Soccer Court" täglich durchgeführt wird. Die Schule hat auch das Ziel, das Problem Mobbing über Teamsport einzudämmen, indem man alle Schüler mit einbezieht. Zudem muss sich eine Schule heute auch sportlich profilieren. Bei der Wahl der Realschule spielt das Sportangebot eine große Rolle.

Fördernde und hemmende Faktoren für die Integration von BSS in den Schulalltag
Fördernde Faktoren

Die Realschule Passau hat mittlerweile sehr engagierte Sportlehrer, die fest an der Realschule Passau eingestellt sind. Mit diesen Lehrern konnte ein konstantes Sportangebot aufgebaut werden. Dem Schulleiter ist eine Umsetzung von einem vielfältigen Sportangebot an seiner Schule sehr wichtig. Sport ist ein fester Bestandteil des Schulprofils und hat dementsprechend einen hohen Stellenwert.

Hemmende Faktoren

Die Stunden der Lehrer, die zur Verfügung stehen, sind für die Implementierung weiterer BSS-Angebote stark begrenzt. Es sind durchaus Kollegen vorhanden, die im Sport einsetzbar wären, aber das Ziel ist die Mittlere Reife und dafür wird viel Zeit beansprucht. Für die Differenzierung, die im Rahmen der *Offenen Ganztagsbetreuung* angeboten werden soll, fehlen die benötigten Räume. Allerdings entstehen im Jahr 2014 durch den Umbau des Zwischentrakts neue Räume, die der Realschule Passau durch die Stadt bereits zugesichert wurden.

---

32 Um die Interviewprotokolle aus den verschiedenen Schulen leichter auffinden zu können, wurden den Untersuchungsschulen jeweils Zahlen zugeordnet. Der staatlichen Realschule Passau wurde unter der Ziffer 22 verzeichnet. Alle Untersuchungsschulen finden sich im Untersuchungsschulverzeichnis am Ende des Buches.

Bedeutung einer gesunden Pausen- und Mittagsverpflegung an Schulen mit und ohne Ganztagsangebot – Aktionen zur Information über gesunde Ernährung

In den unteren Klassenstufen findet an der Staatlichen Realschule Passau ein klasseninternes Frühstück statt. Zweck dessen ist es, den Schülern den Sinn eines Frühstücks im Allgemeinen nahezubringen und auch das Wissen über gesunde Produkte zu fördern. Insgesamt herrscht aber beim Thema gesunde Ernährung an dieser Schule keine Nachhaltigkeit vor.

In der siebten Klasse wird der Hauswirtschafts- und Ernährungsunterricht angeboten, welcher auch *Vorrückungsfach*[33] ist. Dort wird das Thema Essen und Gesundheit grundlegend thematisiert. Für den Unterricht existiert eine Schulküche mit drei Küchennischen und mit einem großen Mittagstisch.

An der Realschule übernimmt der Hausmeister den Pausenverkauf und das Angebot der Mittagsverpflegung. In den Pausen werden Salat und Leberkäsbrötchen angeboten. Zwar hat der Hausmeister vor einiger Zeit versucht, auch Obst anzubieten, aber dafür gab es keine Nachfrage. Der Obstverkauf wurde deshalb wieder einstellt. Da der Hausmeister die Räume für den Pausenverkauf von der Stadt gepachtet hat, muss die Schule das vom Hausmeister angebotene Pausenverkaufssortiment akzeptieren. Hinzu kommt, dass die Eltern keine Einwände gegen die angebotenen Produkte haben.

Abb. 5.88: Aula mit Getränkeautomaten

An der Schule existieren Getränkeautomaten, an denen vor einiger Zeit Schulmilch angeboten wurde. Auch hier war die Nachfrage äußerst gering, weshalb das Angebot wieder eingestellt wurde.

Das Mittagessen wird an vier Tagen pro Woche in Form eines Fertiggerichts angeboten, für welches sich die Schüler vormittags anmelden können. Die Schüler können das Mittagessen dann in der schuleigenen Mensa einnehmen. Es ist geplant, dass die Verpflegung im Rahmen der *Offenen Ganztagsschule* zukünftig durch eine Ernährungsberaterin begleitet werden soll.

---

33 Die Note in einem Fach, welches Vorrückungsfach ist, ist entscheidend für die Versetzung in die nächste Klassenstufe (Bayerisches Realschulnetz, o. J., o. S.).

Begünstigende und erschwerende Faktoren gesunder Ernährung

Da der Hausmeister den Kiosk von der Stadt Passau gepachtet hat, arbeitet er gewinnorientiert und richtet sich nach den Wünschen der Schüler. Die Nachfrage nach gesunden Produkten ist sehr gering. Auch die Eltern zeigen kein Interesse an einem gesünderen Essensangebot an der Schule. Zudem sind die umliegenden Geschäfte ein erschwerender Faktor für die Implementierung einer gesunden Ernährung. Die Schüler kaufen sich dort ungesunde Lebensmittel.

Vor Ort angewandte Strategie zur Integration von BSS

Geplant ist, wie bereits oben erwähnt, eine Boulderwand, um *Bewegte Pausen* zu ermöglichen und nachmittags kürzere Bewegungseinheiten einstreuen zu können, d. h. eine infrastrukturelle Möglichkeit zu schaffen, die die Schüler eigenverantwortlich nutzen können und die sich an den Bewegungsinteressen der Schüler orientieren. In diesem Zusammenhang wurde im Jahr 2012 ein „Soccer-Court" gebaut, der es den Schülern ermöglicht, sich während der Pausen zu bewegen.

Möglichkeiten vor Ort (Personal, Infrastruktur) sollen möglichst optimal genutzt werden, ohne die Lehrkräfte zu überfordern. Die Angebote müssen wachsen, ihre Kreise ziehen und dadurch auch andere dazu motivieren, mitzumachen (Schüler) oder selbst etwas anzubieten (Lehrer).

Insbesondere sollen Möglichkeiten, die ohne zusätzliche Ausrüstung und Aufsicht nutzbar sind, angeboten werden. Als Vorbild dient die Mittelschule in Hauzenberg.

Geplante Maßnahmen im Rahmen der Schulentwicklung

Der Schulleiter hat den Wunsch, „bewegungsanregende Infrastruktur" vor Ort zu haben, die die Schüler auch ohne Aufsicht nutzen können. In dieser Hinsicht hat die Schule nach dem bereits realisierten „Soccer-Court" noch ein weiteres Projekt im Auge: eine Boulderwand, die nur ca. 1,50 m hoch ist und die ohne Sicherheitsbedenken von den Schülern eigenständig genutzt werden kann.

Der „Soccer-Court", der 2012 realisiert wurde, war eine finanzielle Gemeinschaftsaktion der Fördervereine der Realschule und der Wirtschaftsschule sowie der Stadt Passau. Durch eigene und Erfahrungen aus Hauzenberg war man sich des bewegungsaktivierenden Charakters eines solchen „Soccer-Courts" sicher. Vorteile einer solchen Anlage sind, dass hierzu keine große Ausrüstung mehr notwendig ist und die Schüler ohne Aufsicht agieren können.

Eine der Säulen im Schulprofil ist *Sport*, allerdings befindet sich das Schulprofil "Sport" derzeit noch in der Planungsphase. Die Zielvorstellungen wurden jedoch schon abgesteckt. Weitere Kooperationen sind im Bereich Tischtennis und Radfahren bzw. im Hinblick auf die Boulderwand angedacht. Bei allen drei angedachten Zukunftsprojekten ist die notwendige Ausstattung zu beschaffen oder von einem Kooperationspartner zu leihen. Insbesondere Radtouren und das Eishockeyspielen erfordern eine Aufsicht bzw. Anleitung durch den Lehrkörper oder durch externe Partner. Aktuell gibt es Planungen für den Neubau einer Dreifachsporthalle sowie zusätzlich für die Sanierung der bestehenden alten Halle.

Darstellung der Situation an den Projektschulen | 101

5.1.12 Coelestin-Maier-Realschule Schweiklberg

Die Coelestin-Maier-Realschule, benannt nach einem Abt, liegt am Stadtrand von Vilshofen auf einem abgeschiedenen Berg, umringt von vielen Grünflächen. Das Besondere an dieser Schule ist, dass sie eine Klosterschule ist, die nur Knaben unterrichtet. Das Kloster Schweiklberg, die große Klosterkirche, der Klostergarten und der Klosterladen mit Klostercafé bilden mit der Schule eine

Abb. 5.89: Das Kloster Schweiklberg   *Abb. 5.90: Bücherei mit Kickerkästen*

Gesamtheit. Die Schüler werden im früheren Klostergemäuer unterrichtet. Die Atmosphäre dieser Schule ist sehr familiär. Auch der Glaube hat eine große Bedeutung an der Schule. Die Jungen werden sogar noch von einzelnen Äbten unterrichtet. An dieser Schule entsteht der Eindruck, dass den Schülern, auch außerhalb ihres Elternhauses, eine stabile Schulfamilie und ein Zuhause in der Schule geboten werden soll.

Die Klassenzimmer sind im Vergleich zu anderen Schulen extrem groß und bieten den Schülern sehr viel Bewegungsfreiraum.

Das Kloster verfügt über einen Kickerraum mit drei Kickertischen.

Das Schulgebäude ist insgesamt sehr verwinkelt und hat große, breite Gänge. Die Klassenzimmer sind auf zwei Etagen verteilt. Ein Meditations- und Stilleraum ist ebenfalls vorhanden.

Die Realschule verfügt über eine frisch renovierte Turnhalle mit Kletterwand und vielen Fußballtoren. Der Pausenhof befindet sich vor dem Eingang der Schule. In der Mitte des Pausenhofs steht ein großer Brunnen. Neben der Turnhalle wurden zwei Tischtennisplatten, die ebenfalls in der Pause benutzt werden, aufgestellt. Außerdem gibt es einen großen Hartplatz mit vier Basketballkörben, der hauptsächlich zum Fußballspielen genutzt wird und eine Kugelstoß- und Weitsprunganlage.

Für das Mittagessen verfügt die Schule über einen großen Speisesaal, in dem die Jungen gemeinsam essen.

Die Coelestin-Maier-Realschule ist eine *Offene Ganztagsschule* und bietet ihren Schülern eine SAG Fußball in Zusammenarbeit mit dem FC Vilshofen an. Weitere Sportangebote sind die Arbeitsgemeinschaften Tischtennis, Badminton und Flagfootball. Für das Schuljahr 2013/2014 wurde eine SAG Eishockey zusammen mit dem Gymnasium Vilshofen beantragt. Kooperationspartner ist hier der ESC Vilshofen.

Abb. 5.91: Turnhalle mit Kletterwand   Abb. 5.92: Hartplatz mit Basketballkörben

Der Schulleiter ist zu unserem Interviewzeitpunkt erst seit wenigen Wochen an dieser Schule beschäftigt. Er hat die Vision einer Stützpunktschule für Fußball, um den jährlich sinkenden Schülerzahlen endlich ein Ende zu bereiten und das Image dieser Schule zu verbessern.

Integration von BSS in den Schulalltag und in den Ganztag
Dieser Schule gelingt es größtenteils, BSS nur im Rahmen des *Offenen Ganztagsangebots* und den damit verbundenen Sportangeboten zu integrieren. *Bewegten Unterricht* oder *Bewegungspausen*, die in den Schulalltag integriert sind, gibt es kaum. Allerdings stehen den Schülern in Pausen und Freizeit zwei Tischtennisplatten und ein Kickerzimmer zur Verfügung. Die drei Kickertische wurden von Banken, die der Schulleiter ansprach, gefördert. Das Sportangebot dieser Schule besteht aber hauptsächlich aus den oben bereits genannten Sportarten.

Daran möchte der Schulleiter etwas ändern und seinen persönlichen Wunsch von einer Fußballschule verwirklichen. Der erste Schritt in diese Richtung ist bereits getan. Die Genehmigung für einen Fußballplatz wurde bereits erteilt. Der Schulleiter ist selbst leidenschaftlicher Fußballer und Fußballtrainer und möchte dies auch in der Schule einbringen.

Abb. 5.93: Tischtennisplatten im Außenbereich

Die Sportlehrer an der Coelestin-Maier-Realschule sind selbst sportlich „sehr aktiv" (23[34], SL, S. 4) und bringen sich auch in den Ganztag ein. Ein Lehrer der Schule übernimmt sogar die AG Tischtennis im Rahmen des *Offenen Ganztagsangebots*.

Wie und in welcher Form die bereits bestehenden Angebote, also die Sportangebote, implementiert wurden, dazu konnte der Schulleiter nichts sagen, da er zum Zeitpunkt der Befragung erst seit ein paar Wochen an der Schule beschäftigt war.

Ziele der Schule mit der Einbindung von BSS in den Schulalltag
Das „Hauptziel ist die körperliche Fitness" (23, SL, S. 6). Die Schüler sollen aber auch eine Werteerziehung durch Sport erfahren, damit sie Teamfähigkeit erlernen. Sie sollen auf das Leben vorbereitet werden, mit Niederlagen umgehen lernen und bspw. auch körperliche Grenzen austesten. Die Schule möchte durch ihre Initiativen den Schülern den Umgang mit Mitmenschen nahebringen, ihre Ich-Stärke entwickeln und sie sollen ihre körperlichen Grenzen erfahren. Die Schüler sollen negative Auswirkungen eines Zigaretten- und Alkoholkonsums erfahren.

„Meine Vision von dieser Schule wäre eine Fußball-Stützpunktschule [...] für die Region im ostbayerischen Bereich" (23, SL, S. 6).

Fördernde und hemmende Faktoren für die Integration von BSS in den Schulalltag
Fördernde Faktoren
Die bestehenden Sportangebote und der *Offene Ganztag* sollen beibehalten und weiter ausgebaut werden. Das Engagement und die Initiative des Schulleiters, seine Vision von einer Fußballschule,

---

[34] Um die Interviewprotokolle aus den verschiedenen Schulen leichter auffinden zu können, wurden den Untersuchungsschulen jeweils Zahlen zugeordnet. Der Coelestin-Maier-Realschule Schweiklberg wurde unter der Ziffer 23 verzeichnet. Alle Untersuchungsschulen finden sich im Untersuchungsschulverzeichnis am Ende des Buches.

wirken sicherlich auf absehbare Zeit förderlich, BSS in den Schulalltag zu integrieren. Auch die Sportlehrer sind sehr engagiert und bringen sich in den Schulalltag ein. Die Schule verfügt über Räume und Räumlichkeiten, z. B. Turnhalle mit Kletterwand, Kickerraum, die dem Bewegungsdrang der Schüler entgegenkommen. Weiterhin verfügt das Kloster über riesige Grünflächen, die das Kloster umgeben.

Hemmende Faktoren
Zur Umsetzung einer Fußballschule fehlt noch der Fußballplatz, der allerdings bereits im Bau ist. Weiterhin fehlt es an Fachkräften sowie an finanziellen Mitteln.

Bedeutung einer gesunden Pausen- und Mittagsverpflegung an Schulen mit und ohne Ganztagsangebot – Aktionen zur Information über gesunde Ernährung
Spezielle Aktionen zum Thema gesunde Ernährung gibt es an dieser Schule nicht. In der Fastenzeit gibt es einmal wöchentlich statt den Käse- und Wurstbrötchen trockene Brotscheiben für die Schüler. Die Kinder beteiligen sich an dieser Aktion mit 50 Cent. Das hierdurch eingenommene Geld wird anschließend an Missionsprojekte gespendet.

Im klostereigenen Pausenverkauf werden neben Vollkornprodukten und Milch allerdings auch Süßigkeiten, Wiener Würstchen und Leberkäse angeboten. Das Angebot des Pausenverkaufs „ist beileibe nicht gesund" (23, SL, S. 15). In den Getränkeautomaten werden zuckerhaltige Getränke, Diätgetränke und Wasser angeboten.

Auf ein gesundes Mittagessen wird an dieser Schule besonderer Wert gelegt. Das Mittagessen wird an vier Tagen pro Woche angeboten. Es wird frisch in der Küche des Klosters zubereitet. Das Mittagessen beinhaltet immer einen Salat, der im eigenen Klostergarten biologisch angebaut wird. Das Essensangebot ist auf die Kinder abgestimmt und beschränkte sich im Schuljahr 2010/2011

Abb. 5.94: Speisesaal

auf ein einziges Menü. Angedacht ist, das Angebot auf zwei verschiedene Menüs auszuweiten. Die Schüler können sich morgens per Vorbestellung für das Mittagessen anmelden. Das Mittagessen wird gemeinsam mit den Lehrern und dem Schulleiter im Speisesaal eingenommen. Die Lehrer legen Wert auf Tischmanieren und geben diese an die Schüler weiter.

Begünstigende und erschwerende Faktoren gesunder Ernährung

An der Schule wird die Wahlpflichtfächergruppe III b mit dem Unterrichtsfach Haushalt und Ernährung nicht angeboten. Der Schulleiter geht davon aus, dass mit dieser die Aktionen zum Thema gesunde Ernährung umfassender wären. Allerdings ist er der Meinung, dass das Interesse an der Wahlpflichtfächergruppe an dieser Schule, die ausschließlich von Jungen besucht wird, nicht vorhanden ist.

Vor Ort angewandte Strategie zur Integration von BSS

Die Integration von BSS besteht hauptsächlich im Rahmen des *Offenen Ganztagsangebots*. Aufgrund dieses Angebots stehen mehr Lehrerstunden zur Verfügung, die für BSS genutzt werden können. Der Tischtennisverein nutzt auch die Turnhalle der Realschule. Aufgrund dieses Kontakts kam das Angebot des Wahlfachs Tischtennis zustande. Um dem Bewegungsmangel der Schüler bereits vormittags entgegenzuwirken, sind sie verpflichtet, die Pause bei schönem Wetter draußen zu verbringen. Die zukünftige Strategie zur Integration von BSS soll hauptsächlich durch die Gründung einer Fußballschule realisiert werden.

Seit dem Schuljahr 2012/2013 gibt es das Lehrerraumprinzip. Die Schüler müssen nach jeder Unterrichtsstunde zum nächsten Lehrer wandern. Es gibt keine festen Klassenzimmer mehr.

Geplante Maßnahmen im Rahmen der Schulentwicklung

Die Schule soll als Stützpunktschule für Fußball ausgebaut werden. Es ist zwar bereits ein Fußballangebot vorhanden, dies soll aber deutlich ausgebaut werden. Der neue Lehrer, der eingestellt wurde, besitzt einen B- und C-Trainerschein für Fußball. Im Schuljahr 2011/2012 wurde der bisher noch fehlende Fußballplatz gebaut. Ein zusätzlicher Trainer (mit Trainerschein) soll für Tischtennis eingestellt werden. Die Schulleitung legt großen Wert auf Fachkräfte mit entsprechenden Qualifikationen. Wenn sich noch weitere Sponsoren auftreiben lassen, soll ein Beachvolleyballplatz errichtet werden.

5.1.13 Staatliche Realschule Tittling

Die vorliegende Beschreibung bezieht sich auf den Schulbesuch im Schuljahr 2010/2011 und stellt nicht die aktuelle Situation an der Schule dar. Informationen jüngeren Datums wurden durch nachträgliche Recherchen ergänzt und beziehen sich nicht aus Aussagen der Schulleitung. Das Bildmaterial zeigt einen Zustand, der seit dem Jahr 2013 nicht mehr aktuell ist. Die Turnhalle wurde seit dem Schulbesuch 2010/11 generalsaniert und ist heute auf einem sehr modernen Stand. Die Aussagen zur Nachmittagsbetreuung sind nur noch zum Teil zutreffend.

Die Realschule Tittling liegt im Schulzentrum des 3.500 Einwohner starken Marktes Tittling. Seit dem Schuljahr 2011/2012 existiert an der Schule eine *Offene Ganztagsbetreuung* für die Schüler der fünften und sechsten Jahrgangsstufen. Die *Offene Ganztagsbetreuung* bietet im Anschluss an den Vormittagsunterricht die Möglichkeit, verschiedene Betreuungs- und Förderangebote (Hausaufgabenbetreuung etc.) in Anspruch zu nehmen und ist kostenfrei.

Die Schule ist in einem 40 Jahre alten Altbau und einem Neubau mit einem Lichtraum als Innenhof untergebracht. Ende des Schuljahres 2011/2012 wurde die energetische Generalsanierung der Schulgebäude abgeschlossen. Gerade nach der Generalsanierung ist der Schulleiter mit den Klassenzimmern sehr zufrieden. In manchen Klassenzimmern gibt es Einzeltische und Seitentafeln für Ergebnisse von Gruppenarbeiten.

Neben der Aula ist ein weiterer Aufenthaltsraum mit einem Kickerkasten und einem Getränkeautomaten vorhanden.

Vorhanden sind zudem ein Hartplatz (Basketballplatz), ein Sportplatz, Leichtathletikanlagen (Kugelstoßanlage, 100-m-Tartanbahn etc.).

Abb. 5.95: Hartplatz mit Basketballkörben

Die ehemals marode Turnhalle wurde einschließlich Fitnessraum generalsaniert und ist bezüglich der Ausstattung auf dem neuesten Stand.

Auf dem Schulhof existieren keine funktionell getrennten Bereiche. Auf dem Schulhof stehen den Schülern während der Pausen Tischtennisplatten zur Verfügung, die auch sehr stark frequentiert sind. Viele Schüler spielen in den Freistunden oder am Nachmittag, wenn sie gerade nicht in ihrem Wahlunterricht sind, Basketball auf dem Hartplatz.

Abb. 5.96: Fitnessraum mit Geräten

Das Schwimmbad direkt neben der Schule ist zwar öffentlich, hat aber vormittags nur für die Schulen geöffnet.

Integration von BSS in den Schulalltag und in den Ganztag

Einige Lehrer integrieren Bewegtes Lernen und Bewegtes Sitzen in ihren Unterricht. Ein Sportlehrer führt mit den Schülern Yoga im Unterricht durch. Das Konzept der *Bewegten Schule* ist bekannt, wird aber wenig umgesetzt.

Jedes Jahr gibt es ein Volleyballturnier für alle Klassen. Zudem finden Wandertage, Spiel- und Sportfeste sowie Bundesjugendspiele statt. Im Rahmen von JUGEND TRAINIERT FÜR OLYMPIA nehmen die Schüler an Schulsportwettbewerben und an einem Schulskikurs teil.

Abb. 5.97: Einfachturnhalle

Ziele der Schule mit der Einbindung von BSS in den Schulalltag
Wichtig ist dem Schulleiter vor allem der Ausgleich für das Sitzen im Unterricht. Zudem haben viele Schüler allgemein zu wenig Bewegung, im Sportunterricht treten daher häufig motorische Probleme auf. Eine Rolle vorwärts ist für viele Schüler nicht mehr möglich, andere wiederum haben Probleme, auf der 100-m-Bahn die Spur einzuhalten. Das liegt, laut Schulleiter, vor allem an den veränderten Freizeitaktivitäten: früher hatte man mehr Gelegenheit zur Bewegung. Man konnte auf der Straße Fußball spielen. Früher konnte man einfach auf die Fußballplätze gehen, heute sind diese abgesperrt. Zwar fehlen die Gelegenheiten, aber mittlerweile gibt es mehr Vereine mit einem breiteren Angebot, was aber nur ganz wenige Kinder und Jugendliche nutzen.

Fördernde und hemmende Faktoren für die Integration von BSS in den Schulalltag
Fördernde Faktoren
Förderlich ist sicher die Zielsetzung des Schulleiters, die Rhythmisierung in den Unterricht zu integrieren. Dies ist jedoch schwierig umzusetzen, da die Lehrkräfte aufgrund des dichten Unterrichtsstoffs möglichst viel Zeit für ihren Unterricht nutzen wollen.

Hemmende Faktoren
Das Profil der Schule ist auf den technischen Bereich ausgerichtet.

Es herrscht eine geringe Nachfrage bei Kooperationsangeboten (z. B. Golf und Fußball). Die örtlichen Vereine decken den Bedarf an Sport für die sportwilligen Schüler gut ab. Bei potenziellen Kooperationspartnern fehlen die Sportfachkräfte mit entsprechender Ausbildung. Bei schlechtem Wetter stehen, außer der Turnhalle, keine Räumlichkeiten für weitere Angebote zur Verfügung.

Bedeutung einer gesunden Pausen- und Mittagsverpflegung an Schulen mit und ohne Ganztagsangebot – Aktionen zur Information über gesunde Ernährung
Eine gesunde Ernährung wird an dieser Schule seit geraumer Zeit thematisiert.

Im Haushalts- und Ernährungsunterricht werden die Inhalte einer gesunden Ernährung vermittelt. Für den Unterricht existiert eine Schulküche mit angrenzendem Speiseraum. Beide Räume wurden kürzlich saniert (Stand: 2010/2011).

Den Pausenverkauf betreiben zwei Damen, die ursprünglich in der Gastronomie arbeiteten. An der Schule legt das Schulforum, bestehend aus Schulleitung, Lehrern, Eltern und Schülersprecher, die Richtlinien für den Pausenverkauf fest.

Das Mittagessen wird an dieser Realschule an vier Wochentagen angeboten und muss vorbestellt werden. Die bereits erwähnten Damen sind auch für das Mittagessen verantwortlich. Sie bereiten das Mittagessen frisch an der Schule zu. Das Hauptgericht beinhaltet ein tägliches Angebot an Gemüse. Ein Getränk ist außerdem im Preis enthalten. Fisch- und Fleischerzeugnisse werden speziell auf dem Speiseplan ausgewiesen, welcher der Schulfamilie im Vorfeld zugänglich gemacht wird. Da es keinen separaten Raum für die Essenseinnahme gibt, wird in der Aula gegessen. Das Geschirr und das Besteck werden für das Mittagessen vom Pausenverkauf gestellt. Es gab den Versuch, die Unterrichtsräume des Haushalts- und Ernährungsunterrichts für das Mittagessen zu nutzen. Da sich diese aber nicht auf dem gleichen Stockwerk wie der Pausenverkauf befinden, gäbe es Probleme beim Transport der Speisen. Der Pausenverkauf ist während des Mittagessens geöffnet. Zusätzlich zu einem warmen Mittagessen werden dort auch belegte Brötchen mit Wurst oder süße Gebäckstücke etc. angeboten.

Abb. 5.98: Speisesaal

Begünstigende und erschwerende Faktoren gesunder Ernährung
Der Haushalts- und Ernährungsunterricht sowie die engagierten Damen des Pausenverkaufs begünstigen die Thematisierung gesunder Ernährung. Über das Angebot des Pausenverkaufs wird im Schulforum immer im Konsens entschieden.

Erschwerend wirkt sich auf das Angebot gesunder Ernährung aus, dass die Schüler nicht unbedingt gesundes Essen nachfragen. Außerdem existiert kein gesonderter Bereich zur Einnahme des Mittagessens.

Geplante Maßnahmen im Rahmen der Schulentwicklung
Bei der ersten Befragung im Schuljahr 2010/2011 gab es lediglich eine Hausaufgabenbetreuung, die von einem Lehrer und einem Schüler der neunten Klasse geleitet wurde. Bereits damals wurde diskutiert, ob diese Hausaufgabenbetreuung in eine *Offene Ganztagsbetreuung* umgewandelt werden soll. Wie bereits oben erwähnt, gibt es diese nun seit dem Schuljahr 2011/2012.

BSS-Angebote könnte man grundsätzlich in den *Offenen Ganztag* integrieren, die Problematik der geteilten Halle bleibt aber weiter bestehen. Gewünschte Angebote wären Volleyball, Ballspiele, vor allem Teamsportarten.

In Bezug auf die Sanierung der Turnhalle und die Verbesserung der Außenanlagen laufen die Genehmigungsverfahren erst an. Die Sanierung der Turnhalle kostet ca. zwei Millionen Euro, inklusive Musiksaal und Hausmeisterwohnung, die in die neue Turnhalle integriert werden sollen. Im Hinblick auf die Verbesserung der Außenanlagen ist der Landrat aufgeschlossen, das eine oder andere Sportgerät noch anzuschaffen.

5.1.14 Staatliche Realschule Freyung

Die Realschule Freyung liegt am Berg mitten im Schulzentrum in Freyung, das sich an den Ortsmittelpunkt bzw. an eine enge Wohnbebauung anschließt. Dadurch ist auch die Verkehrsführung eng und schwierig, eine neue Verbindungsstraße ist in Planung, die zur Entlastung beitragen wird. Die niederbayerische Kreisstadt Freyung des Landkreises Freyung-Grafenau hat knapp 7.000 Einwohner.

Nach zehn Jahren Renovierung wurde das Schulgebäude im Frühjahr 2010 fertig gestellt und ist nun ein sehr modernes, leuchtendes, freundliches und einladendes Gebäude.

Abb. 5.99: Eingangsbereich

Abb. 5.100: Außenansicht der Turnhalle    *Abb. 5.101: Boulderwand im Außenbereich*

Die Schule hat fünf Etagen. Direkt an die Schule schließen sich die Turnhalle und das städtische Schwimmbad an.

Die Klassenzimmer sind groß bis sehr groß, und entsprechend den Wünschen der Lehrkräfte sehr gut ausgestattet. Grundsätzlich hat jede Klasse Einzeltische, die leichter für Gruppenarbeit zu verstellen sind. Im besichtigten Klassenzimmer waren ausnahmsweise Einzel- und Gruppentische kombiniert gestellt. Es ist sehr viel Platz zum Anbringen von Unterrichtsergebnissen an einem extra dafür angebrachten Wandbelag vorhanden.

Die Größe der Gänge variiert etwas, wobei sie in den oberen Stockwerken größer sind. Die Gänge werden auch gerne für Partner- und Gruppenarbeit benutzt, auch wenn keine Bestuhlung vorhanden ist.

Der Schulhof besteht zum einen aus einer Kiesfläche, auf der zwei Tischtennisplatten stehen und aus Bodenplatten. Weiter gibt es einen geteerten Streetballplatz, der zur Straße hin mit einer Wand abgesichert ist. An dessen Außenseite, direkt an der Straße, gibt es eine Boulderwand, wobei der Boden auch geteert ist.

Direkt neben dem Schulhofgelände ist auch noch ein Tartanplatz mit zwei Toren und vier Basketballkörben, die die Schüler auch nutzen können. Leider fehlt dorthin ein direkter Zugang. Im Zuge der Renovierung wurden allerdings beim Installieren der Umrandung dafür zwei Durchgänge freigelassen, um diesen Zugang realisieren zu können. Auf diesem Hartplatz befindet sich auch noch eine Weitsprunganlage, die aber nach der Renovierung nicht mehr instand gesetzt wurde, da sich hierzu für die Nutzung eventuell das Konzept ändern wird.

Der beschriebene Tartanplatz dient auch für den Sportunterricht. Allerdings wird auch vom gesamten Schulzentrum die gemeinsame Außensportanlage mit 400-m-Bahn, Diskus- und Weitsprung-

Abb. 5.102: Hartplatz mit Basketballkorb   *Abb. 5.103: Rasenplatz mit Laufbahn*

anlage genutzt. Auch hat der TV Freyung eine sogenannte *FreYarena* (eingezäunter Rasenplatz) gebaut, die auch von den Schulen genutzt werden kann. Diese wurde im Juli 2011 fertig gestellt und am Tag des Interviews auch vom Schulleiter zum ersten Mal besichtigt.

Ansonsten nutzen alle vier Schularten gemeinsam alle vorhandenen sechs Hallen (Realschul-Turnhalle, Gymnasium-Turnhalle, Dreifachturnhalle der Mittelschule, städtische Schwimmhalle). Hier funktioniert die Absprache sehr gut.

Die Realschulturnhalle wurde 2012 renoviert. Dazu wurde sie völlig entkernt, neu wurde auch ein Fitnessraum installiert, da es dafür aktuell staatliche Mittel gab.

Die Schule hat bereits im Schuljahr 2010/2011 versucht, einen *Offenen Ganztag* einzurichten, aber die Anmeldungen waren nicht ausreichend. Erst im Schuljahr 2012/2013 war es möglich, diesen zu realisieren. 37 Schüler aus den Jahrgangsstufen 5-7 und fünf Schüler aus den Jahrgangsstufen 8-10 nutzen dieses Angebot. Als Kooperationspartner steht der Kreis-Caritasverband Freyung-Grafenau e. V. zur Verfügung.

Auch der *Gebundene Ganztag* wäre seit dem Schuljahr 2011/2012 offiziell möglich, aber der Schulleiter hatte sich nicht getraut, eine Umfrage zu starten. Es bleibt somit erst einmal beim *Offenen Ganztag*. Aber zur *Gebundenen Ganztagsschule* merkt er noch an: „Von der muss ich ehrlich sagen, bin ich ein großer Fan" (26[35], SL, S. 20).

Integration von BSS in den Schulalltag und in den Ganztag
„Bei mir ist das im oberen Drittel" (26, SL, S. 3), antwortet der Schulleiter bei der Frage nach dem Stellenwert von BSS im Schulleben.

„... Eigentlich gar nicht zufrieden" (26, SL, S. 12) ist der Schulleiter aber mit dem *Bewegten Unterricht* des Kollegiums. „Konkret [...] weiß ich es eigentlich nur von ganz wenigen, dass sie es machen" (26, SL, S. 12f.). Er bleibt aber am Ball, da er von der Wichtigkeit überzeugt ist und sich zudem als „Frischluftfanatiker" (26, SL, S. 3) bezeichnet. Von den Sportlehrern wurde ein Blatt zur 90-s-Pause entwickelt. Die darauf erläuterten Bewegungs- und Dehnübungen werden jeweils von zwei Schülern aus den einzelnen Klassen im Sportunterricht eingeübt und dann der Klasse und den Lehrern gezeigt. So braucht man eigentlich nur auf die 90-s-Pause hinzuweisen, die zwei Kinder kommen nach vorne und machen die Übungen vor. Der Schulleiter selbst bezeichnet sich als „Fan dieser 90-s-Pause" (26, SL, S. 3). Nach seinem Wissen wird das vor allem in den unteren Klassen durchgeführt. Neben dem Willen, das durchzuführen, ist aber auch laut Schulleiter auf jeden Fall das „Drandenken" entscheidend. So erreichte zum Beispiel die 90-s-Pause bei Einführung kurzzeitig 100 %, fiel dann aber wieder rapide ab. Als Schulleiter darf man das aber nicht aus den Augen verlieren.

Noch im Schuljahr 2010/2011 war eine 15- und eine 10-Minuten-Pause üblich. Während dieser kurzen Pausen war es aber den Schülern, trotz der doch dort guten Bewegungsmöglichkeiten, nicht möglich, das Schulhaus zu verlassen. Im Schulforum ging man dann gemeinsam von Ebene fünf ins Freie und brauchte dazu 3,5 Minuten. Dann müssen bzw. wollen sich aber viele Kinder auch noch etwas zu essen kaufen. Da blieb wirklich nicht viel Zeit für die Pause im Freien. Seit dem Schuljahr 2011/2012 gibt es als guten Kompromiss eine 25-Minuten-Pause. Dem Schulleiter würden aber zwei längere Pausen mehr zusagen.

---

35 Um die Interviewprotokolle aus den verschiedenen Schulen leichter auffinden zu können, wurden den Untersuchungsschulen jeweils Zahlen zugeordnet. Der staatlichen Realschule Freyung wurde unter der Ziffer 26 verzeichnet. Alle Untersuchungsschulen finden sich im Untersuchungsschulverzeichnis am Ende des Buches.

Um möglichst viel Zeit in der Pause zu haben, gibt es auch das „Pausenkörbchen". Bis zum Unterrichtsbeginn geben die Schüler ihre Pausenbestellung ab und kurz vor der Pause holt ein Schüler das „Pausenkörbchen" seiner Klasse ab. So gibt es auch keine Wartezeiten für die Schüler beim Pausenverkauf.

In der Pause gehen die Schüler bei gutem Wetter auf den Schulhof und auf die Freisportanlage, bei schlechtem Wetter nutzen sie die Pausenhalle und die Flure. An der Realschule Freyung müssen die Schüler in der Pause raus. „Das ist ein Kampf!" (26, SL, S. 4). Die größeren Schüler gingen lange Zeit nicht raus, was aber auch teils nicht möglich war, da 10 Jahre gebaut wurde. Die Umstellung fiel ihnen daher sehr schwer.

Für die Pausen und in der Freizeit stehen im Schulhof, aber auch in der Aula, Tischtennisplatten zur Verfügung, die ziemlich stark frequentiert sind. Im Freien gibt es den Streetballplatz, eine Boulderwand und die Möglichkeit, auf dem Hartplatz Fußball zu spielen.

Als Wahlfächer werden Golf, Volleyball, Fußball, Streetball, Cheerleading, Anfängerschwimmen und eine AG Tanz angeboten. Kontinuierlich über

Abb. 5.104: Aula mit Tischtennisplatten

das ganze Jahr läuft nur das Wahlfach Tanz. Die anderen kommen teils nur phasenweise zustande. Es sind „nicht die großen Massen, die wir da bewegen" (26, SL, S. 4). Von circa 850 Schülern nutzen etwa 50-70 die Angebote. Der Schulleiter konnte sich eine Steigerung durchaus vorstellen, Probleme sah er aber in der Einstellung der Schüler, die es bevorzugen, nach der Schule nach Hause zu fahren. Bei der ersten Befragung im Schuljahr 2010/2011 gab es nur einen Kooperationspartner, den Golf- und Landclub Bayerwald e. V., Waldkirchen.

Im Schuljahr 2012/2013 kam neu die SAG Ski alpin in Zusammenarbeit mit den Kooperationspartnern SV Röhrnbach, SV Grainet und SC Herzogsreut hinzu. Interessierte Schüler trafen sich während der Wintermonate jeden Mittwoch von 17:45-20:00 Uhr am Skihang in Mitterfirmiansreut.

Weiterhin werden angeboten Nordic Walking (Partner: Sport Jakob), Tennis (TC Freyung),

Abb. 5.105: Weitsprunganlage mit Kleinfeldtoren

Selbstverteidigung (Karate Gruber), Schneeschuhwandern (Nationalpark Bayerischer Wald), Triathlon (Fitness World Freyung), Fitness (Fit for you und Fitnessworld Freyung).

Den Ganztag konnte der Schulleiter erst nach mehreren Anläufen etablieren. Auch aus diesem Grund ist er Teil der neuen Arbeitsgruppe „Bildungsregion Freyung-Grafenau", in die er sich schon eingetragen hat. Er möchte sich dort sehr aktiv einbringen. Laut Interviewpartner meinen die Eltern, es wird negativ über sie gesprochen, wenn sie nachmittags zu Hause sind und ihre Kinder zur Aufsicht in der Schule sind.

„Da müssen wir vom Denken her versuchen, einiges zu ändern" (26, SL, S. 20).

Das Gefälle Stadt-Land lässt sich bei der Akzeptanz des Ganztags in der Gesellschaft laut Interviewpartner eindeutig belegen.

Ziele der Schule mit der Einbindung von BSS in den Schulalltag
Laut Interviewpartner gibt es da zwei Eckpfeiler: Das sind die Ernährung und die Bewegung. Der Schulleiter meint, „zur Konzentration muss es eben andere Sammelaktionen geben, um das zu verstärken" (26, SL, S. 8). Bewegung sieht er als Förderung dieser Denkarbeit, die die Schüler in erster Linie leisten.

Fördernde und hemmende Faktoren für die Integration von BSS in den Schulalltag
Fördernde Faktoren
Die gute Infrastruktur, auch wenn kleinere Wege zurückgelegt werden müssen, sowie die Zusammenarbeit im Schulzentrum sind sehr förderlich für das Anbieten von BSS. Weitere positive Aspekte sind die Einstellung des Schulleiters zu BSS und zum Ganztag mit dessen Möglichkeiten, die Einführung der 90-s-Pause sowie die Änderung der Pausenregelung.

Hemmende Faktoren
Im Kollegium findet keine konstante Umsetzung von BSS-Ideen statt. Der Einzugsbereich ist sehr ländlich, daher ist unter den Schülern kaum eine Bereitschaft auszumachen, zu sportlichen Aktivitäten in der Schule zu bleiben. Die Schülerbeförderung, wenn nachmittags etwas stattfindet und evtl. der noch nicht installierte Ganztag wirken hemmend auf die Umsetzung von BSS-Angeboten.

Bedeutung einer gesunden Pausen- und Mittagsverpflegung an Schulen mit und ohne Ganztagsangebot – Aktionen zur Information über gesunde Ernährung
An dieser Schule legen die Lehrer und die Schulleitung besonderen Wert auf eine gesunde Ernährung.

Der Schulleiter informiert die Eltern über eine gesunde Pausenverpflegung, damit diese ihren Kindern gesunde Lebensmittel in die Schule mitgeben. „Gesunde Ernährung ist zwar bei uns in den Köpfen sehr verankert, aber nicht bei den Verantwortlichen" (26, SL, S. 19).

Trotz der Unterstützung der Hauswirtschaftslehrerinnen dauerte es 10 Jahre bis eine Umstellung im Pausenverkauf erreicht wurde. Die Umstellung war den Lehrerinnen sehr wichtig. Diese vertreten die Meinung, sie können nichts unterrichten, was anschließend nicht umgesetzt wird.

Darstellung der Situation an den Projektschulen | 115

Im Pausenverkauf kam es im Schuljahr 2009/2010 zu einer organisatorischen Umstellung. Durch das Engagement der Schulleitung und der Lehrer konnte der gesunde Pausenverkauf weitgehend beibehalten und zudem Gewinn erzielt werden. Die Schüler können während der Pause Kleinigkeiten, wie belegte Vollkornbrötchen, Sandwiches, Pizzastangen[36], Obstsalat, Gemüsesticks auf Kräuterquark, Süßes, Milch, Wasser, Saftschorlen u. Ä. kaufen.

5.106: „Chill"-Raum

Ein komplettes Mittagessen wird neben dem Pausenverkauf, der mittags auch geöffnet hat, im Gymnasium gekocht. Dieses muss am Tag vorher vorbestellt werden. Die Ausgabe erfolgt über den Pausenverkauf und verzehrt wird das Mittagessen im „Chill"-Raum, der auch als Essensraum dient.

Im Lehrplan ist die gesunde Ernährung, wie an fast allen anderen Realschulen in Niederbayern, fest verankert. Im Unterrichtsfach „Haushalt und Ernährung" wird die gesunde Ernährung im Rahmen des zweistündigen Pflichtunterrichts jede Woche in der siebten Klassenstufe unterrichtet. In diesem Fach wird neben der Theorie auch praktisch gekocht.

In der Gruppe III b – Soziales – ist dies ein Prüfungsfach und wird in den Jahrgangsstufen 7-10 dreistündig pro Woche unterrichtet.

Begünstigende und erschwerende Faktoren gesunder Ernährung

Die positive Einstellung der Schulleitung zur gesunden Ernährung, unterstützt durch die Hauswirtschaftlerinnen, ist als positiver Faktor zu erkennen. Darüber hinaus ist an den Realschulen für ein Schuljahr die gesunde Ernährung auch Teil des Pflichtunterrichts.

Durch das Engagement von der Schulleitung und den Lehrern konnte die Serviceagentur, die den Pausenverkauf betreibt und gewinnorientiert arbeitet, nach langen Gesprächen überzeugt werden, das gesunde Sortiment beizubehalten. Ursprünglich wollte die Serviceagentur die Produktpalette umstellen und vermehrt die ungesunden Produkte anbieten, die von den Schülern nachgefragt werden.

---

36 In den Erhebungen wurde der Begriff *Stangerl* aus dem Dialekt genutzt, zwecks der besseren Verständlichkeit wird im Folgenden der hochdeutsche Begriff *Stangen* verwendet.

Vor Ort angewandte Strategie zur Integration von BSS

Als Strategie zur Einbindung von BSS in den Schulalltag können die 90-Sekunden-Pause für den *Bewegten Unterricht*, die 25-Minuten-Pause am Vormittag und die außerunterrichtlichen BSS-Angebote angesehen werden. Die Integration von Bewegung in den Unterricht wird immer wieder vom Schulleiter forciert.

Geplante Maßnahmen im Rahmen der Schulentwicklung

Die Installierung des *Offenen Ganztags* gelang nach mehreren Anläufen erst zum Schuljahr 2012/2013. Eine intensivere Integration von BSS ist aufgrund der vielen Kooperationspartner deutlich sichtbar.

Die Zahl der Schüler sinkt in den nächsten Jahren um ein Drittel. Der Schulleiter will aber seine Lehrer weiterhin beschäftigen, daher denkt er mit dem Ganztagsangebot auch in die Zukunft.

Der Schulleiter ist Teil einer neuen Arbeitsgruppe „Bildungsregion Freyung-Grafenau", in die er sich schon eingetragen hat. Hieraus sind weitere Impulse für die zukünftige Schulentwicklung zu erwarten.

Abb. 5.107: Dreifachturnhalle

Abb. 5.108: Pausenhof mit Tischtennisplatten

5.1.15 Realschule Schöllnach

Die vorliegende Beschreibung bezieht sich auf den Schulbesuch im Schuljahr 2011/2012 und stellt nicht die aktuelle Situation an der Schule dar, da die Staatliche Realschule Schöllnach inzwischen generalsaniert und erweitert wurde.

Abb. 5.109: Kickerkästen auf dem Flur

Abb. 5.110: Außenterrasse

Abb. 5.111: Moderne Einfachturnhalle

Die staatliche Realschule Schöllnach liegt in einem sehr ländlichen Raum. Schöllnach ist ein Markt im Osten des niederbayerischen Landkreises Deggendorf und hat 4.960 Einwohner. Das Schulgebäude wurde neu saniert. Ein Teil der Klassen befindet sich im neuen Schulhaus ist und ein anderer im alten Schulhaus.

Im alten Schulhaus befinden sich das Direktorat und das Sekretariat. Außerdem sind einige der alten Klassenzimmer und Fachräume noch in dem alten Schulgebäude untergebracht. Im Treppenhaus hängen viele Bilder, die hauptsächlich von den Schülern selbst gemalt wurden oder im Zusammenhang mit verschiedenen Projekten erstellt wurden. Es stehen auch Kickerkästen an den breiteren Stellen der Flure. Das neue Schulhaus beinhaltet einen großen Aufenthaltsraum, in dem das Mittagessen eingenommen und die *Offene Ganztagsschule* untergebracht werden kann. Hier können die Schüler entweder auf der sehr geräumigen Dachterrasse sitzen, oder in dem Mittagsbetreuungsraum selbst. Das Mittagessen des Schülercafés wird einmal pro Woche in der Schulküche zubereitet. Diese ist komplett mit verschiedenen Kochstellen, Utensilien und einem „Arbeitsbereich" mit Beamer und einem großen Tisch ausgestattet. Im neuen Schulhaus befinden sich auch die neuen Klassenzimmer.

Diese sind aufgrund der Südausrichtung sehr hell und mit neuen Tischen und Stühlen eingerichtet. Trotzdem gibt es in dem neuen Gebäude einige Räume, die wie „Aufenthaltsräume" zu nutzen sind. Das Schulhaus selbst ist von innen sehr bunt angemalt. Die Turnhalle befindet sich auch im Bereich des neuen Gebäudes und wurde im Zuge der Sanierung auch erneuert. Vor der Schule (dem künftigen Haupteingang) stehen auf einer Fläche, die einen Sportbelag hat, verschiedene Tischtennisplatten und ein Basketballkorb. Zudem gibt es noch einige Sitzmöglichkeiten und auch bald einen zweiten Pausenhof. Außerdem wird es noch einen Obstgarten geben, den die Schüler auch als Grünfläche nutzen dürfen und einen Niedrigseilgarten.

Abb. 5.112: Boulderwand in der Turnhalle

Abb. 5.113: Hartplatz mit Basketballkörben und Toren

Integration von BSS in den Schulalltag und den Ganztag

BSS hat an der Schule einen hohen Stellenwert, obwohl die Schule keinen ausgewiesenen sportlichen Zweig hat. Allerdings war die Anwendung von BSS durch den Umbau der Schule sehr schwierig. Die Schulleiterin sagt aber selbst, dass BSS vor allem für die jüngeren Schüler sehr wichtig ist, die älteren muss man ein bisschen in die Richtung „schieben". In den neuen Klassenzimmern ist eine Nutzung von BSS schwierig, da die neuen Klassenzimmer sehr klein sind und es damit keine Möglichkeit gibt, BSS zu nutzen. Die Klassenzimmer sind kleiner, da die Klassen auch immer kleiner werden. Bereits mehrere Jahre versuchte die Schulleiterin, die *Offene Ganztagsschule in Schöllnach* einzuführen. Seit dem Schuljahr 2012/2013 gibt es diesen nun mit derzeit 27 Kindern in den Jahrgangsstufen 5-7 und zwei Kindern in den Jahrgangsstufen 8-10. Neben der SAG Fußball in Zusammenarbeit mit dem SV Schöllnach gibt es Mentorenprogramme Mädchenfußball und Tanz (Hip-Hop), außerdem eine Sport-AG für die Jungs. Daneben gibt es noch Tischtennis, Turnen und Tanz für die Mädchen. Jedes Jahr findet eine erlebnispädagogische Woche statt. Weiter findet ein Wintersporttag mit verschiedenen Kursen, wie Schneewandern, Langlauf, Schlittenfahren etc., statt. Ein Skilager auf die Beine zu stellen, was bereits geplant war, stellt ein finanzielles Problem dar.

Im Schuljahr 2012/2013 konnte die von der Schulleitung seit Jahren angestrebte Eisstockmannschaft einen großen Erfolg verbuchen. Sie erreichte beim Landesfinale einen hervorragenden dritten Platz. In naher Zukunft wird mit einem örtlichen Verein eine SAG angestrebt. Auch Reiten würde die Schulleiterin gerne anbieten, allerdings ist die Finanzierung sehr schwierig, da der Pferdestall in Privatbesitz ist und die Beiträge hierfür nicht ausreichen.

Des Weiteren ist ein Niedrigseilgarten geplant. Hierfür wird der Landkreis die Fläche bereitstellen, der Niederseilgarten wird durch den Förderverein mittels Spenden und durch Fördermaßnahmen der Europäischen Union (EUREGIO) finanziert. Der Fokus von BSS ist ganz unterschiedlich und abhängig von der jeweiligen Lehrperson. Die jüngeren Lehrer versuchen, BSS in den Unterricht einzubauen, andere, meist die älteren Lehrer, weniger.

Im Generellen ist die Anwendung von BSS im Unterricht, bedingt durch die Räumlichkeiten, schwierig. Außerdem geht in der Zeit des Umbaus viel Zeit vom Unterricht verloren, da die Wege sehr weit sind.

Ziele der Schule mit der Einbindung von BSS in den Schulalltag

Aus den Gesprächen mit den Schülern kann die Schulleiterin ersehen, dass die Kinder in ihrer Freizeit wenig Bewegung haben. Viele verbringen die meiste Zeit an ihrem Computer. Vielen Kindern sieht man den Mangel an Bewegung deutlich an.

Ein besonderes Angebot für Kinder wäre gut, insbesondere für Kinder in der Pubertät, da die Kinder durch Sport von Süchten abgehalten werden können. Die Jungs greifen zwar später als die Mädchen zum Alkohol, aber durch den Sport erleben die Schüler ihren Körper bewusster und deshalb besteht ein geringeres Risiko, dass solche Kinder zum Alkohol greifen. Kinder, die Sport machen, sind weniger gefährdet, nach Alkohol und Drogen zu greifen, weil sie nicht einfach nur „rumhängen".

Die Schulleiterin unterhält sich viel mit den Schülern. Für sie war Sport immer wichtig, denn „Sport ist positiv für die Entwicklung des Kindes" (24[37], SL, S. 8).

Fördernde und hemmende Faktoren für die Integration von BSS in den Schulalltag
Fördernde Faktoren

In der fünften und sechsten Jahrgangsstufe bewegen sich die Schüler noch sehr viel. Sie nutzen die Tischtennisplatten und bestreiten Wettkämpfe im Tischtennisspielen. Der Streetballplatz ist ebenfalls stark frequentiert. Viele der Schüler ergreifen die Initiative und führen selbst ein Sportangebot im Rahmen von „Mentor Sport nach 1" ein oder setzen sich dafür ein, dass verschiedene Sportarten angeboten werden. Schulleiterin und Konrektor bemühen sich sehr um die Integration von BSS. In Bezug auf die Trendsportarten wird der Niedrigseilgarten sehnsüchtig von den Schülern erwartet.

---

[37] Um die Interviewprotokolle aus den verschiedenen Schulen leichter auffinden zu können, wurden den Untersuchungsschulen jeweils Zahlen zugeordnet. Der Realschule Schöllnach wurde unter der Ziffer 24 verzeichnet. Alle Untersuchungsschulen finden sich im Untersuchungsschulverzeichnis am Ende des Buches.

Abb. 5.114: Pausenhof mit Tischtennisplatten

Bei den bisherigen Schullandheimaufenthalten waren die Schüler bisher immer begeistert. Es besteht die Überlegung, eine der Sportstunden als Wahlfach anzubieten, damit die Schüler auch das machen können, was sie interessiert.

Hemmende Faktoren
Die Lehrerversorgung an bayerischen Schulen wird über das der jeweiligen Schule zugewiesene Lehrerbudget geregelt. Bestimmte Stunden müssen gehalten werden, also bleiben für eine Erweiterung von BSS-Angeboten keine Stunden mehr übrig. Bei den „älteren Schülern ist es schwer, sie aus dem Haus zu kriegen" (24, SL, S. 6). Sie gehen nicht gerne nach draußen, und wenn sie draußen sind, sitzen sie nur auf der Rasenfläche. Die Eisstockhalle, die die Schulleiterin zur Verfügung gestellt hat, wurde von den Schülern nicht angenommen. Ansonsten sind die Schüler bei allen Angeboten dabei. Die Schulleitung hat große Probleme bei der Suche nach geeigneten Kooperationspartnern.

Bedeutung einer gesunden Pausen- und Mittagsverpflegung an Schulen mit und ohne Ganztagsangebot – Aktionen zur Information über gesunde Ernährung
An der Realschule Schöllnach gibt es das Schülercafé „Tintenklecks", welches einmal pro Woche geöffnet ist. Das Schülercafé bietet ein Mittagessen von Schülern für Schüler an. Dieses ist komplett mit verschiedenen Kochstellen, Utensilien und einem „Arbeitsbereich" mit Beamer und einem großen Tisch ausgestattet. Es wurde im Schuljahr 2009/2010 von den Schülern des Wahlfachs „Haushalt und Ernährung" gegründet. Zwei Mittagsmenüs werden von der Hauswirtschaftsgruppe für die Schüler gekocht. Eines davon ist vegetarisch (Staatliche Realschule Schöllnach, o. J., o. S.).

Außerdem wird immer ein Salatbuffet angeboten. Der Nachtisch wird meistens mit Joghurt und Quark zubereitet. Teilweise essen dort bis zu 80 Schüler. Das Schülercafé berücksichtigt aber auch gelegentlich besondere Wünsche der Schülerinnen und Schüler.

Der Pausenverkauf wird vom Hausmeister geführt. Dieser bietet Vollkornprodukte, Weißmehlprodukte, süße Backwaren, Obst, Gemüse, Milch und Milchprodukte, Fleisch, Fleischerzeugnisse und Wurstwaren an. Zu trinken gibt es an der Schule Trink- und Mineralwasser ebenso wie zuckerhaltige Getränke.

An einem weiteren Nachmittag in der Woche bietet der Hausmeister ein Mittagessen an. Mit diesem Angebot ist die Schulleitung noch nicht zufrieden. Der Hausmeister verkauft mittags Vollkornstangen und Brote. Da der Hausmeister auch etwas an dem Mittagessen verdienen möchte, bietet er zudem auch Sachen an, die die Schüler bevorzugen. Obst wird zwar angeboten, wird aber kaum abgenommen.

Begünstigende und erschwerende Faktoren gesunder Ernährung
Wie bereits erwähnt wurde, möchte der Hausmeister am Essen, das er verkauft, auch etwas verdienen. Dies führt dazu, dass er nicht nur gesunde Lebensmittel verkauft. Der Hausmeister ist für den Pausenverkauf und für die Mittagsverpflegung zuständig. Mittags wird, abgesehen von einem Tag, an dem das Schülercafé geöffnet hat, keine warme Mahlzeit für die Kinder angeboten. Obst wird kaum nachgefragt. Zudem gibt es Getränkeautomaten, an denen zuckerhaltige Getränke und MIneralwasser verkauft werden.

Als begünstigender Faktor ist das Schülercafé zu erwähnen. Das Essensangebot kann somit beeinflusst werden. Die Schüler werden bei der Erstellung und bei der Planung der Speisen miteinbezogen und erhalten dadurch einen Einblick in die Zubereitung frischer Speisen.

Vor Ort angewandte Strategie zur Integration von BSS
Die Schulleiterin versucht, alle in ihre Strategie zur Integration von BSS einzubeziehen. Leider nehmen nur wenige Eltern an den Treffen und bei den Aktivitäten des Schulentwicklungsteams teil, da die Anfahrtswege meist sehr weit sind. Die Realschule hat für eine Schule, die relativ weitab vom Schuss ist, viel in Sachen BSS erreicht. Leider ist es für die Schule aufgrund der geringen Schülerzahl nicht einfach, finanzielle Zuschüsse für BSS zu bekommen.

Geplante Maßnahmen im Rahmen der Schulentwicklung
Die Schulleiterin wünscht sich, eine *Offene Ganztagsschule* einzurichten, nachdem die Sanierung des Schulgebäudes abgeschlossen ist. Dies hat sie nun erreicht. Weiterhin sollen Pausentutoren für die Ausgabe von Spiel- und Sportgeräten eingeführt werden.

5.1.16 Realschule Damenstift der Maria Ward Schulstiftung Passau in Osterhofen-Altenmarkt

Abb. 5.115: Eingangsschild neben dem Haupteingang

Die Realschule Damenstift der Maria Ward Schulstiftung liegt in Osterhofen, einer Stadt im niederbayerischen Landkreis Deggendorf. Die Stadt hat knapp 12.000 Einwohner. Die reine Mädchenrealschule liegt relativ zentral und ist einem Kloster mit einer großen Kirche und einem Friedhof angegliedert. Da sich die Schulräume in ehemaligen Klosterräumen befinden, sind die Flure und Treppen sehr verwinkelt. Teilweise beginnt ein Flur als Teil des Schulgebäudes und endet im bewohnten Klosterbereich. Die Kirche ist relativ versteckt und viele Besucher verirren sich durch das Eingangsportal der Schule und des Klosters.

Zu der Schule gehört auch ein Festsaal mit erneuerten Deckenbemalungen. Die Klassenzimmer sind unterschiedlich groß, einige haben eine Größe von knapp unter 30 m^2, während andere fast 90 m^2 groß sind. In den Fluren haben die Schülerinnen die Möglichkeit, an runden, in die Wand eingelassenen Sitznischen, Tischen zu sitzen. Die Mittagsbetreuung findet im Tagungsraum statt. Hier wird durch einen Sichtschutz der Raum, in dem die Schülerinnen essen und betreut werden, abgetrennt.

Abb. 5.116: Kickerkasten und Tischtennisplatten im Außenbereich

Der Pausenhof besteht aus einem gepflasterten Platz, auf dem Plastikstühle und Tische stehen. Hier befinden sich außerdem noch einige Tischtennisplatten und Basketballkörbe. Die Schülerinnen haben auch die Möglichkeit, den Klostergarten zu nutzen. Dieser ist eine große Fläche, die mit Bäumen bepflanzt ist. Hier stehen weder Stühle noch Tische. Der Sportplatz befindet sich an einem Ende des Schulgeländes, der an den gepflasterten Platz anschließt. Rechts vom Sportplatz befindet sich die alte Turnhalle.

Die neu erbaute Turnhalle befindet sich vor dem Schulgebäude bzw. dem Kloster. Auf dem Sportplatz gibt es eine Laufbahn, eine Gelegenheit zum Weitsprung und einen Bereich zum Kugelstoßen.

Zudem gibt es noch einen großen Bereich, der für Fußball und Basketballspiele genutzt werden kann. Der Zustand des Sportplatzes ist nicht sehr gut, der Belag löst sich teilweise vom Boden ab, dadurch sind viele Löcher entstanden. Die neue Sporthalle ist sehr groß und wird auch oft für Auftritte und Veranstaltungen genutzt.

Abb. 5.117: Hartplatz mit Laufbahn   *Abb. 5.118: Weitsprung- und Kugelstoßanlage*

An der Schule sind sehr wenige Schülerinnen mit Migrationshintergrund. Es kann kein Unterschied in den Bewegungsaktivitäten festgestellt werden. Eine Schülerin bietet in der Pause Tanz für die anderen Mitschülerinnen an.

An der Schule gibt es eine *Offene Ganztagsklasse*.

Integration von BSS in den Schulalltag und in den Ganztag

BSS hat an der Schule „einen relativ großen Stellenwert" (20[38], SL, S. 3), denn neben Musik werden an der Schule auch sportliche Schwerpunkte gesetzt. Es gibt zusätzlich zum Wahlunterricht Sport auch einen Differenzierten Sportunterricht. Dieser Sportunterricht wird hauptsächlich von den drei Sportlehrerinnen übernommen. Sie bieten dabei Basketball, Volleyball, Tanz, Akrobatik und Einradfahren an. Zudem wird von einem Externen auch Selbstverteidigung im Rahmen des Differenzierten Sportunterrichts angeboten. In der *Gebundenen Ganztagsklasse* „haben wir jeden Tag [nach dem Mittagessen] eine Stunde Bewegung drin" (ebd.) Das genaue Angebot hängt von der jeweiligen Lehrerin ab.

In der siebten Jahrgangsstufe findet jedes Jahr eine Sportwoche statt. Hier fährt die Klasse zu einem bestimmten Ausflugsziel und treibt die Woche über Sport. In der Sportwoche sind die drei Sportlehrerinnen dabei. Zudem wird auch noch BSS vom Personal der dort in Anspruch genommenen Unter-

---

38 Um die Interviewprotokolle aus den verschiedenen Schulen leichter auffinden zu können, wurden den Untersuchungsschulen jeweils Zahlen zugeordnet. Der Realschule Damenstift der Maria-Ward-Schulstiftung wurde unter der Ziffer 20 verzeichnet. Alle Untersuchungsschulen finden sich im Untersuchungsschulverzeichnis am Ende des Buches.

Abb. 5.119: Fotos von der Sportwoche

kunft ermöglicht. So wird während der Woche beispielsweise Reiten, Rudern und Mountainbiking angeboten. Außerdem gibt es einen Wintersporttag mit alpinem Skilauf, Eislaufen und Langlauf. Allerdings wird der alpine Skisport bei den Schülerinnen eher schlechter angenommen. Auch die Wintersporttage werden von den Sportlehrerinnen durchgeführt, und die gesamte Schule nimmt daran teil. Die Wintersporttage werden nicht von externen Partnern organisiert, sondern nur von der Schule selbst.

Zudem gibt es einen Sportabzeichen-Schulwettbewerb, einen Orientierungslauf und einen Sponsorenlauf. Der Orientierungslauf wird von einer Sportlehrerin vorbereitet, dabei wird den Schülerinnen der Umgang mit Karte und Kompass beigebracht. Den Orientierungslauf führt dann unter anderem eine externe Person, ein mehrfacher deutscher Meister im Orientierungslauf und zugleich Mitglied beim TSV Osterhofen, durch. Zudem findet alle zwei Jahre ein Sponsorenlauf statt, bei dem die Schülerinnen Geld für andere Schülerinnen, die sozial schlechter gestellt sind, sammeln.

Einen *Bewegten Unterricht* gibt es an der Schule nicht, der Schulleiter kann sich nicht vorstellen, dass einer der Lehrer diese Unterrichtsform durchführt und für ihn ist das auch so in Ordnung. Im Winter ist es für die Schülerinnen schwer, sich zu bewegen, da es keine Pausenhalle gibt und in den Gängen nicht gelaufen werden soll. Die Realschule Damenstift hat keine Kooperationen, außer der einmal im Jahr stattfindende Orientierungslauf mit dem TSV Osterhofen. Die Lehrer können das Angebot der außerunterrichtlichen Sportstunden abdecken.

Ziele der Schule mit der Einbindung von BSS in den Schulalltag
Der Schulleiter möchte durch BSS eine „ganzheitliche Erziehung zur Gesundheit gewährleisten" (20, SL, S. 8). Das ist für den Schulleiter „wesentlichster Beweggrund" (ebd.) für die Einbindung von BSS.

Abb. 5.120: Einfachturnhalle

Durch Bewegung und die richtige Ernährung können spätere Probleme vermieden werden. Der Schulleiter spricht hier insbesondere von Drogenmissbrauch. Er ist der Meinung, dass durch die Gemeinschaft, die durch den Sport erreicht wird, keiner alleine ist. Deshalb kann man durch den Sport alle erreichen.

Ein weiteres Problem, dass der Schulleiter mit der Förderung von BSS angehen möchte, ist die generelle Gewichtszunahme bei den Kindern. Zum Teil haben die Kinder sogar starkes Übergewicht. Laut Schulleiter liegt das an der falschen Ernährung und zu wenig Bewegung.

Fördernde und hemmende Faktoren für die Integration von BSS in den Schulalltag
Fördernde Faktoren
BSS ist im Kollegium weitgehend akzeptiert. Es gibt allerdings schon Lehrer, die sich Sorgen machen, wenn Unterricht ausfällt, wie z. B. durch den Sponsorenlauf, aber das sind Einzelne. Es gibt auch Nicht-Sportlehrer, die BSS unterstützen. Teamsportarten, wie Tanz, Mädchenfußball, Volleyball, Reiten und Tennis, kommen sehr gut an. Die jüngeren Schülerinnen bewegen sich in der Pause sehr viel, z. T. auch durch von den Sportlehrerinnen initiierten Aktivitäten, wie Seilspringen. Die Sportlehrerinnen sind sehr gute und engagierte Lehrkräfte und gehen auch auf verschiedene Fortbildungen, wie z. B. Akrobatik und Einradfahren. Diese Fortbildungen sind sehr nachhaltig und werden auch umgesetzt.

Hemmende Faktoren
BSS in der Pause wird nur von den Sportlehrerinnen und vom Sportlehrer für Differenzierten Sportunterricht durchgeführt und nicht von den anderen Lehrkräften. Auf dem Schulgelände befindet sich keine besondere Infrastruktur in Bezug auf BSS. Je älter die Schülerinnen sind, desto

Abb. 5.121: Basketballkörbe im Außenbereich   *Abb. 5.122: Grünfläche mit Sitzgelegenheiten*

geringer ist der Bewegungsdrang. Ab der siebten/achten Klasse ist eine deutliche Abnahme zu bemerken. Schwimmen wird nur in der fünften und sechsten Jahrgangsstufe angeboten. In den höheren Klassen wird der Schwimmunterricht von den Schülerinnen abgelehnt. Wintersport und Geräteturnen (klassische Sportarten) kommen bei den Schülerinnen nicht an. Es könnte noch mehr BSS angeboten werden, wenn mehr Geld zur Verfügung stehen würde. Ein *Bewegter Unterricht* wird nicht durchgeführt.

Bedeutung einer gesunden Pausen- und Mittagsverpflegung an Schulen mit und ohne Ganztagsangebot – Aktionen zur Information über gesunde Ernährung
Eine gesunde Ernährung hat an der Realschule Damenstift der Maria Ward Schulstiftung einen hohen Stellenwert. Zum Thema Ernährung finden an der Realschule diverse Veranstaltungen statt. In der Woche mit dem Thema „Lernen lernen" wurde beispielsweise ein gemeinsames gesundes Frühstück ausgerichtet. Die Schülerinnen richteten hierfür ein reichhaltiges Büffet her (Fuchs & Schneider-Aigner, o. J., o. S.).

Bis vor einigen Jahren organisierte eine Mathematiklehrerin einmal wöchentlich ein gesundes Frühstück. Die Schülerinnen brachten die Zutaten hierfür von zu Hause mit. Aufgrund des hohen Zeitaufwands für die Lehrkräfte wird es mittlerweile nicht mehr angeboten. Auch der gesunde Pausenverkauf wurde von einmal wöchentlich auf ein rein sporadisches Angebot zurückgefahren. Hierfür bereitet eine Lehrkraft mit den Schülerinnen gemeinsam vor dem Unterricht gesunde Sandwiches, bestehend aus Vollkornprodukten und Salat, zu, die dann im Pausenverkauf verkauft werden.

Am Tag der offenen Tür werden in der Schule regelmäßig Kostproben einer gesunden Pausenverpflegung angeboten, um den Eltern und den Kindern Impulse für eine gesunde Ernährung zu geben.

Außerdem geht eine Deutschlehrerin regelmäßig auf Ernährungsfortbildungen.

Darstellung der Situation an den Projektschulen | 127

Der Pausenverkauf wird in der großen Pause und in der Mittagspause von einer Bäckerei durchgeführt. An der Schule gibt es Getränkeautomaten, an denen sowohl Trink- und Mineralwasser als auch zuckerhaltige Getränke zu kaufen sind.

Ein warmes Mittagessen wird nur für die Ganztagsschülerinnen angeboten. Dies wird von einem nahe gelegenen Gasthof geliefert und beinhaltet ein Hauptgericht mit einem täglichen Angebot an Gemüse. Der Schulleiter ist mit diesem Essen sehr zufrieden. Das Essen wird von der Ganztagsklasse gemeinsam, in einem abgetrennten Bereich des Tagungsraums der Schule, eingenommen.

http://www.trp1.de/aktuell/Ernaehrungsberatung_in_Realschule_Neuhaus-5806.html

Begünstigende und erschwerende Faktoren gesunder Ernährung

Es wird darauf geachtet, dass der Bäcker viele Vollkornprodukte anbietet. Allerdings kaufen die Schülerinnen lieber Gebäck, da die Vollkornprodukte oft teurer sind. Deshalb versucht der Bäcker, immer wieder vermehrt die Backwaren anzubieten, die am meisten abgenommen werden, obwohl diese von der Schulleitung nicht erwünscht sind.

Vor Ort angewandte Strategie zur Integration von BSS

Der Schulleiter unterstützt die Sportlehrerinnen bei ihrem Bemühen, den Schülerinnen immer etwas Neues zu bieten. Die Sportlehrerinnen selbst kämpfen um jede zusätzliche Stunde Sport. Dies ist auch einer der Gründe, warum der Schulleiter auf Kooperationspartner verzichten möchte, da der sportliche Bereich bereits von den Sportlehrerinnen abgedeckt wird.

Abb. 5.123: Ausstattung der Turnhalle

Geplante Maßnahmen im Rahmen der Schulentwicklung

Der Differenzierte Sportunterricht soll auf jeden Fall bleiben. Da die privaten Träger der Schule sehr auf die Kosten schauen, würde der Schulleiter nichts Neues fordern, außer einer Sanierung des Sportplatzes.

5.1.17 Conrad-Graf-Preysing-Realschule Plattling

Abb. 5.124: Eingangsbereich mit Vorplatz

Abb.5.125: Kickerkästen im Außenbereich

Die staatliche Realschule Plattling liegt im Zentrum der Stadt Plattling. Plattling hat knapp 13.000 Einwohner und befindet sich in der Mitte des Landkreises Deggendorf, der im Regierungsbezirk Niederbayern liegt. An der Realschule Plattling nehmen 81 Schüler der Jahrgangsstufen 5-7 und vier Schüler der Klassen 8-10 am *Offenen Ganztag* teil (Stand: Schuljahr 2012/2013).

Beim Schulgebäude handelt es sich um einen modernen Neubau aus dem Jahr 2005. Die Eingangshalle ist das Zentrum der Schule und dient als Aula bzw. als Pausenhalle mit einer Theaterbühne. Die Aula macht einen sehr hellen und modernen Eindruck und ist mit Kunstgegenständen der Schüler gestaltet. Es gibt Kickertische und mehrere Sitzmöglichkeiten. Die Klassenzimmer im Schulgebäude sind alle in etwa gleich ausgestattet und allgemein etwas zu klein, da die Schülerzahlen in den letzten Jahren stark angestiegen sind. Zwei größere Klassenzimmer können zu einem Raum verbunden werden und dienen als Seminarraum. Der Aufenthaltsraum für die Schüler im *Offenen Ganztag* ist eher klein und relativ dunkel. Eine Mensa gibt es nicht, da beim Neubau des Schulgebäudes im Jahr 2005 noch kein Ganztagsangebot geplant war.

Eine neu eingerichtete Doppelturnhalle kann von der Aula aus durch Glasfenster eingesehen werden. Rückzugsnischen für Schüler gibt es, aufgrund erleichterter Aufsicht für die Lehrkräfte, bewusst nicht.

Der Schulhof besteht aus Beton und Grünflächen und verfügt über viele Sitzgelegenheiten, Tischtennisplatten und eine Boulderwand. Die modernen Außensportanlagen bieten Möglichkeiten für Fußball, Basketball, eine Laufbahn und einen Sitzkreis. Sie grenzen aber, aufgrund des Platzmangels auf dem Grundstück, direkt an das Schulgebäude, was zu Lärmbelästigungen führt. Neben den Außensportanlagen gibt es einen Schulgarten.

Abb. 5.126: Boulderwand

In der fünften und sechsten Jahrgangsstufe gibt es circa 25 % Schüler mit Migrationshintergrund. „Kinder aus dem türkischen Kulturbereich sind schon bewegungsfreundlicher" (21[39], SL, S. 7). Vor allem Schüler aus dem osteuropäischen Raum zeigen sich als sehr gute und ehrgeizige Sportler.

Integration von BSS in den Schulalltag und in den Ganztag

Im Rahmen des *Offenen Ganztags* gibt es nach der Hausaufgabenzeit die Möglichkeit der Teilnahme an bewegungsorientierten Wahlfächern, wie Badminton, Basketball, (Mädchen-)

Abb. 5.127: Blick in die Einfachturnhalle

---

[39] Um die Interviewprotokolle aus den verschiedenen Schulen leichter auffinden zu können, wurden den Untersuchungsschulen jeweils Zahlen zugeordnet. Der Conrad-Graf-Preysing-Realschule, Plattling wurde unter der Ziffer 21 verzeichnet. Alle Untersuchungsschulen finden sich im Untersuchungsschulverzeichnis am Ende des Buches.

Fußball, Volleyball, Rope Skipping, Tanzen oder Reiten. Die Schule ist bereits seit dem Schuljahr 2008/2009 Stützpunktschule in Badminton im Rahmen des Kooperationsmodells „Sport nach 1 in Schule und Verein". Auch Schüler ohne Teilnahme am Ganztagsangebot können an diesen Wahlfächern teilnehmen.

Die Ganztagsschüler können sich aber auch ohne Anleitung in ungebundener Freizeit drinnen und draußen bewegen, wobei ihnen verschiedene Sportanlagen und -geräte, wie eine Boulderwand, Bälle und Einräder, zur Verfügung stehen.

BSS hat an der Realschule Plattling allgemein und im Rahmen des *Offenen Ganztags* eine große Bedeutung. „Wenn andere eine Weihnachtsfeier haben, haben wir eine Badmintonnight" (21, SL, S. 6). Es ist geplant, die sportliche Struktur in einem schriftlichen Ganztagskonzept besser herauszustellen.

Es gab Fortbildungen zum Thema *Bewegter Unterricht* (z. B. Gymnastik im Unterricht). Die Schulleiterin meint aber, dass die meisten Lehrer keinen *Bewegten Unterricht* durchführen. Sie sieht dabei keine Unterschiede zwischen Sportfachlehrern und Lehrern anderer Fächer. Ihrer Meinung nach hängt das von der individuellen Einstellung und der Ausbildung an der Universität ab. Die Schulleiterin selbst führt *Bewegten Unterricht* in allen Jahrgangsstufen durch. Teilweise werden diese Übungen auch von den Schülern gefordert. Der Unterricht findet in 45-Minuten-Einheiten statt. Standards für *Bewegten Unterricht* sind in Entwicklung.

Während der Pause gibt es Anleitungen für eine *Bewegte Pause* und eine Spielkiste, die von der SMV[40] organisiert und von den Schülern gut angenommen wird. Sie können während der Pausen auch die Außensportanlagen nutzen, welche vom Lehrerzimmer aus gut einsehbar sind. Dies erleichtert die Aufsicht für die Lehrkräfte.

Die Bewegungsangebote an der Realschule Plattling werden hauptsächlich von Lehrkräften durchgeführt, da Trainer der Vereine sich nicht fest binden wollen. Es ist nach Aussage der Schulleiterin schwierig, Trainer zu finden, die sich für ein ganzes Jahr verpflichten wollen. Die Kooperation mit dem örtlichen Sportverein im Bereich Badminton besteht lediglich aus einer Trainingsmöglichkeit der Schüler im Verein. Der Verein ist nicht direkt an der Schule tätig. Die Schulleiterin ist mit dieser Art von Kooperation und der Zusammenarbeit mit dem Sportverein zufrieden, da dadurch den Schülern Sport in der Freizeit ermöglicht wird und die Schule den Verein bei der Nachwuchsförderung unterstützen kann. Es gibt kein einheitliches pädagogisches Konzept für Schule und Sportverein. Der Schulleiterin ist wichtig, dass es ein Sportangebot gibt.

Ziele der Schule mit der Einbindung von BSS in den Schulalltag
BSS im Schulalltag hat für die Schulleiterin einen sehr hohen Stellenwert. Sie möchte dadurch erreichen, „ […] dass der junge Mensch eine Freude am Sport hat, an seinem Körper, dass er Körpe-

---

40 Schülermitverantwortung, gewählte Schülervertreter.

rempfinden bekommt" (21, SL, S. 9). Die Schulleiterin möchte eine ganzheitliche Entwicklung der Schüler an der Schule fördern. Das sei heutzutage auch in Bezug auf die Gesundheit sehr wichtig. Entscheidend sei die Freude am Sport und nicht die Leistung, denn Sport ermögliche auch sonst leistungsschwächeren Schülern Erfolgserlebnisse.

„[Die] Schulleitung muss [eine] Vision haben. Meine Vision [ist]: Schule macht Freude, allen Beteiligten, den Kindern, den Lehren, auch mir" (21, SL, S. 24).

Fördernde und hemmende Faktoren für die Integration von BSS in den Schulalltag
Fördernde Faktoren

Allgemein ist die Akzeptanz von Sportangeboten von der Person abhängig, die diese durchführt. Im speziellen Fall ist an der Realschule Plattling besonders Badminton und Fußball sehr beliebt. Badminton ist Schulsport und die Schule feiert hier viele Erfolge. Die Einführung einer Profilklasse Sport mit Schwerpunkt Badminton ist geplant.

Die Schulleiterin motiviert das Kollegium, BSS in den Schulalltag zu integrieren. Die Lehrkräfte engagieren sich sehr stark, beispielsweise durch die Organisation von Sportwettbewerben, Spendenläufen, Schnupperangeboten mit externen ehrenamtlichen Experten im Pflichtsportunterricht (z. B. Blindenfußball, Rollstuhlfußball). „Man hat so eine Freude, wenn man sieht, wie die Kollegen kreativ sind" (21, SL, S. 10). Nach Meinung der Schulleiterin ist eine Leitung der Sportfachschaft, die die Kollegen motivieren kann und engagiert für die erfolgreiche Integration von BSS in den Schulalltag eintritt, sehr wichtig. Die Schulleiterin achtet bei Neueinstellungen sehr auf die Qualifikation der Lehrkräfte, um Personen zur Verfügung zu haben, die Sportangebote anbieten können. Die Schulleiterin selbst ist sportlich sehr interessiert.

Abb. 5.128: Tischtennisplatten auf dem Pausenhof

Hemmende Faktoren

„Der heutige Schüler ist eher bewegungsfaul ... [im Vergleich zu früher]" (21, SL, S. 8). Es gibt eher den Trend zur Bequemlichkeit. Mit zunehmendem Alter sinkt das Bewegungsinteresse der Schüler, vor allem bei den Mädchen. Die Außensportanlagen befinden sich wegen Platzmangel auf dem Grundstück direkt vor den Klassenzimmern, wodurch eine hohe Lärmbelästigung bei Nutzung der

Anlagen entsteht. Deutliche Unterschiede zeigen sich bei den Lehrkräften. Viele zeigen sich sehr engagiert, andere leisten „Dienst nach Vorschrift" (21, SL, S. 15).

Bedeutung einer gesunden Pausen- und Mittagsverpflegung an Schulen mit und ohne Ganztagsangebot – Aktionen zur Information über gesunde Ernährung
An dieser Schule organisiert die SMV einmal monatlich, in Zusammenarbeit mit dem Elternbeirat, ein gesundes Frühstück. Einmalige Aktionen verändern aber laut der Schulleiterin nichts. Laut ihrer Aussage kommt es auf stetige, tägliche Rituale an. Die Schulleiterin dieser Schule setzt sich intensiv für die Verbesserung des Essenangebots ein. Sie veranlasste, dass der Verkauf von Süßem und Fast Food im Pausenverkauf abgeschafft wurde. Stattdessen wurde das Sortiment um Biobackwaren erweitert. Die Veränderung wird von den Schülern gut angenommen. Schwierigkeiten gab es allerdings zum einen mit dem Hausmeister, der seine langjährigen Zulieferer wechseln musste und mit den Eltern, die gegen die geringfügige Preiserhöhung waren.

Das Angebot eines warmen Mittagessens wird hauptsächlich von den Schülern des *Offenen Ganztags* wahrgenommen. Dieses wird an vier Tagen pro Woche angeboten. Die Ganztagsschüler essen gemeinsam mit den Tutoren des *Offenen Ganztags* in der Schulküche. Das Schulgebäude wurde ohne Ganztagsbetreuung geplant, weshalb es an der Schule keine Mensa gibt. Das Essen wird deshalb von einem Caterer geliefert, für den sich die Schulleiterin nach langer Suche entschieden hat.

Begünstigende und erschwerende Faktoren gesunder Ernährung
Die Eltern sind nicht bereit, für qualitativ hochwertige Lebensmittel mehr zu bezahlen. Hierbei erwähnt die Schulleiterin die sozialen Unterschiede, die der Grund dafür sind, dass sozial schwache Eltern bevorzugt günstige Alternativen wählen. Außerdem unterstützte der Elternbeirat die Schulleiterin nicht bei ihrem Vorhaben, die Fast-Food-Produkte aus dem Pausenverkauf zu entfernen.

Auf Wunsch der Schüler werden im Getränkeautomat weiterhin eher ungesunde Produkte, wie Spezi und Fertigsuppen, angeboten.

Vor Ort angewandte Strategie zur Integration von BSS
Die Bewegungsangebote an der Realschule Plattling werden hauptsächlich von Lehrkräften durchgeführt. Es gibt kein einheitliches pädagogisches Konzept für Schule und Sportverein. Der Schulleiterin ist es wichtig, dass es überhaupt ein Sportangebot gibt.

Es ist geplant, die sportliche Struktur in einem schriftlichen Ganztagskonzept besser herauszustellen.

Geplante Maßnahmen im Rahmen der Schulentwicklung
Die Einführung einer Profilklasse Sport mit Schwerpunkt Badminton ist geplant.

5.1.18 Staatliche Realschule Neufahrn in Niederbayern

Abb. 5.129: Rückansicht der Schule

Abb. 5.130: Einräder und Bewegungskiste

Abb. 5.131: Matten und Steppbretter

Die Realschule Neufahrn liegt im Zentrum des Ortes Neufahrn in Niederbayern. Neufahrn hat 3.800 Einwohner und befindet sich am westlichen Rand des, im Regierungsbezirk Niederbayern gelegenen, Landkreises Landshut.

Die Realschule Neufahrn hat seit dem Schuljahr 2010/2011 eine *Gebundene Ganztagsklasse* in der Jahrgangsstufe fünf. Sie war damit im Schuljahr 2010/2011 die einzige staatliche Realschule mit einer *Gebundenen Ganztagsklasse* in Niederbayern. Seit dem Schuljahr 2011/12 ist jeweils eine Ganztagsklasse in der fünften und sechsten Jahrgangsstufe eingerichtet.

Das Schulgelände besteht aus einem Neu- und einem Altbau und verfügt über ein großes Außengelände. Außer den Klassenzimmern für die *Gebundenen Ganztagsklassen* sind alle übrigen Klassenzimmer in etwa gleich groß und verfügen über eine ähnliche Ausstattung. Die Ganztagsklassenzimmer haben keine besondere bewegungsfreundliche Ausstattung, aber eine gemütliche Atmosphäre mit Sofas und Balkon. Eine große Auswahl an Spielgeräten (Einräder, Pedalos, Bälle etc.) befindet sich in einem Spielgeräte-/Aufbewahrungsraum direkt neben dem gesonderten Speise-/Aufenthaltsraum der Ganztagsklassen.

Abb. 5.132: Pausenhof *Abb. 5.133: Blick auf den Fußballplatz*

Die Ganztagsschüler können die Spielgeräte entweder im Gymnastikraum oder draußen nutzen. Der Gymnastikraum mit Matten, Kästen, Steppern, Tischtennis, speziellem weichen Turnhallenboden kann von den Schülern nur auf Anfrage genutzt werden. In der Aula gibt es Sitzmöglichkeiten und Kickertische. Des Weiteren steht den Schülern ein SMV-Raum mit Tischen, Stühlen, Sofas und einer Küchenzeile zur Verfügung.

Es gibt zwei Innenhöfe. Einen Innenhof in der Nähe des Essens-/Aufenthaltsraums für die Ganztagsklassen sowie einen neben der Aula, der gerade mit einer Theaterbühne und Sitzgruppen neu gestaltet wird. Mit der 40 Jahre alten Einfachturnhalle ist der Schulleiter weniger zufrieden.

Das Außengelände besteht aus einer Außensportanlage, einem Schulhof vor dem Schuleingang, einer kleinen Wiese vor dem Ganztagsraum und einer Boulderwand. Die Boulderwand wird für den Pflicht- und Freizeitsport genutzt. Der Schulhof besteht aus Beton und hügeligen Grünanlagen mit Sitzmöglichkeiten, welche vom Elternbeirat organisiert wurden. Allgemein gibt es viel Platz, aber kaum Infrastruktur für BSS auf dem Schulhof. Es gibt eine Schwimmhalle und eine 40 Jahre alte Einfachturnhalle.

Integration von BSS in den Schulalltag und in den Ganztag

BSS hat für den Schulleiter persönlich und an seiner Schule einen sehr hohen Stellenwert, da er selbst viel Sport treibt. „Die Schüler bei uns, das muss man schon ehrlich sagen, die sind jetzt nicht so bewegungsfreudig von vornherein" (19[41], SL, S. 6). Daher ist es für den Schulleiter sehr wichtig, auf die Schüler zuzugehen und ihnen ein Angebot zu unterbreiten, welches sie annehmen. Die Initiative muss von der Schulleitung oder den Lehrkräften ausgehen. Eine sportliche Ausrichtung der Schule gab es auch schon vor Einführung der *Gebundenen Ganztagsklasse*.

---

41 Um die Interviewprotokolle aus den verschiedenen Schulen leichter auffinden zu können, wurden den Untersuchungsschulen jeweils Zahlen zugeordnet. Der Realschule Neufahrn in Niederbayern wurde unter der Ziffer 19 verzeichnet. Alle Untersuchungsschulen finden sich im Untersuchungsschulverzeichnis am Ende des Buches.

Die *Gebundene Ganztagsklasse* macht Ballspiele, wie z. B. Tischtennis, oder nutzt unter Aufsicht die Boulderwand. Seit dem Schuljahr 2011/2012 gibt es speziell für die Ganztagsklassen durchgeführte Angebote.

Es gibt an der Schule mehrere bewegungsorientierte Wahlfächer, wie eine Fußballschulmannschaft, ein Triathlonprojekt, Schulskikurse, Schnuppertage, Fitness, Slackline, Tanz oder Eislaufen. Im Schuljahr 2010/2011 bestand eine SAG Radsport in Kooperation mit dem TSV Neufahrn. Der Schulleiter ist oft mit Lehrkräften im Gespräch, um bestehende Angebote zu erweitern. Für die fünften Klassen gibt es vier Jahreswochenstunden Sport.

Den *Gebundenen Ganztagsklassen* stehen Spiel- und Sportgeräte zur selbstständigen Nutzung oder die Boulderwand unter Aufsicht zur Verfügung. Man kann sich nicht vorstellen, wie „bewegungsdurstig die Schüler sind, nach einem Vormittag" (19, SL, S. 8). Der Schulleiter plant, die derzeitige einstündige Mittagspause zu verlängern, damit die Schüler mehr Zeit für Bewegung haben. Außerdem ist die Anschaffung von mehr Spiel- und Sportgeräten geplant, die die Kinder während der Mittagspause nutzen können, z. B. Federball, Tischtennis, Diabolos. *Bewegter Unterricht*, wie z. B. Laufdiktate in Deutsch, findet vor allem in den Ganztagsklassen statt. Ansonsten unterscheidet sich der zeitliche Ablauf einen Schultages bei den Regel- und Ganztagsschülern erst am Nachmittag.

Abb. 5.134: Bouldern an der Außenwand

Momentan gibt es nur eine externe Person, welche auf eigene Initiative das Triathlonprojekt durchführt. Die Kooperation kam über persönliche Kontakte zustande und die Zusammenarbeit und Kommunikation mit diesem externen Trainer funktioniert sehr gut. Der Triathlontrainer kennt das pädagogische Konzept der Schule nicht (z. B. Vermittlung von Werten), setzt es aber intuitiv in seinem Angebot um. Er führt sein Triathlonprojekt auch in den Schulferien durch.

Abb. 5.135: Beachvolleyballplatz und Hartplatz

Die restlichen Angebote werden durch eigene Lehrkräfte durchgeführt. Für nächstes Schuljahr ist eine Kooperation mit dem TSV Neufahrn im Bereich Tennis und Spinning geplant. Ermöglicht wird dies durch die erhöhte finanzielle Förderung bei Einrichtung einer zweiten Ganztagsklasse. Des Weiteren wird auf Wunsch des Schulleiters eine *Bewegte Pause* mit verschiedenen BSS-Angeboten von einer, in diesem Bereich erfahrenen Lehrkraft angeboten werden. Die Pausenzeiten sind momentan hierfür zu kurz.

Ziele der Schule mit der Einbindung von BSS in den Schulalltag
Ein Ziel, welches der Schulleiter mit der Einbindung von BSS in den Schulalltag erreichen will, ist, ein gutes Außenbild der Schule zu haben. Die Schule steht in Konkurrenz mit anderen Schulen und muss den Eltern schmackhaft gemacht werden. Eine Schule muss gewisse Schwerpunkte haben, damit die Eltern Gründe haben, ihr Kind genau auf diese Schule zu schicken.

Ein zweites Ziel ist die Kompensation von Bewegungsmangel, für eine bessere Konzentration. Aus diesem Grund gibt es in den fünften Klassen vier Jahreswochenstunden Sport.

Die beiden Ausrichtungen im Schulprofil sind Musik und Werteerziehung. Eine sportliche Ausrichtung bestimmt das Schulprofil noch nicht, ist aber in Entwicklung.

Fördernde und hemmende Faktoren für die Integration von BSS in den Schulalltag
Fördernde Faktoren

*Abb. 5.136: Tischtennisplatten für **Bewegte Pause***

Ballspiele sind besonders bei den männlichen Schülern sehr gefragt, Mountainbiken wird auch sehr gut angenommen. Bei den Mädchen ist vor allem das Interesse für Tanz sehr groß. Es gibt viele Möglichkeiten für Sport im Freien (Fußball-, Beachvolleyball-, Allwetterplatz). Der Schulleiter ist sehr zufrieden mit der Qualifikation der Lehrkräfte. Es gibt nur ausgebildete Sportlehrer, die alle gute Arbeit leisten. Der Elternbeirat ist sehr aktiv und unterstützt die Schule, z. B. durch die Errichtung der Boulderanlage. Das Interesse des Schulleiters am Sport ist sehr hoch. Nach Meinung des Schulleiters hat BSS einen hohen Stellenwert an der Schule. Das Kollegium war von sich aus, auch schon vor Dienstantritt des Schulleiters, sportlich aktiv. Der Schulleiter hat Angebote gefördert bzw. Impulse gegeben, wie z. B. die Einführung der Boulderwand, die *Bewegte Pause* und die AG Mountainbike.

Hemmende Faktoren
Die Klassenzimmer verfügen kaum über eine bewegungsfreundliche Ausstattung. Der Schulleiter ist mit der 40 Jahre alten Einfachturnhalle unzufrieden. Ziel des Schulleiters ist es, eine Zwei- oder Dreifachturnhalle als Ersatz für die Schwimmhalle und die Einfachturnhalle zu bekommen. Schwimmen ist bei den Schülern nicht beliebt und im Lehrplan mittlerweile eine Randsportart. Der Schulleiter schätzt die Akzeptanz von BSS innerhalb des Kollegiums als „gespalten" (19, SL, S. 5) ein. Es gibt Kol-

Abb. 5.137: Helle Aula mit Kickerkästen

legen, die BSS im Schulalltag sehr unterstützen. Darunter sind auch Nichtsportlehrer, beispielsweise ein Kollege, der befähigt ist, Rettungsschwimmen anzubieten. Es gibt die gleiche Anzahl an Lehrkräften, die BSS nicht unterstützen, aber tolerieren (passive Akzeptanz) und es gibt Lehrkräfte, die hinter BSS stehen. Die aktivsten Lehrkräfte sind Sportlehrer und jüngere Kollegen zwischen 25 und 35, dabei hauptsächlich männliche Lehrkräfte. Je höher die Jahrgangsstufen, desto geringer ist die Freude allgemein am Sportunterricht, vor allem aber am Schwimmunterricht, teilzunehmen.

Mädchen haben allgemein weniger Interesse am Sportunterricht als Jungen. Viele Schüler bekommen für den Sportunterricht eine Entschuldigung von den Eltern. „Die Masse hat wenig oder weniger Interesse" (19, SL, S. 7). Die Freude an BSS hat bei der Mehrheit der Schüler deutlich nachgelassen. „Die Bequemlichkeit bei den Schülern ist sehr stark ausgeprägt und ebenso das Sich-nicht-anstrengen-Wollen" (19, SL, S. 7). Das kommt auch durch die passive Freizeitbeschäftigung der Schüler am PC oder am Fernseher.

Bedeutung einer gesunden Pausen- und Mittagsverpflegung an Schulen mit und ohne Ganztagsangebot – Aktionen zur Information über gesunde Ernährung

Auf eine gesunde Ernährung wird an dieser Schule viel Wert gelegt. Jedes Schuljahr findet eine Projektwoche zum Thema Ernährung statt, die von den Biologielehrern organisiert wird. Außerdem gibt es zweimal pro Jahr einen Verkauf gesunder Lebensmittel, den die Hauswirtschaftslehrerin mit ihren Schülern durchführt.

Auf Wunsch der Schülervertretung gibt es einen Kaffeeautomaten an der Schule, der aber nur koffeinfreien Kaffee enthält. Das Anliegen des Schulleiters, den Zuckerkonsum einzudämmen, wird auch hier berücksichtigt. Der Kaffee kann nur mit sehr wenig Zucker gesüßt werden. Der Schulleiter plant, eine Trinkwasserquelle an der Schule zu installieren, um das Trinkverhalten der Schüler positiv zu beeinflussen. Bisher konnte diese Idee aber nicht umgesetzt werden.

Den Pausenverkauf führt der Hausmeister und durch das Mittagessen für die Ganztagsklasse liefert an vier Tagen pro Woche das Seniorenheim. Es kann deshalb relativ günstig angeboten werden, ist allerdings auf Senioren abgestimmt, weshalb die Schüler mit dem Angebot nicht zufrieden sind. Dies führt dazu, dass die Schüler teilweise ihr Mittagessen von zu Hause mitbringen und es sich in der Schule aufwärmen. Gegessen wird gemeinsam.

Begünstigende und erschwerende Faktoren gesunder Ernährung

Vor allen Dingen das Angebot im Pausenverkauf ist positiv zu erwähnen. Es werden keine Süßigkeiten verkauft und im Getränkeautomaten werden keine zuckerhaltigen Getränke angeboten. Auch an dieser Schule ist die Nachfrage der Schüler nach frischem Obst sehr gering. Als erschwerender Faktor ist das Mittagessen zu erkennen, da es nicht auf die Bedürfnisse von Kindern und Jugendlichen ausgelegt ist, sondern auf die von Senioren.

Vor Ort angewandte Strategie zur Integration von BSS

BSS-Angebote werden an der Realschule Neufahrn, mit Ausnahme einer externen Person, ausschließlich von eigenen Lehrkräften durchgeführt. Im Rahmen der *Gebundenen Ganztagsklassen* haben die Schüler zwar die Möglichkeit, sich nachmittags zu bewegen, beispielsweise unter Aufsicht an einer Boulderwand oder Ballspiele durchzuführen, es gibt aber momentan keine speziell für den Ganztag durchgeführten BSS-Angebote. Bei der Integration von BSS im Schulalltag werden sowohl Lehrer als auch der Elternbeirat mit eingebunden. Für die fünften Klassen gibt es vier Jahreswochenstunden Sport.

Geplante Maßnahmen im Rahmen der Schulentwicklung

Für nächstes Schuljahr ist eine Kooperation mit dem TSV Neufahrn im Bereich Tennis und Spinning geplant. Des Weiteren wird auf Wunsch des Schulleiters eine *Bewegte Pause* mit verschiedenen BSS-Angeboten während der Pause von einer in diesem Bereich erfahrenen Lehrkraft angeboten werden. Die Pausenzeiten sind momentan hierfür zu kurz.

5.1.19 Adalbert-Stifter-Gymnasium Passau

Das Adalbert-Stifter-Gymnasium ist am westlichen Rand der Altstadt gelegen, direkt am Inn, der an dieser Stelle die Grenze zu Österreich bildet. Das Schulgelände grenzt direkt an den Campus und das Sportzentrum der Universität Passau. Direkt gegenüber der Schule befindet sich das Klinikum der Stadt Passau. Das Hauptgebäude der Schule wurde in den 1960er-Jahren gebaut, daher stehen regelmäßig Sanierungsarbeiten an.

Abb. 5.138: Aula mit Pausenverkauf; im Hintergrund der Neubau für die Mensa und Offene Ganztagsschule

Im Zuge des Ausbaus der Ganztagsklassen bekam die Schule einen modernen Anbau. Im Obergeschoss dieses Anbaus befindet sich die Mensa. Im Erdgeschoss ist die Ganztagsbetreuung untergebracht, der drei Räume zur Verfügung stehen.

Die Klassenzimmer im Hauptgebäude sind in etwa gleich groß und auch nahezu identisch ausgestattet.

Gepflasterte und geteerte Bereiche mit Grünanpflanzungen am Rand und Sitzbänken dazwischen prägen das Bild des Pausenhofs. Es existiert auch eine betonierte Arena, ein Klassenzimmer im Freien, im Schatten der Bäume. Den Kindern

Abb. 5.139: Pausenhof mit Beachvolleyballplatz

stehen drei Tischtennisplatten zur Verfügung. Vor allem in der langen Pause nutzen die Schüler auch die Sportaußenanlagen, den Hartplatz und den Rasenplatz sowie den Beachvolleyballplatz. Tischtennisschläger und die verschiedenen Bälle für die Pausenaktivitäten müssen die Kinder selbst mitbringen.

Die reine Infrastruktur mit den beiden Sporthallen, dem Außengelände an der Schule und dem Sportplatz der Uni ist sehr zufriedenstellend. Der stellvertretende Schulleiter hat den Vergleich zu seiner früheren Schule im Altstadtbereich, in der man über die beiden Einfachturnhallen bzw. überhaupt über vorhandene Außenanlagen sehr froh gewesen wäre.

Zusammen mit den Außensportanlagen der Universität sind eine Vielzahl an Sportanlagen vorhanden. Der Schwimmunterricht erfolgt im PEB – Passauer Erlebnis Bad.

Das Gymnasium bietet seit dem Jahr 2000 für die Schüler die *Offene Ganztagsschule* an. Dafür wurden im Anbau (siehe oben) drei Räume zur Verfügung gestellt. Diese Räume sind kleiner als die Klassenzimmer, aber sehr gemütlich, liebevoll und familiär eingerichtet. Der besichtigte Raum verfügt über eine komplett verglaste Seite mit Blick auf den Rasenplatz. Zur besseren Konzentration, beispielsweise auf Hausaufgaben, haben die Betreuungskräfte die Möglichkeit, den Blick nach draußen zu versperren.

Abb. 5.140: Hartplatz mit Basketballkörben und Toren

Inwieweit und in welcher Art gelingt es Schulen, BSS in den Schulalltag und Ganztag zu integrieren?
Für die fünfte und sechste Klassenstufe findet zwischen zwei- und dreimal die Woche die Bewegte Pause in der unteren Turnhalle statt. Hierbei wechseln sich die Sportlehrer zusammen mit den Referendaren bei der Anleitung der Übungen ab. Das Adalbert-Stifter-Gymnasium ist kontinuierlich dabei, offene Unterrichtsformen einzubinden.

Für die Pausen gilt im Moment nicht mehr die in der Pausenordnung verankerte Regel, dass alle Schüler, auch die Oberstufenschüler, das Schulgebäude verlassen müssen. Die Schüler können sich also auch, ähnlich wie bei der Schlechtwetterpause, in bestimmten Bereichen des Gebäudes aufhalten. Dazu gehören die Eingangshalle, der Fahrschülergang im Untergeschoss vor der Bibliothek und der Gang vor den Fachräumen Biologie und Chemie im Erdgeschoss.

Vor allem in der ersten, 20-minütigen Pause nutzen die Schüler die Möglichkeit, das Schulgebäude zu verlassen und sich zu bewegen. Die kürzere, 10-minütige Pause ist eher eine Toilettenpause oder die Zeit zum Klassenzimmerwechsel.

Weiter wurde im Rahmen der SAGs Leichtathletik extra eine Halle angemietet, um den Ganztagskindern die Möglichkeit zu bieten, sich sportlich zu betätigen. Explizit wurden die SAGs Leichtathletik auch als Grundlagentraining auf breiter Basis ausgewiesen. Der Zulauf kam allerdings nicht nur aus den Reihen der Ganztagskinder, sondern auch aus den Reihen der Regelklassen, die dafür extra nachmittags in der Schule blieben.

Für die Zukunft ist nun angedacht, den Beachvolleyballplatz im Rahmen der Nachmittagsbetreuung zu nutzen. Nachdem zunächst ein Referendar für diese Aufgabe gewonnen werden konnte, haben dies nun Sport-Übungsleiter übernommen.

Die Ganztagskinder essen gemeinsam in der Mensa zu Mittag, machen anschließend in drei Gruppen ihre Hausaufgaben und nutzen ein von den Betreuern angeleitetes Freizeitprogramm.

Die Schüler, die Nachmittagsunterricht haben, spielen in der Mittagspause gerne, nach einem kurzen Essen, Tischtennis oder Fußball. Viele lassen das Essen, zugunsten des Spielens auf dem Außengelände, sogar ausfallen.

Abb. 5.141: Tischtennisplatten im Außenbereich

Das Gymnasium arbeitet mit zwei Kooperationspartnern zusammen. Mit dem 1. FC Passau werden zwei SAGs Leichtathletik angeboten, mit dem Ruderverein 1874 Passau zwei SAGs Rudern. Die Schule ist in beiden Sportarten Stützpunktschule im Rahmen des Kooperationsmodells „Sport nach 1 in Schule und Verein". Das Interesse für die Zusammenarbeit ging bei beiden Sportarten von den Vereinen aus, wobei bei beiden Vereinen personell enge Verbindungen zu Lehrkräften aus dem Gymnasium bestehen. Die Kooperation mit dem Ruderverein besteht bereits seit etwa 10 Jahren.

BSS ist der Schule sehr wichtig und sie würden, laut stellvertretendem Schulleiter, gerne noch mehr anbieten, sofern die Bedingungen gegeben sind.

Ziele der Schule mit der Einbindung von BSS in den Schulalltag
„Sport ist zum einen Kompensation für diesen Schulalltag, für das Sitzen, für das konzentrierte Aufmerksamsein und Lernen" (28[42], stellv. SL , S. 8).

Das Adalbert-Stifter-Gymnasium hat das Ziel, durch ein P-Seminar das Konzept für die Bewegte Pause weiterzuentwickeln. Die geplante Öffnung des Beachvolleyball-Platzes ist bereits umgesetzt.

Fördernde und hemmende Faktoren für die Integration von BSS in den Schulalltag
Fördernde Faktoren
Als sehr fördernd für die Integration von BSS in den Schulalltag sieht die Schulleitung die gute Zusammenarbeit mit den Vereinen 1. FC Passau und dem Passauer Ruderverein 1874. Alle SAGs erfreuen sich großer Beliebtheit. Weiterhin wird die grundsätzliche Akzeptanz und Wichtigkeit im Kollegium hinsichtlich BSS als entscheidender Faktor für die Integration von BSS angesehen. Die bisher praktizierten offenen Unterrichtsformen sollen weiter angewendet und ständig ausgebaut werden.

Weitere Vorteile für das Adalbert-Stifter-Gymnasium sind die guten Außensportanlagen sowie die Tatsache, dass man eine Seminarschule ist, in der Referendare sich gerne einbringen, wie z. B. durch die Teilnahme an Skikursen oder am „Tag der offenen Tür".

Hemmende Faktoren
Neben den vielen fördernden Faktoren gibt es natürlich auch Aspekte, die die Integration von BSS erschweren. Vor allem die sehr knapp bemessenen Lehrerstunden, womit gerade die Pflichtstunden abzudecken sind, stellen das Hauptproblem dar.

Bedeutung einer gesunden Pausen- und Mittagsverpflegung an Schulen mit und ohne Ganztagsangebot – Aktionen zur Information über gesunde Ernährung
Der Pausenverkauf und die Mittagsverpflegung werden von einem Caterer betrieben. Die Schüler können von 7:30 bis 14 Uhr im Foyer der Schule Brötchen und süße Gebäckstücke kaufen. Die Schulleitung ist mit dem Angebot zufrieden.

Das warme Mittagessen liefert ein Cateringservice. Ein Gericht ist immer vegetarisch. Das Essen wird weitgehend fertig angeliefert und in der Warmhalteküche bereitgestellt. Tiefkühlangebote werden an der Schule abgelehnt. Es gibt wechselnde Speisepläne, die der Schulleitung, den Schülern und den Eltern zugänglich gemacht werden. Die Ausgabe des Essens ist an die Abgabe von Essenschips gebunden, die die Schüler im Vorverkauf erwerben können.

---

42 Um die Interviewprotokolle aus den verschiedenen Schulen leichter auffinden zu können, wurden den Untersuchungsschulen jeweils Zahlen zugeordnet. Das Adalbert-Stifter-Gymnasium wurde unter der Ziffer 28 verzeichnet. Alle Untersuchungsschulen finden sich im Untersuchungsschulverzeichnis am Ende des Buches.

Während des Mittagessens steht den Kindern kostenlos Wasser zur Verfügung. Ansonsten werden an der Schule Kaffee, Cola und weitere zuckerhaltige Getränke angeboten.

Aktionen zum Thema gesunde Ernährung sind vom Arbeitskreis Niederbayern „Schulernährung" geplant. Das für die Mittagsverpflegung zuständige Catering-Unternehmen ist dort eingebunden.

Begünstigende und erschwerende Faktoren gesunder Ernährung
Da die Besitzerin des Cateringservices im erwähnten Arbeitskreis eingebunden ist, wird auch von dieser Seite Wert auf eine gesunde Ernährung bei der Erstellung des Mensa-Speiseplans gelegt.

Vor Ort angewandte Strategie zur Integration von BSS
Beim Adalbert-Stifter-Gymnasium steht in sportlicher Hinsicht nicht der Leistungsgedanke im Vordergrund. Mit den beiden Kooperationspartnern gelingt es den Schulmannschaften, allerdings immer wieder auch überregional, ganz oben auf den Siegerpodesten zu stehen. Vor allem in den Sportarten Rudern, Tischtennis und Leichtathletik werden immer wieder große Erfolge erzielt.

Das Gymnasium möchte sich durch diese Zusammenarbeit bewusst ein sportliches Profil geben.

Geplante Maßnahmen im Rahmen der Schulentwicklung
Die Schule ist Stützpunktschule für Rudern und Leichtathletik. Gerne würden sie auch weitere Arbeitsgemeinschaften anbieten, falls mehr Lehrerstunden zur Verfügung stünden.

Offene Unterrichtsformen, wie Lernzirkel etc., sind in der breiten Lehrerschaft akzeptiert und integriert und fließen selbstverständlich auch in die Seminarausbildung mit ein.

5.1.20 Gymnasium Pfarrkirchen

Das Gymnasium Pfarrkirchen liegt inmitten der Stadt Pfarrkirchen an einer Hauptdurchfahrtsstraße. Die Kreisstadt des niederbayerischen Landkreises Rottal-Inn hat knapp 12.000 Einwohner.

Abb. 5.142: Innenhof mit Glasanbau

Dieses Gymnasium ist eines von 11 staatlichen Internaten. Die Schule ist 1905 gebaut worden, aber mittlerweile saniert.

Die Klassenzimmer sind unterschiedlich groß. Die siebten Klassen, mit Klassenstärken um die 24 Kinder, sind in den kleineren Räumen untergebracht. Die Klassenzimmer sind mit der nötigen Grundeinrichtung versehen und verfügen alle über Internet und Beamer. Die technischen Vorkehrungen dazu sind neu und äußerst praktikabel.

Die im Schuljahr 2010/2011 gebildete *Gebundene Ganztagsklasse* (sechste Jahrgangsstufe) war in einem angrenzenden freien Gebäude untergebracht, das zum Internatsgelände gehört. Dieses Gebäude wurde im Schuljahr 2010/2011 vollständig saniert. Hier haben die Schüler einen ganzen Gang für sich, auf dem sich ein Klassenzimmer mit Nebenraum und drei weitere Zimmer befinden. Diese Zimmer verfügen auch über eine besondere Ausstattung, wie z. B. Tischtennisplatte, Teppichboden, Kissen etc.

Abb. 5.143: Eingang zum Internat

Zum Schuljahr 2011/2012 wurde die neue Ganztagsklasse (fünfte Jahrgangsstufe) wieder in diesem angrenzenden Gebäude untergebracht und die *Gebundene* sechste Klasse zog ins Hauptgebäude. Hier ist nun Kapazität frei, da der G9-Jahrgang wegfällt.

Wichtig zu erwähnen ist noch, dass die Schule den Ganztag zwar *Gebunden* organisiert hat, dieser aber im Schuljahr nur *Offen* gefördert werden konnte. Zum Schuljahr 2011/2012 war auch in den Gymna-

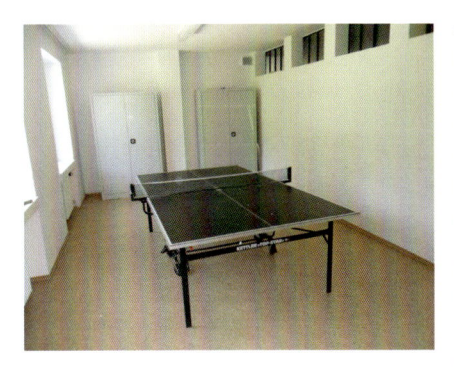

*Abb. 5.144: Tischtennisplatte für eine **Bewegte Pause***

Abb. 5.145: Einfachturnhalle mit Standardausstattung

sien der *Gebundene Ganztag* offiziell möglich. Das Gymnasium Pfarrkirchen richtete daraufhin eine *Gebundene Ganztagsklasse* (fünfte Jahrgangsstufe) ein. In den Jahrgangsstufen 6-8 haben die Schüler die Möglichkeit, den *Offenen Ganztag* mit Betreuung bis 16:15 Uhr zu besuchen.

Der Pausenhof ist in zwei voneinander getrennte Flächen aufgeteilt, wobei aber bei derzeit 1.150 Schülern die Pausenhoffläche, laut Schulbauverordnung, knapp dreimal so groß sein müsste.

Der Pausenhofbereich vor dem Haupteingang wirkt durch die zusätzliche Eingitterung der Mauern nicht sehr einladend. Für die Schüler stehen lediglich zwei Tischtennisplatten zur Verfügung, wozu die Schüler die Schläger aus der Bibliothek bekommen.

Zwischen der Aula und der angrenzenden Turnhalle ist auch noch Pausenbereich. Am Anfang und am Ende dieses Bereichs sind Bänke bzw. Holzterrassen installiert.

Es existieren zwei Turnhallen aus dem Jahr 1966 mit dringendem Sanierungsbedarf. Da die Hallenkapazität derzeit nicht ausreichend ist, wurde bereits 2005 zum ersten Mal der Bauantrag für eine Dreifachturnhalle eingereicht. Im Jahr 2009 erfolgte eine Wiedervorlage. Die Schule wird sich auch weiterhin um dieses Bauvorhaben bemühen, Platz dafür wäre auf dem sehr großen Areal problemlos vorhanden.

Mit dem Außensportgelände ist die Schulleitung sehr zufrieden. Die fehlende 400-m-Bahn nutzt die Schule an der Hauptschule und zahlt dafür einen Geldbeitrag pro Jahr.

Für die Zukunft plant die Schule, den Lehrerparkplatz an anderer Stelle zu installieren, um das Pausenhofgelände zu vergrößern. Nachdem das noch in weiter Ferne liegt, sollen zumindest die Fahrradstellplätze örtlich verändert werden, um an dieser Stelle einen „Menschenkicker" (Bande und Rasenteppich) anzulegen.

Integration von BSS in den Schulalltag und in den Ganztag

Wie bereits oben erwähnt, kann die Schule, aufgrund der Hallenkapazität, derzeit nicht einmal den Pflichtsportunterricht abdecken.

Seit dem Schuljahr 2010/2011 gibt es eine Sportkiste für Vertretungsstunden, die auch Nicht-Sportlehrkräfte ermuntern soll, die im Stundenplan vorgesehenen Sportstunden in der Turnhalle durchzuführen. Die Kiste ist bspw. gefüllt mit Softbällen und gefahrlosen Dingen, die Bewegung ermöglichen.

Im Wahlunterricht wird eine SAG Handball in Kooperation mit der TUS 1860 Pfarrkirchen angeboten.

Hinsichtlich weiterer Kooperationspartner und BSS-Angebote sagt der Schulleiter, dass das Gymnasium Pfarrkichen eine „klassische Halbtagsschule" (29[43], SL, 5) ist und die Schüler am Nachmittag lieber im örtlichen Verein sind. Auch haben die Vereine nicht das Bestreben, sich zu engagieren, da sie dann Kinder fördern würden, die bei Wettkämpfen für den Heimatverein, und somit gegen den Kooperationsverein der Schule antreten würden.

„Wir reden immer von Ganztag, aber so lange ist dieser ganze Tag ja gar nicht" (29, SL, S. 4). Davon ist der Schulleiter überzeugt und rechnete vor, dass in der Woche lediglich zwei bis drei Stunden zusätzlich für Bewegung übrig bleiben. Das ist aus Sicht der Schule zu wenig. Die Schule würde das Angebot des Ganztags auch gerne bis 17:00 Uhr ausdehnen und gegen die Regel kostenfrei anbieten. Die Eltern allerdings wollen die Kinder zu Hause haben. Ein weiteres Problem stellt auch die Schülerbeförderung dar. Der Schulleiter sieht im Rahmen des Ganztags nicht so viel Raum für BSS. Im Winter wurde einer entstandenen Unruhe entgegengewirkt, indem die Pausen verlängert und auch das Hinausgehen auf die Wiese ermöglicht wurde.

Abb. 5.146: Kiste für Vertretungsstunde Sport

Auf Wunsch der SMV hat die Schule auf dem kleinen Pausenhofgelände, trotz großer Platznot, zwei Tischtennisplatten aufgestellt. „Die waren absolut der Renner" (ebd.). Ansonsten spielen die Kinder in dem viel zu kleinen Pausenhof Fußball. Das ist zwar gegen die Schulordnung, aber es wird geduldet, sofern ein Softball verwendet wird.

In der Pause muss zumindest die Unterstufe die Klassenzimmer verlassen, ansonsten dürfen sich die Schüler bei schlechtem, wie auch bei gutem Wetter, in den Klassenzimmern, auf den Fluren, in der

---

43 Um die Interviewprotokolle aus den verschiedenen Schulen leichter auffinden zu können, wurden den Untersuchungsschulen jeweils Zahlen zugeordnet. Das Gymnasium Pfarrkirchen wurde unter der Ziffer 29 verzeichnet. Alle Untersuchungsschulen finden sich im Untersuchungsschulverzeichnis am Ende des Buches.

Pausenhalle und auf dem Schulhof aufhalten. Es ist allerdings bei einer Pausenregelung von je 15 Minuten nicht möglich, dass alle Schüler das Schulgebäude verlassen können.

Es gibt nach wie vor eine große Mittagspause von 55 Minuten, die die Schule nach großer Anstrengung so beibehalten konnte. Auch die jüngeren Schüler dürfen in die Stadt gehen. Es sind laut Schulleiter ganz wenige, die in dieser Zeit in der Schule bleiben.

In der Mittagspause gibt es eine Erzieherin, die Bewegung anbietet. Diese geht am Dienstag mit den sechsten Klassen und am Donnerstag mit den siebten Klassen in die Sporthalle.

Auf Bewegung im Unterricht liegt an der Schule auch nicht das Augenmerk. In Bezug auf *Bewegten Unterricht* gab es an der Schule vor fünf Jahren eine verpflichtende Fortbildung für alle Lehrkräfte im Rahmen einer Lehrerkonferenz. Diese wurde von Sporttherapeuten und Physiotherapeuten aus dem Kurort Bad Birnbach

Abb. 5.147: Rundlaufplatte im Außenbereich

durchgeführt. Vorgeführt wurden einfache Körperbewegungen für den Stundenwechsel. Ein Jahr lang wurde dies auch umgesetzt, dann wurde kein Fokus mehr darauf gelegt. Man muss derartige Dinge immer wieder anbieten und auch daran erinnern. Falls dies nicht geschieht, gerät es wieder in Vergessenheit. Einzelne Lehrkräfte halten die Fahne hoch. Ein Lehrer bietet sogar im Wahlunterricht Übungen aus dem kinetischen Bereich an.

Grundsätzlich ist die persönliche Affinität einer Lehrkraft zum sportlichen Bereich ausschlaggebend, eine positive Einstellung hat Vorbildcharakter für die Schüler.

Ziele der Schule mit der Einbindung von BSS in den Schulalltag
Ziel der Schule ist es, dass sie den Pflichtunterricht hinsichtlich der im Lehrplan vorgegebenen Sportstunden gewährleisten kann.

Ziel ist es auch, die Bewegung zwischen den Stunden nicht aus den Augen zu verlieren, da ansonsten die Schüler nur mit Lernstoff versorgt werden, aber keine Möglichkeit der Rhythmisierung möglich ist. Eine *Bewegte Pause* und auch die Bewegung während des Stundenwechsels kann dabei förderlich sein. Das Kollegium wurde dazu auch schon einmal intensiv im Rahmen der oben genannten Fortbildung aufgefordert.

„Die *Bewegte Pause* halte ich für ganz wichtig" (29, SL, S. 9)

Grundsätzlich sind es zwei Hauptziele, die die Schule hier verfolgt: zum einen die Gesundheitserziehung und zum anderen die Sporterziehung.

Fördernde und hemmende Faktoren für die Integration von BSS in den Schulalltag
Fördernde Faktoren
Förderlich ist die grundsätzliche Einstellung der Schulleitung, dass BSS im Schulalltag eine große Bedeutung haben sollte. Weiterhin ist die Vertretungs-Sport-Kiste zu nennen, die auch nicht ausgebildete Sportlehrkräfte auffordern soll, mit den Schülern Sport zu treiben. Schließlich die große Außensportanlage, die bei entsprechendem Wetter die geringe Hallenkapazität ausgleichen kann.

Hemmende Faktoren
Aufgrund der bereits erwähnten Hallenkapazität können Sportpflichtstunden nicht abgehalten werden. Der allgemein schlechte Zustand der beiden Sporthallen ist ebenfalls nicht förderlich für die Integration von BSS in den Schulalltag. Das Pausengelände ist für die große Anzahl an Schülern viel zu klein und verfügt nur über eine geringe Bewegungsausstattung. Das Gymnasium Pfarrkirchen ist eine typische Halbtagsschule, wobei auch noch das große Einzugsgebiet und die damit verbundene Schülerbeförderung hemmend wirken. Sehr negativ wirkt sich auch das wenig, bis nicht vorhandene Interesse der örtlichen Vereine aus.

Bedeutung einer gesunden Pausen- und Mittagsverpflegung an Schulen mit und ohne Ganztagsangebot – Aktionen zur Information über gesunde Ernährung
Es gibt „schon sehr intensive" (29, SL, S. 20) Maßnahmen für eine gesunde Ernährung an der Schule. Den Eltern und dem Schulleiter ist eine gesunde Ernährung sehr wichtig.

Der Inhalt der Getränkeautomaten wurde an die Empfehlungen eines Kinderarztes aus dem Elternbeirat angepasst. Im Kollegstufenzimmer gibt es einen Kaffeeautomaten, dieser ist somit nicht für alle Schüler frei zugänglich. Milch spielt bei der Pausenverpflegung eine große Rolle. Allerdings ist das Angebot bei den Ärzten im Elternbeirat umstritten. Der Pausenverkauf erfolgt nur in den kleinen Pausen durch den Hausmeister. Der Hausmeister wurde mehrfach davon überzeugt, Obst in sein Sortiment aufzunehmen. Das wurde aber von den Kindern nicht angenommen und daher wurde das Angebot wieder eingestellt.

Um das Mittagessen kümmert sich eine eigene Schülerfirma. Die Mitglieder der Schülerfirma, die in der sechsten Stunde keinen Unterricht haben, bereiten das Essen in der Schulküche vor. Etwa 30 Schüler arbeiten derzeit (Stand: 2010/2011) in dieser Schülerfirma. Den Einkauf übernehmen die Schüler selbst. Die Schüler werden von einer Lehrkraft gecoacht und auch das Gesundheitsamt macht seine Überprüfungen.

Die Vorbestellung des Essens erfolgt in den Pausen davor. Die Ausgabe liegt etwa bei 60- *Abb. 5.148: Küche für Mittagsverpflegung*

70 Essen. Den Vorteil einer eigenen Schülerfirma im Vergleich zu einem Caterer sieht der Schulleiter darin, dass tageweise auf Veränderungen in der Nachfrage reagiert werden kann.

Begünstigende und erschwerende Faktoren gesunder Ernährung
Die schuleigene Schülerfirma, die gesundes Essen anbietet sowie der Hausmeister, der der Idee, Obst zu verkaufen, nicht abgeneigt ist, begünstigten sicherlich die Thematisierung gesunder Ernährung. Wie bereits erwähnt, wird das Obstangebot von den Schülern aber nicht angenommen. Außerdem ist die Lage der Schule, der Weg zur nächsten Pizzeria ist nicht weit, und die Tatsache, dass nicht alle Schüler den ganzen Tag an der Schule sind, erschwerend für die Bestrebung, eine gesunde Ernährung bei den Schülern zu festigen.

Vor Ort angewandte Strategie zur Integration von BSS

Eine Strategie zur Integration von BSS gibt es nicht, da der Schulschwerpunkt auf dem sozialen Bereich und auf dem Unternehmergymnasium liegt.

Es gibt, bis auf den Kooperationspartner in der SAG Handball, keinen Verein, der gewillt ist, in den Schulalltag einzusteigen.

Weiter sieht der Schulleiter seine Schule als typische Halbtagsschule und man muss erst sehen, wie der Ganztag in den nächsten Jahren angenommen wird.

Abb. 5.149: Rasenplatz und Laufbahn

Geplante Maßnahmen im Rahmen der Schulentwicklung
Die Schule würde das Angebot des Ganztags auch gerne bis 17:00 Uhr ausdehnen und gegen die Regel kostenfrei anbieten. Die Eltern wollen die Kinder allerdings zu dieser Zeit lieber zu Hause haben. Ein Problem stellt auch die Schülerbeförderung dar. Der Schulleiter sieht im Rahmen des Ganztags nicht so viel Raum für BSS.

Ideen und Planungen zur Umgestaltung des Pausenhofgeländes sind vorhanden, werden aber vom Sachaufwandsträger derzeit nicht finanziert. Dringend nötig ist die Sanierung der Hallen bzw. der Turnhallenbau.

Der Schulleiter hätte gerne fünf Minuten Wechselzeiten zwischen den Unterrichtsstunden. In dieser Zeit dürfte die Lehrkraft keinen Unterricht machen, das wären dann feste Bewegungszeitpunkte/-räume an der Schule. Das ist aber aus verschiedenen Gründen (z. B. Buszeiten, ...) nicht durchzusetzen und wurde auch vom Landratsamt bereits abgelehnt.

5.1.21 St.-Gotthard-Gymnasium der Benediktiner Niederalteich

Abb. 5.150: Eingangsbereich und Pausenhof

*Abb. 5.151: Beachvolleyballanlage für **Bewegte Pause***

Das St.-Gotthard-Gymnasium ist ein staatlich anerkanntes Gymnasium in freier Trägerschaft der Benediktiner Niederalteich. Für alle Schüler der Jahrgangsstufen 5-10 wird das St.-Gotthard-Gymnasium Niederalteich verpflichtend als Ganztagsschule geführt.

Als eine der größten Ganztagsschulen Bayerns ist die Schule einzigartig in ihrem Konzept der *Gebundenen Ganztagsschule*. Dieses Konzept existiert für die 5. bis 8. Jahrgangsstufen bereits seit 1968 und wurde parallel zur Einführung des G8 im Schuljahr 2007/2008 auf die 9. und 10. Klassen ausgedehnt.

Das Schulgelände besteht aus einem erst im Vorjahr renovierten Neubau und einem mit der Klosteranlage verbundenen Altbau.

Der Unterricht findet für alle Jahrgangsstufen im Neubau statt. Zwischen zwei Klassenzimmern befindet sich jeweils ein „Methodenraum" mit Glaswänden zu den Klassenzimmern, der im Unterricht für Projektarbeiten und vor allem für die Freiarbeit genutzt werden kann. Die Ausstattung der Klassenzimmer entspricht sonst dem Standard, es gibt auch kein bewegungsfreundliches Mobiliar. In der Aula/Eingangshalle des Neubaus befindet sich ein Brunnen mit Trinkwasser, der bei den Schülern sehr beliebt ist. Außerdem gibt es eine „neue Aula", in der Konzerte und andere Veranstaltungen stattfinden. Im Untergeschoss gibt es eine Tischtennisplatte. Allgemein fehlen im Schulgelände Rückzugsnischen, bzw. Aufenthaltsräume für die Schüler.

Der zum Neubau gehörige Schulhof hat einen Betonboden mit, von Schülern aufgezeichneten, Hüpfspielen, aber wenig Grünfläche. Die Hüpfspiele werden von den Schülern momentan nicht

Abb. 5.152: Boulderwand im Innenbereich – Neigungsgruppe „Klettern" in Aktion

gut angenommen, was durch Motivationsmaßnahmen im Rahmen eines P-Seminars[44] geändert werden soll. An den Neubau angrenzend, befinden sich die sehr weitflächigen Außensportanlagen. Dort können sich die Schüler in den Pausen aufhalten, und z. B. Fußball oder Basketball spielen.

Der Altbau ist etwa 100 m vom Neubau entfernt und über eine Brücke über einen Bach zugänglich. Dort befinden sich einzelne Klassenräume und Räume für die Naturwissenschaften, die Speisesäle für die 5. und 6. Klassen, die Mensa für die 7. bis 10. Klassen, der Klosterbereich der Mönche und ein Erwachsenenbildungszentrum. Im Innenhof, mit einigen Grünanlagen in der Mitte, spielen die jüngeren Schüler Fußball und verschiedene Bewegungsspiele.

Die Schule verfügt über eine Einfach- und eine Doppelturnhalle mit Tischtennisraum und Kletterraum, welche auch im Rahmen der Ganztagsangebote genutzt werden.

Inwieweit und in welcher Art gelingt es Schulen, BSS in den Schulalltag und Ganztag zu integrieren?
Am St.-Gotthard-Gymnasium Niederalteich spielt BSS für alle Jahrgangsstufen eine große Rolle. Die Unterrichtsstunden finden verteilt vor- und nachmittags statt und Bewegung ist notwendig für Ausgleichseinheiten im Rahmen des biorhythmischen Stundenplans, bei dem es um einen Wechsel zwischen An- und Entspannung geht.

„Sporteinheiten sind ganz wichtige Puzzles [im] [...] gebundenen Tagesablauf" (27[45], SL, S. 7), aber nicht Schwerpunkt der Schule. Der Schwerpunkt liegt eher im musischen Bereich. „Wir sind kein Sportgymnasium" (ebd.).

Während der Pausen können die Schüler die Außensportanlagen nutzen, bei schlechtem Wetter gibt es allerdings wenige Bewegungsmöglichkeiten im Schulgebäude.

Es ist geplant, die Turnhallen für die Pausen zu öffnen und Bewegungsangebote zu entwickeln, aber dafür muss noch das Problem mit der Aufsicht gelöst werden.

---

44 In Bayern ist das *P-Seminar* (Projekt-Seminar zur Studien- und Berufsorientierung) Teil der gymnasialen Oberstufe.
45 Um die Interviewprotokolle aus den verschiedenen Schulen leichter auffinden zu können, wurden den Untersuchungsschulen jeweils Zahlen zugeordnet. Das St. Gotthard-Gymnasium Niederaltaich wurde unter der Ziffer 27 verzeichnet. Alle Untersuchungsschulen finden sich im Untersuchungsschulverzeichnis am Ende des Buches.

Der Unterricht findet teilweise in 90-Minuten-Einheiten statt und beinhaltet auch Übungsphasen des Gelernten für die Schüler, mit anschließender gemeinsamer Besprechung und Korrektur.

Die Schüler können im Rahmen des Ganztags aus einer Vielzahl von musisch-künstlerischen und sportlichen Angeboten wählen. Im sportlichen Bereich gibt es Angebote wie Tanz, Jonglieren, Badminton, Tischtennis, (Beach-)Volleyball, Basketball, Fußball und Klettern. Die SMV organisiert Schülerumfragen über gewünschte Angebote. Klettern, Jonglieren und Fußball sind bei den Schülern sehr gefragt. Die Sportarten Fußball und alpiner Skilauf werden im Rahmen von SAGs mit den Kooperationspartnern SpVgg Niederalteich und Skiclub Langfurth angeboten.

Abb. 5.153: Fußball – Talentförderung mit dem DFB-Mobil, SAG mit der SpVgg Niederalteich

Alle Angebote der Ganztagsschule werden von eigenen Lehrkräften und ohne externe Mitarbeiter durchgeführt. Die Kooperation mit Externen – außer in den Sport-AGs – ist aufgrund einer sehr starken Schulfamilie auch nicht geplant. In den 5.-8. Jahrgangsstufen findet die Freiarbeit im Klassenverband statt. In der 9. und 10. Jahrgangsstufe lernen die Schüler individuell und suchen jeweils einen Fachraum auf, wo sie Hilfe von Fachlehrern in den Sprachen und in den Naturwissenschaften erhalten.

Die fünfte und sechste Jahrgangsstufe nimmt am Projekt „Mental-aktives Lernen und Arbeiten in der Schule („Mental Top") teil, welches explizit Bewegungseinheiten im Unterricht vorsieht.

Die Teilnahme an „Mental Top" ist auch für die siebten und achten Klassen geplant, hierfür müssen aber erst neue Konzepte für ältere Schüler entwickelt werden.

Ziele der Schule mit der Einbindung von BSS in den Schulalltag

Die Einbindung von BSS in den Schulalltag ist nach Meinung des Schulleiters für die langen Schultage im Ganztag notwendig, damit die Schüler einen Ausgleich haben, Sorgen und Ängste loswerden und sich abreagieren können. Außerdem hat Bewegung im Ganztag einen positiven Einfluss auf Sozialisierung und Integration der Schüler.

Abb. 5.154: Tennisangebot in der Breite und in der Talentförderung mit dem TC Hengersberg

Darstellung der Situation an den Projektschulen | 153

Fördernde und hemmende Faktoren für die Integration von BSS in den Schulalltag
Fördernde Faktoren
„Jeder Kollege, jede Kollegin, die ich einstelle, muss sich grundsätzlich bereit erklären, das Ganztagssystem mitzutragen" (27, SL, S. 4).

Der Schulleiter kann frei über die Einstellung neuer Kollegen entscheiden. Jede neue Lehrkraft wird beim Einstellungsgespräch gefragt, wie sie das Ganztagsprogramm bereichern könnte. Die Einbindung in den Ganztag ist für jede Lehrkraft obligatorisch. Dabei führen nicht nur Sportlehrer bewegungsbezogene Angebote durch, es gibt auch Mathematiklehrer, die z. B. Jonglieren anbieten.

Ganztagsaktivitäten werden als gleichberechtigt zum Unterricht angesehen und beispielsweise die Neigungsgruppen der fünften und sechsten Klassen zählen zur Unterrichtspflichtzeit. Diese Gleichstellung ist ein Indikator für den hohen Stellenwert des Ganztags. „[...] wir lernen nicht nur mit den Kindern, wir spielen ja auch mit den Kindern, wir essen mit den Kindern, lernen, leben mit den Kindern" (ebd.).

Der Schulleiter ist mit der Ausstattung der Klassenzimmer sehr zufrieden, so sie frisch renoviert sind und es Methodenräume für Freiarbeit gibt.

Hemmende Faktoren

Der Schulleiter hat freie Auswahl bei der Einstellung der Lehrer, aber häufig fehlen die passenden Lehrkräfte. Es gibt keinen Beachvolleyballplatz und keine 400-m-Bahn. Für bestimmte Sportprüfungen müssen die Schüler somit eine andere Sportanlage nutzen. Im Schulgelände fehlt ein Versammlungsort, wie z. B. eine Pausenhalle und besonders im Schulhof fehlt Infrastruktur für Bewegungsmöglichkeiten. Für die 7. und 8. Klassen gibt es nur eine Stunde pro Woche eine sogenannte Aktivphase.

Abb. 5.155: Neigungsgruppe Jonglieren – Bewegung, die Spaß macht

Bedeutung einer gesunden Pausen- und Mittagsverpflegung an Schulen mit und ohne Ganztagsangebot – Aktionen zur Information über gesunde Ernährung
Essen und Trinken spielt für den Schulleiter bei der Durchführung des Ganztags eine wichtige Rolle. Es werden keine zuckerhaltigen Softdrinks in den Getränkeautomaten, sondern nur Wasser und Saftschorlen angeboten. Außerdem verfügt die Schule über einen Trinkbrunnen. Die Schüler werden sogar von den Lehrkräften aufgefordert, im Unterricht zu trinken, um eine ausreichende Flüssigkeitszufuhr zu gewährleisten.

Vor zwei Jahren nahm die Schule am Programm „Essenscoaching – besser essen in Ganztagsschulen" teil und wurde im Rahmen dessen durch einen Essenscoach beraten. Seitdem ist die Akzeptanz des Mittagessens bei den Schülern sehr hoch. Das Essen wird täglich frisch zubereitet. Die eigene Klosterküche kocht täglich vier Hauptspeisen, verschiedene Salate und eine Nachspeise. Wasser und Tee stehen den Schülern frei zur Verfügung.

Die 5. und 6. Klassen essen in einem abgetrennten Speisesaal im Klassenverband, zusammen mit den Lehrern. Dabei spielen das Tischdecken und -abräumen sowie Benimmregeln eine große Rolle. Die 7.-10. Klassen essen in der Schulmensa.

Begünstigende und erschwerende Faktoren gesunder Ernährung
Nach Aussage des Schulleiters war die Umstellung auf eine gesunde Schulverpflegung ein schwerer Weg, da es, beispielsweise bei der Abschaffung von zuckerhaltigen Softdrinks aus den Getränkeautomaten, Beschwerden der Eltern gab. Durch die Beratung des Essenscoachs und durch die Aufklärung der Eltern konnte aber eine gesunde Schulverpflegung durchgesetzt werden. Das Mittagessen ist, vor allem durch die Möglichkeit, in individuellen Gruppen zu essen, bei den Schülern sehr beliebt.

Vor Ort angewandte Strategie zur Integration von BSS
Sport ist nicht Schwerpunkt der Schule, sondern Mittel zum Zweck, das Schulkonzept erfolgreich durchzuführen. Das Schulkonzept basiert, neben der verpflichtenden Teilnahme der Schüler am *Gebundenen Ganztag*, u. a. auf christlichen Werten, sozialem Verhalten und Musik. Insofern ist es hier schwierig, ausschließlich von einer Strategie für die Integration von BSS zu sprechen.

BSS dient dazu, den langen Schultag für die Schüler zu rhythmisieren und ihnen die Gelegenheit zu geben, den Kopf frei zu bekommen.

Alle Angebote außerhalb des Pflichtunterrichts werden von eigenen Lehrkräften und ohne externe Mitarbeiter durchgeführt. Die „Schulfamilie" in Niederalteich hat einen sehr hohen Stellenwert. Die besonders familiäre Atmosphäre am Gymnasium Niederalteich, vor allem auch die vor Ort erlebte freundschaftliche, aber zugleich respektvolle Beziehung zwischen den Schülern, Lehrern und der Schulleitung, scheint das Erfolgsrezept dieser Schule zu sein.

Geplante Maßnahmen im Rahmen der Schulentwicklung
Durch P-Seminare der Kollegstufe sollen die jüngeren Schüler motiviert werden, die Pausenspiele anzunehmen.

5.2 Projektschulen in Oberösterreich

5.2.1 Volksschule Perg

Abb. 5.156: Eingangsbereich mit Bäumen und Bänken

Abb. 5.157: Grünfläche als Pausenhof

Die Volksschule Perg liegt mitten im Ort Perg, im Bundesland Oberösterreich. Das gesamte Schulgelände ist sehr groß und weitläufig. In der Schule sind 320 Kinder, aufgeteilt auf 17 Klassen (eine Vorschulklasse, zwei Förderklassen, fünf Integrationsklassen, sechs EVA-Klassen (eigenverantwortliches Arbeiten), drei Regel-Volksschulklassen. Rund um das Schulgebäude befindet sich viel Grünfläche, die zum Vorteil der Kinder genutzt wird. Durch die gute Infrastruktur bietet sich den Kindern eine Vielzahl an Bewegungsräumen.

Abb. 5.158: Bewegungsfreundlicher Pausenhof

Es gibt einen Innenhof, einen großen Spielplatz mit Sandkiste und zwei Baumhäusern, einen Ballplatz mit Volleyballnetzen und Fußballtoren, einen Obstgarten mit Feuerstellen und eine Kletterwand.

Utensilien, wie Slacklines, verschiedene Bälle und andere Spiele, stehen ebenfalls zur Verfügung. Hinzu kommt im Schulgebäude eine große Sporthalle, die das vielfältige Angebot abrundet. Die Klassenzimmer weisen einen normalen Schulstandard auf.

Integration von BSS in den Schulalltag und in den Ganztag

Der Regelunterricht unterscheidet sich vom Unterricht im Ganztagsbereich. Der Unterricht des ersten Blocks, der um 07:55 Uhr beginnt, ist für beide Unterrichtsformen gleich.

„Um 9:30 Uhr haben alle Kinder im Haus große Pause bis 10:00 Uhr, wobei bei jeder Witterung ins Freie gegangen wird" (7^{46}, SL, S. 2). An der Schule gibt es keine Glocke mehr und auch keine 50 Minuten Einheiten. Von 7:55 bis 9:30 Uhr ist Lernzeit, nach der großen Pause wird in den Klassen die weitere Gestaltung nach den individuellen Erfordernissen gestaltet.

„Unterricht, Freizeit (gelenkt und ungelenkt) und individuelle Lernzeit greifen ineinander, daher der Name *verschränkte Form*" (7, SL, S. 7).

Nach dem Mittagstisch geht es mit dem auf die Klasse abgestimmten Programm weiter. Die Ganztagskinder gehen um ca. 16:00 Uhr nach Hause, können aber wahlweise bis 18:00 Uhr in der Schule bleiben.

Abb. 5.159: Kindgerechte Gestaltung des Pausenhofs

„Die Lehrkraft kann frei schalten und walten mit den Kindern gemeinsam, und das macht den Ganztag aus" (7, SL, S. 7). Alle Ganztagskinder sind pro Tag, unabhängig vom Wetter, eine Stunde im Freien.

Es werden auch *unverbindlichen Übungen* angeboten, und zusätzlich bieten externe Vereine, die in die Schule kommen, diverse Sportarten an. „Da ist eine Volleyballgruppe, Tischtennis und Jiu-Jitsu" (7, SL, S. 13).

Die Vereine suchen Nachwuchs und Räumlichkeiten, die die Schule zur Verfügung stellt. Die Vereine kommen, machen Werbung und der Rest geht Hand in Hand. Natürlich gehen die Kinder auch in den Fußball- oder Tennisverein. Es erfolgt auch eine gute Zusammenarbeit mit der Landesmusikschule, die im Tagesverlauf auch eine Musikwerkstatt anbietet.

---

46   Um die Interviewprotokolle aus den verschiedenen Schulen leichter auffinden zu können, wurden den Untersuchungsschulen jeweils Zahlen zugeordnet. Die Volksschule Perg wurde unter der Ziffer 7 verzeichnet. Alle Untersuchungsschulen finden sich im Untersuchungsschulverzeichnis am Ende des Buches.

*Abb. 5.160: Rutschfahrzeuge für eine **Bewegte Pause***

Abb. 5.161: Sporthalle mit Standardausstattung

Ziele der Schule mit der Einbindung von BSS in den Schulalltag

Die Einbindung von BSS ist der Direktorin ein großes Anliegen und in ihren Augen auch sehr wichtig für die Kinder. Ein Hauptziel ist die Einbindung der Pausen zwischen den Lernphasen. Dabei setzt man ganz stark auf Bewegung. Ganztag und Sport gehen Hand in Hand.

Fördernde und hemmende Faktoren für die Integration von BSS in den Schulalltag

Fördernde Faktoren

Die Schule hat eine sehr gute Infrastruktur, auch die Ausstattung des Schulgeländes fördert die Integration von BSS in den Schulalltag. Neben den vielen Möglichkeiten, die der *Offene Ganztag* bietet, unterstützt das gesamte Kollegium die Einbindung von Bewegung in den Schulalltag. Die Schulleiterin versucht den unterschiedlichen Bedürfnissen der Kinder gerecht zu werden. Weiterhin vorteilhaft ist die Flexibilität der Lehrkräfte. Für die Schulleiterin ist auch die richtige Ernährung ein wichtiger Eckpfeiler dieser Einbindung.

Hemmende Faktoren

Die Schulleiterin ist mit den Rahmenbedingungen und mit der Gestaltung des Ganztags im Bereich BSS sehr zufrieden.

Bedeutung einer gesunden Pausen- und Mittagsverpflegung an Schulen mit und ohne Ganztagsangebot – Aktionen zur Information über gesunde Ernährung

Die Volkschule Perg achtet sehr darauf, dass sich ihre Schüler gesund ernähren. Nicht nur die Kinder, sondern auch die Eltern werden darüber informiert, was gesund ist und was nicht. Die Schulleitung teilt den Eltern zum Beispiel im Wichtigheft mit, welche Getränke die Schüler in die Schule mitnehmen dürfen.

Sämtliche zuckerhaltigen Dosengetränke sind an der Schule nicht erwünscht. Die Schulleiterin bemerkt, dass es sich bei den Vorschriften an die Eltern oft um eine Gratwanderung handelt. „Es kommt nicht gut, wenn man sich bei der Jause[47] auch noch einmischt" (7, SL, S. 17).

Worauf die Schule aber einen Einfluss hat, ist das Essen, das der Bäcker in der Pause verkauft. Das Angebot wurde im Jahr 2010 umgestellt. Es gibt seither keine Weißmehlprodukte, keine Butter und keine süßen Backwaren mehr. Die Umstellung wird von den Schülern gut angenommen.

Abb. 5.162: Schulküche für Zubereitung des Mittagessens

Den Impuls dafür gab die sogenannte *Bäuerinnenjause*. Dies ist ein gesunder Pausenverkauf, der von Bauern organisiert wird. Angeboten werden beispielsweise selbst gebackenes Brot und Kressebrote. Der Verkauf findet einmal pro Woche statt.

Worauf die Schulleiterin aber trotzdem viel Wert legt, ist, dass die Schüler auch gelegentlich etwas Süßes essen dürfen. „Kinder müssen auch einmal Schnitten haben können" (7, SL, S. 17).

Bei der Schulküche setzt sich der Gedanke der gesunden Ernährung fort. „Wir kaufen nur regionale Produkte bei den Bauern" (7, SL, S. 17). Seit dem Schuljahr 2008/2009 wird das Mittagessen frisch an der Schule zubereitet. Beim Speiseplan wird darauf geachtet, dass nur an zwei Tagen Fleischgerichte angeboten werden. „Die Kinder nehmen das an" (7, SL, S. 17).

Obst wird an der Volksschule Perg nicht verkauft, weil im Garten der Schule ein Kirsch- und ein Apfelbaum stehen.

Begünstigende und erschwerende Faktoren gesunder Ernährung
Eine Erleichterung der Thematisierung einer gesunden Ernährung erfolgt durch die Integration der Ernährung in den Unterricht. Außerdem finden Ernährungsprojekte statt sowie Milch- oder Obstsalatwochen. Die Schulleitung möchte dadurch einen Anreiz für die Kinder schaffen, dass sie sich auch außerhalb der Schule gesund ernähren.

Wie bereits erwähnt, stellt die Ernährungsumstellung einen Eingriff in die Privatsphäre dar, weshalb sie mit Bedacht umgesetzt werden sollte. „Diese Balance zu schaffen, dass es nicht moralisierend ist, sondern dass man Eltern und Kinder in ein Boot mit hineinholen will" (7, SL, S. 17). Die Schulleitung möchte die Eltern animieren und nicht demotivieren.

---

47 In den Erhebungen wurde der Begriff *Jause* aus dem Dialekt genutzt, zwecks der besseren Verständlichkeit wird im Folgenden der hochdeutsche Begriff *Pausenbrot* oder *Pausenverpflegung* verwendet.

Vor Ort angewandte Strategie zur Integration von BSS

Wie in diesem Bericht schon des Öfteren erwähnt, ist eine der maßgeblichen Strategien der Schule, dass die Kinder Kinder sein dürfen. Die Lehrerinnen und Lehrer können und sollen selbst einschätzen, wann die Kinder eine Pause brauchen. Es ist wichtig, dass bei all dem Lernen die Bewegung nicht zu kurz kommt. Es wird auch die Wichtigkeit der Bewegung für das Lernen betont. Erst wenn die Bewegung der Kinder gewährleistet ist, können sie sich auch in die richtige Richtung entwickeln.

Abb. 5.163: Außenklassenzimmer mit Sitzmöglichkeiten

Geplante Maßnahmen im Rahmen der Schulentwicklung

Bei den Kooperationen sind in der nächsten Zeit keine Änderungen angedacht, weil sie momentan so passen, wie sie sind. „Mir ist wichtig, dass die Kooperationsbeziehungen für alle leistbar und möglich sind" (7, SL, S. 19).

Wenn es für die Direktorin möglich ist, würde sie gerne die ganze Schule in eine Ganztagsschule umfunktionieren, aber nach dem Prinzip der Freiwilligkeit. Der Ganztag entwickelt sich im Prinzip von selbst, weil die Schule mittlerweile schon sechs Ganztagsklassen hat.

*Abb. 5.164: Möglichkeiten für eine **Bewegte Pause***

Die Volksschule Perg ist in diesem Fall privilegiert, weil die Schule viele Möglichkeiten hat. „Man muss sich aber etwas trauen, um Möglichkeiten zu schaffen" (7, SL, S. 19).

An der VS Perg wäre noch eine Leistungsbeurteilung wünschenswert, die sich noch mehr an den Stärken der Schüler orientiert.

5.2.2 Volksschule Marchtrenk 2 – Dr.-Schärf-Schule

Die Volksschule Marchtrenk 2 – Dr.-Schärf-Schule liegt nicht direkt im Ort, daher müssen die Kinder entweder mit dem Bus kommen bzw. von den Eltern gebracht werden. Mit der Infrastruktur der Schule und des Außengeländes ist die Direktorin zufrieden.

Es gibt eine große Aula und eine Sporthalle. Die Aula können die Kinder sowohl in der Pause als auch gelegentlich im Unterricht benutzen. Die Sporthalle allerdings ist ausschließlich für die Verwendung im Sportunterricht vorgesehen. Integriert in die Aula ist eine Leseecke, wohin sich die Kinder, wenn sie gerade einmal etwas Ruhe brauchen, zurückziehen können.

Die Aula dient ebenfalls als „Computerraum". In einem etwas abgelegenen Teil der Aula stehen einige Computer mit Internetzugang, die die Kinder ebenfalls nutzen dürfen. Zusätzlich findet man in der Aula eine sehr große Box mit diversen Spielen und kleinen Sportgeräten.

Abb. 5.165: Helle und freundliche Aula   *Abb. 5.166: Fußballplatz des örtlichen Sportvereins*

Im Außenbereich befindet sich ein Spielplatz, ein Sportplatz und eine große Wiese mit einem kleinen Hügel. Somit steht der Schule ein weitläufiger Außenbereich zur Verfügung.

„Der Spiel- und Sportplatz ist am Vormittag für die Schule und nachmittags öffentlich" (8[48], SL, S. 2).

Die Klassenzimmer haben alle die gleiche Größe und keine besondere Ausstattung.

---

[48] Um die Interviewprotokolle aus den verschiedenen Schulen leichter auffinden zu können, wurden den Untersuchungsschulen jeweils Zahlen zugeordnet. Die Volksschule Marchtrenk 2 – Dr.-Schärf-Schule wurde unter der Ziffer 8 verzeichnet. Alle Untersuchungsschulen finden sich im Untersuchungsschulverzeichnis am Ende des Buches.

Integration von BSS in den Schulalltag und in den Ganztag

Weil die Volksschule Marchtrenk – Dr.-Schärf-Schule keinen Ganztag anbietet, geht es nur um Integration von BSS in den Regelschulalltag. „In erster Linie hat das Ganze bei der Vorschule und den ersten Klassen einen hohen Stellenwert" (8, SL, S. 2).

Die Schule hat schon 45 Minuten vor Unterrichtsbeginn geöffnet, damit sich die Kinder vor der ersten Stunde bewegen können.

„Sie haben die Möglichkeit, in der Aula schon ein bisschen zu spielen" (8, SL, S. 13).

*Abb. 5.167: Möglichkeiten für eine **Bewegte Pause***

Die Bewegungs- und Sportstunde verläuft allerdings sehr unterschiedlich. Während viele Kinder morgens spielen, ziehen sich auch einige Kinder mit einem Buch in die Lesegrube zurück.

Die Bewegungs- und Sportstunden finden nach Stundentafel statt. „Die erste und zweite Klasse hat je drei BSP-Stunden, und die dritte und vierte je zwei" (8, SL, S. 2).

„Die Vorschulklasse geht aber jeden Tag turnen. Das ist uns auch ganz wichtig" (8, SL, S. 2).

Bewegung, Spiel und Sport spielt neben dem Bewegungs- und Sportunterricht auch eine Rolle beim Bewegten Lernen. Die „Bewegung im Unterricht" ist den jeweiligen Kollegen selbst überlassen. Sie entscheiden, wann die Kinder eine Pause brauchen. Auch in der großen Pause stehen den Kindern sämtliche Spiele und Geräte in der Aula oder im Freien zur Verfügung. In der Vorschulklasse ist die Bedeutung von Bewegung besonders hoch und die Schüler gehen jeden Tag in die Sporthalle.

Ziele der Schule mit der Einbindung von BSS in den Schulalltag

„Wir wissen alle, dass die Kinder das heutzutage brauchen, weil viel zu wenig Bewegung rundherum geschieht" (8, SL, S. 11).

Die Kinder kommen entweder mit dem Bus oder den Eltern in die Schule und deshalb sieht es die Schule als ihre Aufgabe an, den Kindern den Bewegungsfreiraum zu geben.

„Sonst ginge das Lernen gar nicht" (8, SL, S. 11). Durch regelmäßig stattfindende Schulungen wissen die Lehrkräfte, dass *Bewegtes Lernen* für die Kinder viele positive Wirkungen hat und die Kinder sich das Gelernte besser behalten.

Abb. 5.168: Bewegungsfreundlicher Pausenhof

„Deswegen bin ich schon sehr dahinter, dass das Kurzturnen immer wieder stattfindet" (8, SL, S. 11). Leider klappt die Durchführung nicht durchgängig so, wie es sich die Direktorin vorstellt. Ihr ist es ein Anliegen, dass die Schule nicht auf Leistungssport, sondern auf Breitensport ausgerichtet ist. „Es ist nicht Aufgabe der Volksschule, dass man Leistungssportler ausbildet, sondern eher Breitensport und wirklich viel Bewegung" (8, SL, S. 11).

Fördernde und hemmende Faktoren für die Integration von BSS in den Schulalltag
Fördernde Faktoren
Die Direktorin steht hinter den BSS-Angeboten. Den Schülern steht eine große Aula zur Verfügung. Die Lehrkräfte sind von der Schulleiterin angehalten, *Bewegungspausen* während des Unterrichts durchzuführen Außerdem ist das Kollegium bereit, BSS in den Unterricht zu integrieren.

Hemmende Faktoren
Es gibt keine Kooperationspartner und nicht alle Lehrkräfte sind von der Integration von BSS begeistert. Die Volksschule Marchtrenk 2 – Dr.-Schärf-Schule ist keine Ganztagsschule und es fehlen Stunden für *unverbindliche Übungen*. Viele Schüler fahren in der Mittagspause nach Hause. Die Klassenräume sind zu klein für Spiele, außerdem lässt die Ausstattung des Schulgeländes zu wünschen übrig.

Bedeutung einer gesunden Pausen- und Mittagsverpflegung an Schulen mit und ohne Ganztagsangebot – Aktionen zur Information über gesunde Ernährung
Obwohl in der Schule kein Mittagessen angeboten wird, ist das Thema Ernährung von großer Bedeutung und wird im Sachunterricht in jeder Jahrgangsstufe aufgegriffen.

Abb. 5.169: Hügel zum Schlittenfahren im Winter

Während den Projekttagen bereiten die Kinder selbst eine gesunde Pausenverpflegung zu, wofür die Lehrkräfte die Lebensmittel bereitstellen. Außerdem organisieren die Eltern einmal wöchentlich eine gesunde Pausenverpflegung. Die Eltern übernehmen die Vorbereitung und den Verkauf von Obst, Gemüse und Vollkornbrötchen mit Aufstrich. Den regulären Pausenverkauf leitet die Hausmeisterin[49]. Das Sortiment beinhaltet Backwaren, die aber nicht ausschließlich gesund sind. Außerdem nimmt die Schule am „EU-Schulmilchprogramm" teil. Ungefähr ein Drittel der Kinder nimmt das Angebot der Schulmilch an.

---

49   In den Erhebungen wurde der Begriff *Schulwart* aus dem Dialekt genutzt, zwecks der besseren Verständlichkeit wird im Folgenden der hochdeutsche Begriff *Hausmeister* verwendet.

Darstellung der Situation an den Projektschulen | 163

Begünstigende und erschwerende Faktoren gesunder Ernährung
Erschwerend für die Thematisierung einer gesunden Ernährung ist zum Teil die Uneinsichtigkeit der Eltern, was einer gesunden Pausenverpflegung entspricht. Die Schulleitung versucht, die Eltern an den Elternabenden darüber zu informieren.

Ein weiterer hemmender Punkt ist, dass die Kinder entweder im Hort oder zu Hause essen. Dadurch hat die Schule in diesem Bereich keinen direkten Einfluss auf die Ernährung der Schüler.

Vor Ort angewandte Strategie zur Integration von BSS
Die Lehrer versuchen die Schüler, die nicht sehr sportbegeistert sind, zu motivieren. Um auch nicht so begeisterten Kindern die Freude an der Bewegung zu vermitteln, bauen die Kinder an zwei Tagen in der Woche einen sogenannten *Klettergarten* auf. „Es wird im ganzen Turnsaal alles Mögliche in verschiedenen Varianten aufgebaut" (8, SL, S. 9).

Abb. 5.170: Blick in die Sporthalle   *Abb. 5.171: Ausstattung der Sporthalle*

Jede Klasse kommt einmal die Woche in den Genuss, diesen Klettergarten zu benutzen. Dabei können sich die Kinder frei in der ganzen Sporthalle bewegen und machen, was ihnen Spaß macht.

Geplante Maßnahmen im Rahmen der Schulentwicklung
Es fand im Jahr 2013 ein Wechsel in der Direktion statt, da kein Interview mit der neuen Direktorin geführt wurde, wird auf diesen Punkt hier nicht eingegangen.

5.2.3 Volksschule 2 Freistadt

Die Volksschule 2 Freistadt liegt direkt in der Ortsmitte. Sie besitzt eine Sporthalle und eine Außenanlage, die für BSS genutzt werden kann.

Die Sporthalle war bereits zum Zeitpunkt der ersten Befragung in einem sehr guten Zustand, die Außenlage wurde im Schuljahr 2010/2011 umgebaut. „Wir haben jetzt eine Terrasse bekommen, die man dann auch benutzen kann und für nächstes Jahr ein paar Angebote im Außenbereich mehr, damit wir auch diesen besser nutzen können" (5[50], SL, S. 2). Die Schule bekommt auch ein

Abb. 5.172: Sporthalle mit Abtrennung

Abb. 5.173: Pausenhof mit Weitsprunganlage

Baumhaus und einen Hügel und somit weitere Bewegungsmöglichkeiten für die Kinder. Als Vorbild gilt im Falle des Hügels die Ganztagsschule in Perg. „Die haben einen Hügel und die haben gesagt, dass das meiste, was die Kinder nutzen, ist der Erdhügel. Dort rennen sie im Winter hinauf und rutschen hinunter, und im Sommer rennen sie hinauf und hinunter" (5, SL, S. 2).

In der großen Pause und in der Mittagspause können sich die Kinder entweder in der Sporthalle oder im Freien bewegen.

Integration von BSS in den Schulalltag und in den Ganztag

Laut der Direktorin hat BSS einen sehr hohen Stellenwert und es gelingt der Schule auch recht gut, dies zu integrieren. Sie versucht, durch verschiedene Aktionen den Kindern die Bedeutung von BSS näherzubringen.

---

[50] Um die Interviewprotokolle aus den verschiedenen Schulen leichter auffinden zu können, wurden den Untersuchungsschulen jeweils Zahlen zugeordnet. Die Volksschule 2 Freistadt wurde unter der Ziffer 5 verzeichnet. Alle Untersuchungsschulen finden sich im Untersuchungsschulverzeichnis am Ende des Buches.

Darstellung der Situation an den Projektschulen | 165

„Solche Aktionen wie einen Bewegungstag haben wir natürlich schon" (5, SL, S. 2). Dieser „Bewegungstag" findet einmal im Jahr statt. Eine weitere Aktion, die einmal pro Jahr angeboten wird, ist die Aktion „Zu Fuß in die Schule". Dabei bekommen die Kinder, die zu Fuß in die Schule gekommen sind, einen Stempel.

Unverbindliche Übungen werden in der Schule aufgrund des Mangels an Stunden nicht angeboten. Kooperationspartner hat die Schule leider auch keine. Es gibt allerdings einen Tennislehrer, der zweimal im Jahr für die Kinder ein „Schnuppertraining" macht. Der Unterricht beginnt für die Schüler in der Volksschule 2 Freistadt um 8:00 Uhr. Die Kinder kommen unterschiedlich zwischen 7:30 Uhr und 8:00 Uhr zur Schule. „Die Kinder halten sich vor dem Unterricht in der Garderobe oder in der Klasse auf" (5, SL, S. 12). Von 8:00-9:45 Uhr erfolgt der erste Unterrichtsblock, wobei die Pausen individuell gestaltet werden.

„Wir haben keine festen Pausen zwischen 8:00 Uhr und 9:45 Uhr, sondern je nachdem, wie es der Unterricht verlangt, und dazwischen ist ein kurzer Bewegungsteil auch drinnen" (5, SL, S. 12).

Um 9:45 Uhr ist die große Pause, die 15 Minuten dauert. Nach der großen Pause ist der Unterricht je nach Schulstufe unterschiedlich. Die Kinder der ersten Klasse haben von 10:00-11:45 Uhr, die Kinder der zweiten Klasse zweimal pro Woche bis 12:45 Uhr Unterricht.

„Die Großen haben, bis auf einmal, bis 12:45 Uhr" (5, SL, S. 12). Zwischen den Einheiten nach der großen Pause werden ebenfalls, je nach Bedarf, kleine Pausen eingelegt.

Bei den Ganztagskindern geht es nach einer Mittagspause mit dem Nachmittagsunterricht weiter.

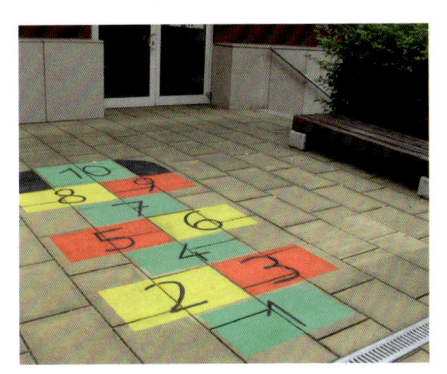

Abb. 5.174: Hüpfspiel im Außenbereich

„Die Kinder haben von 11:45-12:45 Uhr Mittagspause, und von 12:45-15:30 Uhr Unterricht" (5, SL, S. 12). Beim Nachmittagsunterricht wird auch darauf Wert gelegt, dass dieser individuell gestaltet wird. Lernen und Freizeit halten sich auch hier die Waage.

Dadurch, dass es eine Volksschule 1 und eine Volksschule 2 gibt, gibt es noch kleinere organisatorische Probleme, die aber nächstes Jahr behoben werden sollen.

Ziele der Schule mit der Einbindung von BSS in den Schulalltag

„Ein wichtiges Ziel ist, dass sich die Kinder mehr bewegen, weil ich glaube, dass es für viele gar nicht mehr selbstverständlich ist" (5, SL, S. 7).

Mehr Bewegung ist für die Direktorin ein weiteres wichtiges Ziel. Sie hat die Erfahrung gemacht, dass sich Kinder, die sich zwischen den Stunden bewegen, besser konzentrieren können.

„Die Kinder können viel besser arbeiten, wenn sie sich dazwischen bewegen können, und ins Freie dürfen" (5, SL, S. 7).

Fördernde und hemmende Faktoren für die Integration von BSS in den Schulalltag
Fördernde Faktoren

Die Direktorin und der gesamte Lehrkörper stehen voll hinter der Integration von BSS. Den Kindern wird durch die individuelle Pausengestaltung die Möglichkeit geboten, sich in der Pause zu bewegen. Auch den behinderten Kindern wird die Möglichkeit geboten, Sport auszuüben.

Hemmende Faktoren
Die Schule hat keine Kooperationspartner, auch *unverbindliche Übungen* werden nicht angeboten. Im Außenbereich gibt es nicht viele Möglichkeiten, sich sportlich zu betätigen.

Abb. 5.175: Nestschaukel im Innenhof

Bedeutung einer gesunden Pausen- und Mittagsverpflegung an Schulen mit und ohne Ganztagsangebot – Aktionen zur Information über gesunde Ernährung
Auch an dieser Schule wird auf eine ausgewogene Ernährung Wert gelegt.

Es gibt diverse Maßnahmen, um sowohl den Kindern als auch den Eltern eine gesunde Ernährung nahezubringen.

Die Schule informiert die Eltern über eine gesunde Ernährung an den Elternabenden. Ein weiterer Ansatz ist die Gesundheitserziehung, bei der den Kindern erklärt wird, welche Nahrungsmittel gesund bzw. welche ungesund sind.

Außerdem findet mindestens einmal wöchentlich ein gesunder Pausenverkauf statt. Dieser wird, wie an anderen Schulen auch, mit und von den Eltern organisiert.

Abb. 5.176: Schulküche für die Zubereitung des Mittagessens

Das Mittagessen bereiten mehrere Köchinnen in Absprache mit der Schulleitung zu.

Begünstigende und erschwerende Faktoren gesunder Ernährung
Wie schon bei der Frage zuvor ist es schwierig, die Kinder über eine gesunde Ernährung zu informieren, wenn die Eltern darüber nicht informiert sind. „Es gibt immer noch Eltern, die glauben, eine ‚Milchschnitte' ist gesund" (5, SL, S. 17).

Einen Pausenverkauf gibt es derzeit (Stand: 2010/2011) nicht an der Schule.

Ein begünstigender Faktor ist, dass es keine Getränkeautomaten an der Schule gibt. Während des Mittagessens trinken die Schüler Wasser.

Vor Ort angewandte Strategie zur Integration von BSS
Besonders bemerkenswert ist die Integration von BSS bei den behinderten Kindern. Auch sie haben durch Mithilfe des entsprechenden Personals die Möglichkeit, Sport auszuführen.

Eine weitere Strategie ist, dass die Lehrer eine Art Vorbild für die Kinder sind. Sie unterstützen die Kinder bei ihrem Projekt „Zu Fuß in die Schule" damit, dass sie, wenn es ihnen möglich ist, auch zu Fuß oder mit dem Fahrrad in die Schule kommen.

Geplante Maßnahmen im Rahmen der Schulentwicklung
„Wir wollen auf jeden Fall, dass wir die Ganztagsklassen weiterführen können" (5, SL, S. 19). Im Bereich BSS will die Direktorin die *Bewegte Pause* intensivieren und die Aktionen, wie „Zu Fuß zur Schule" weiterführen. Eine weitere Aktion zur Förderung von BSS ist die geplante Einführung eines oder mehrerer „Bewegungstage" pro Schuljahr. Im Bereich Kooperation will die Direktorin auf engagierte Eltern zurückgreifen. „Wenn ein Elternteil ein besonderes Angebot hat, sind die Türen offen" (5, SL, S. 19). Auch bei der Planung des Außenbereichs würde es die Direktorin begrüßen, wenn die Eltern ebenfalls mithelfen.

5.2.4 Volksschule Laakirchen-Süd

Abb. 5.177: Klettergerüste und Fußballtor

Abb. 5.178: Öffentliches Freibad

Abb. 5.179: Blick in die Dreifachsporthalle

Die Volksschule Laakirchen-Süd liegt im Zentrum des Ortes. Der Name Laakirchen-Süd kommt daher, weil es in einem Schulgebäude gleich zwei Schulen gab, die mit dem Schuljahr 2011/2012 zusammengelegt wurden. Das war zum einen die Volksschule Laakirchen-Süd, zum anderen die Schule Laakirchen-Nord.

Der Grund für die ursprünglich zwei Schulen liegt in der Koedukation. Vor der Koedukation gab es eine Mädchen- und eine Burschenvolksschule. Nach der Koedukation entschloss man sich nicht, eine der Schulen aufzulösen, sondern beide als gemischte Volksschulen weiterzuführen, bis schließlich der endgültige Zusammenschluss der beiden Schulen vollzogen wurde.

„Das ist bei einer Einwohnerzahl von 10.000 Leuten leicht machbar" (6[51], SL, S. 2).

Die Volksschule Laakirchen kann auf eine besondere Infrastruktur zurückgreifen. „Wir haben alles im absoluten Nahbereich" (6, SL, S. 2).

---

51 Um die Interviewprotokolle aus den verschiedenen Schulen leichter auffinden zu können, wurden den Untersuchungsschulen jeweils Zahlen zugeordnet. Die Volksschule Laakirchen-Süd wurde unter der Ziffer 6 verzeichnet. Alle Untersuchungsschulen finden sich im Untersuchungsschulverzeichnis am Ende des Buches.

Darstellung der Situation an den Projektschulen | 169

fünf Minuten entfernt ist ein Wald, der regelmäßig für Geländespiele und diverse Läufe verwendet wird. Noch näher liegt ein kleiner Berg, den die Kinder im Winter zum Rodeln nutzen. „Der Rodelberg ist im Winter schwer frequentiert" (6, SL, S. 2). Direkt vor der Schule ist ein Spielplatz, der ausnahmslos von der Schule benutzt werden darf.

Eine absolute Rarität ist der Zugang zum Freibad von Laakirchen, zu dem die Lehrer mit den Schülern einen eigenen Eingang haben. Eine Kletterwand im Freibad und eine Leichtathletikanlage neben dem Schwimmbad rundet das vielseitige Angebot ab. Die Schule verfügt auch über eine moderne Dreifachsporthalle.

Die neun Klassenzimmer haben den normalen Standard, gleiche Größe und Ausstattung.

Integration von BSS in den Schulalltag und in den Ganztag

Die Kinder, deren Eltern länger arbeiten müssen, können die Nachmittagsbetreuung besuchen.

Die Stundentafel ist so aufgeteilt, dass am Nachmittag nur zwei Klassen eine Doppelstunde Unterricht haben. „Man bringt die Unterrichtsverpflichtung der Kinder am Vormittag unter" (6, SL, S. 12).

Die Schule beginnt inoffiziell mit der Morgenaufsicht, die um 7:00 Uhr startet. In der Zeit bis zum tatsächlichen Unterrichtsstart können die Kinder mit den Pausenboxen oder diversen Bällen spielen. Unterrichtszeit ist am Vormittag von 7:45-12:25 Uhr. Die kleinen Pausen dauern fünf Minuten und die große Pause 15 Minuten (9:30-9:45 Uhr).

Nach dem Essen haben die Kinder eine Stunde Mittagspause, in der sie entweder die Sporthalle oder die Angebote im Freien unter Aufsicht benutzen können.

Danach wird in der Betreuung am Nachmittag entweder die Hausaufgabe gemacht, oder für Tests/Prüfungen gelernt. Falls dann noch Zeit übrig bleibt, können die Kinder wieder hinausgehen.

Diverse Angebote im Ganztag können nicht durchgeführt werden, weil die Stunden dafür fehlen.

Laut Aussage des Direktors ist ein Großteil der Kinder in ihrer Freizeit in einem Verein tätig. „Nur 20 % der Kinder sitzen lieber vorm Fernseher" (6, SL, S. 5).

Die Kooperation zwischen Schule und externen Vereinen erfolgt Hand in Hand, weil der Direktor selbst Obmann der Sport-Union Laakirchen sowie Sektionsleiter der Leichtathletik ist. „Ich habe einen Großteil der Kinder am Montag und

Abb. 5.180: Eingang zur ursprünglichen Schule Laakirchen-Nord

Donnerstag im Training" (6, SL, S. 5). Es gibt zwar genug andere Vereine in der Nähe, aber keine direkte Kooperation.

Die Eltern melden bei Interesse ihre Kinder selbstständig an. Eine besonders beliebte Sportart neben Fußball ist Faustball.

Der Direktor hat aber in keiner Weise etwas dagegen, wenn ein Verein an die Schule herantritt und Werbung in eigener Sache machen möchte. „Wenn jemand Werbung machen will, ist das kein Problem" (6, SL, S. 5).

Abb. 5.181: Pausenbox

Die Bewegung im Unterricht ist dem Direktor sehr wichtig, aber aufgrund des Platzmangels in den Klassen schwer möglich.

Für die Pausen hat sich die Schulleitung allerdings etwas Besonderes einfallen lassen. Der Direktor hat sogenannte *Pausenboxen* eingeführt. In diesen Boxen sind diverse Spiele, wie etwa Jonglierbälle oder Diabolos.

In den Pausen können die Kinder mit diesen Utensilien am Gang spielen. Um kein Durcheinander aufkommen zu lassen, bekommen immer nur zwei Klassen eine Box. Diese Boxen werden im Wochenrhythmus durchgewechselt.

Ziele der Schule mit der Einbindung von BSS in den Schulalltag
„Das Ziel ist es, die ganze Bandbreite abzudecken" (6, SL, S. 9). Die Kinder sollen nicht von Beginn an in eine Sportart hineingetrieben werden. Sie sollen die Möglichkeit haben, sich mehrere Sportarten anzuschauen, und sich dann für den Sport entscheiden, der ihnen Spaß macht. „In dem Alter soll es noch Spaß machen" (6, SL, S. 11).

Ein weiteres Ziel ist es, die Freude an der Bewegung zu wecken, beziehungsweise aufrechtzuerhalten. Die Lehrer sollen gemeinsam mit den Kindern einen Sport finden, der sie begeistert und den sie gerne ausüben wollen.

„Viele Kinder gehen nach der Volksschule weiter in die Hauptschule, die einen Schwerpunkt Sport hat" (6, SL, S. 11).

Fördernde und hemmende Faktoren für die Integration von BSS in den Schulalltag

Fördernde Faktoren

Die Schule verfügt über eine gute Infrastruktur und auch die Ausstattung des Schulgeländes lässt wenige Wünsche übrig. Der Direktor hat durch seine persönliche Beziehung zum Sport eine Vorbildfunktion. Es gibt eine Vielzahl von Vereinen und die Eltern unterstützen ihre Kinder bei der Suche nach dem für sie passenden Verein.

Abb. 5.182: Pausenhof mit Tennisnetz und Laufbahn

Hemmende Faktoren

Es gibt zu wenige Stunden, um *unverbindliche Übungen* anzubieten. Es gibt keine Angebote im Bereich BSS außerhalb des Pflichtunterrichts.

Bedeutung einer gesunden Pausen- und Mittagsverpflegung an Schulen mit und ohne Ganztagsangebot – Aktionen zur Information über gesunde Ernährung

Die Mittagsverpflegung hat an dieser Schule einen großen Stellenwert. Es wird darauf geachtet, dass die Ernährung ausgewogen ist und dass das Essen frisch zubereitet wird.

Außerdem organisieren die Eltern einmal pro Woche einen gesunden Pausenverkauf für die Kinder. Auf das Aufstellen von Getränkeautomaten wurde an der Volksschule Laakirchen bewusst verzichtet.

Spezielle Aktionen zur Information über eine gesunde Ernährung gibt es nicht.

Begünstigende und erschwerende Faktoren gesunder Ernährung

Die Schulküche erhielt die Auszeichnung „Gesunde Küche".

Dabei handelt es sich um ein Zertifikat, welches Küchen verliehen wird, die besonderen Wert auf ein ausgewogenes und vielfältiges Essensangebot legen (Amt der Oö. Landesregierung, o. J., o. S.).

Außerdem werden die Inhalte der Gerichte gekennzeichnet. So ist den Schülern beispielsweise ersichtlich, welche Gerichte vegetarisch sind.

Erschwerend ist, dass der Hausmeister weder Bio- noch Vollkornprodukte verkauft und das Thema Ernährung nicht speziell im Unterricht behandelt wird.

Vor Ort angewandte Strategie zur Integration von BSS

„Ich habe versucht, das in den letzten Jahren zu forcieren" (6, SL, S. 2). Um die Integration von BSS zu verbessern, entschloss sich der Direktor vor zwei Jahren, mit der Schule in ein EU-Projekt einzusteigen, das Bewegung und Sport zum Thema hat. In diesem Projekt sind unter anderem zwei Schulen aus Berlin, und jeweils eine aus Italien, Wales und Polen dabei.

„Wir haben ein gemeinsames Projekt, das „IN MOTION WITH EMOTION" heißt" (6, SL, S. 2). Bei diesem Projekt bekam jedes Kind zur Eröffnung ein Springseil geschenkt. Das hatte zur Folge, dass in der ganzen Schule die Kinder Seil gehüpft sind.

„Die Pausenhallen waren voll mit hüpfenden Kindern" (6, SL, S.2). In weiterer Folge wurden verschiedene Pausenspiele aus den anderen Ländern übernommen. Diese Spiele wurden in einer Sammelmappe aufgehoben und später in den Unterricht eingebaut.

In der letzten Phase des Projekts fand in Berlin ein Zirkuscamp statt. Schwerpunkt dieses Camps war Zirkusartistik und Jonglieren. Abschluss dieses Camps war eine Vorführung, an der aber nicht alle Kinder teilnehmen konnten.

Um allen Kindern die Möglichkeit zu geben, ihre erlernten Fähigkeiten zu präsentieren, hat die Schule mit 60 Kindern am Schulsportspektakel in Linz teilgenommen.

Geplante Maßnahmen im Rahmen der Schulentwicklung

Der Direktor möchte den Kindern mehr Spielgeräte zur Verfügung stellen und somit den Spielplatz erweitern.

Ein besonderer Wunsch des Direktors ist die Einführung der täglichen Turnstunde, die aber seiner Meinung nach nicht so schnell realisiert werden kann.

Ein Aspekt, der nicht die Volksschule Laakirchen direkt, aber weiterführende Schulen, beziehungsweise Vereine betrifft, ist das zurückgehende Bewegungsinteresse der Kinder.

„Man fängt mit einer breiten Basis an, und bis 13, 14 bröckelt das Interesse ab" (6, SL, S. 5). Der Grund dafür ist, laut Meinung des Direktors, dass der Sport nicht nur mehr spielorientiert ist, sondern leistungsbezogener wird.

„Das wird nicht mehr so ganz akzeptiert, und bei 13, 14 ist die Spitze dann sehr schmal" (6, SL, S. 5).

5.2.5 Hauptschule Vorderweißenbach

Die Hauptschule Vorderweißenbach liegt zentral im Ort und ist gut zu erreichen. Infrastruktur und Ausstattung sind laut Aussage des Direktors sehr gut. „Wir sind sehr gut ausgestattet, da ja unsere Schule in den Jahren 2005-2007 eine Generalsanierung erlebt hat und deswegen sind wir von der Ausstattung sehr gut unterwegs" (15[52], S. 2). Die Schule kann auf zwei Sporthallen zurückgreifen, wobei eine der Hauptschule und eine der Volksschule gehört.

Der Hauptschule ist es jedoch auch gestattet, die Sporthalle der Volksschule zu benutzen.

Abb. 5.183: Kickerkästen in der Aula

„Die Generalsanierung des Turnsaales der Volksschule sollte eigentlich im kommenden Jahr starten, ist allerdings aus Geldmangel auf unbestimmte Zeit verschoben worden" (15, SL, S. 2). Die Klassenzimmer sind mit je einem PC und Zugang zum Internet gut ausgestattet. Die Schule hat auch im Zuge der Generalsanierung fünf neue Beamer bekommen.

In den Pausen stehen den Kindern mehrere Spielmöglichkeiten zur Verfügung. „In der Pause ist es so, dass wir Tischtennistische und Wuzzelautomaten[53] haben" (15, SL, S. 2). Diese Geräte werden sehr gerne in Anspruch genommen.

Auch in der Mittagspause können die Kinder ein Angebot aus fünf Angeboten wählen, von denen zwei mit BSS zu tun haben. Sie können sich immer für eine Woche entweder für den Bereich Sporthalle, wo Ballspiele durchgeführt werden, oder für die schon erwähnten Kickerkästen und Tischtennistische eintragen.

Integration von BSS in den Schulalltag und in den Ganztag
Im Unterricht selbst wird, laut Aussage des Direktors, viel zu wenig auf Bewegung eingegangen. „In der Zukunft hab ich mir auch schon vorgenommen, wieder viel mehr ins Auge zu fassen, dass man auch Auflockerungsübungen in welcher Form auch immer in einer Unterrichtseinheit unterbringt" (15, SL, S. 2). Da hat die Schule in nächster Zeit einigen Nachholbedarf.

---

52 Um die Interviewprotokolle aus den verschiedenen Schulen leichter auffinden zu können, wurden den Untersuchungsschulen jeweils Zahlen zugeordnet. Die Hauptschule Vorderweißenbach wurde unter der Ziffer 15 verzeichnet. Alle Untersuchungsschulen finden sich im Untersuchungsschulverzeichnis am Ende des Buches.
53 Kickerkästen.

Bewegungspausen im Unterricht hat es von einzelnen Lehrern schon einmal gegeben, der Gedanke wurde aber nicht weiter verfolgt. „Ab nächstem Schuljahr möchte ich dann machen, dass Bewegung und Sport eine Art Unterrichtsprinzip werden soll" (15, SL, S. 2). In welcher Form man die Stunde auflockern könnte, ist noch nicht festgelegt worden.

Die Schule startet um 7:10 Uhr mit einer Lernbetreuung, in der die Kinder unter Aufsicht die Hausaufgaben machen können oder sich auf den Unterrichtstag vorbereiten.

„Die Kinder sind in ihrem Klassenraum unter Aufsicht eines Lehrers" (15, SL, S. 12). Die Benutzung der Tischtennistische ist in dieser Zeit nicht erlaubt. Um 7:40 Uhr beginnt der reguläre Unterricht bis zur großen Pause, die von 9:25-9:40 Uhr dauert. Es folgen drei weitere Einheiten bis 12:20 Uhr. In der anschließenden Mittagspause gehen die Kinder essen und haben dann die Möglichkeit, sich für eines der fünf schon weiter oben erwähnten Freizeitangebote zu melden.

Abb. 5.184: Tischtennisplatten für eine **Bewegte Pause**

Ab 13:10 Uhr geht der reguläre Unterricht weiter, die letzte Stunde ist noch eine Lernstunde. Schulende ist um 15:55 Uhr.

„Wir waren am Überlegen, ob wir die Mittagspause nicht ausdehnen sollen, damit die Kinder mehr Erholungszeit haben, die Eltern waren aber jedoch dagegen" (15, SL, S. 12).

Als einziger Kooperationspartner fungiert der örtliche Sportverein der Union. „Die haben die Sparten Fußball, Tennis, Krafttraining, Volleyball, Tennis, Schach, Ski, Stockschießen und Damenturnen" (15, SL, S. 14).

Die Kontaktaufnahme mit dem Sportverein ist Hand in Hand gegangen, weil viele Lehrer aktiv beim Sportverein als Trainer fungieren. Die Zusammenarbeit existiert schon über 32 Jahre. „Ansprechpartner ist der Union-Obmann, der die Schule mit Informationen über diverse Veranstaltungen in Kenntnis setzt" (15, SL, S. 14).

„*Unverbindliche Übungen* haben wir eigentlich früher ein bisschen mehr gehabt" (15, SL, S. 11). In letzter Zeit ist die Umsetzung von *unverbindlichen Übungen* aufgrund des Stundenmangels in diesem Ausmaß nicht mehr möglich.

Letztes Jahr wurde ein Selbstverteidigungskurs für Mädchen angeboten, der heute aus Kostengründen nicht mehr durchgeführt werden konnte.

„Gott sei Dank haben wir einen sehr guten Sportverein, der sich um die Kinder kümmert" (15, SL, S. 13). Fast alle Jungen sind im Fußballverein tätig. In der Schule selbst gibt es eigentlich nur mehr Tischtennis, was natürlich keine *unverbindliche Übung ist*.

"Früher haben wir Fußball, Volleyball, Tennis und vieles mehr an *unverbindlichen Übungen* gehabt" (15, SL, S. 13). Laut dem Direktor ist das Interesse nicht mehr so wie vor 10 Jahren. Einzig und allein Schach wurde in den Wintermonaten als *unverbindliche Übung* angeboten.

Ziele der Schule mit der Einbindung von BSS in den Schulalltag
Der Direktor findet alle Punkte, die wir auch im Fragebogen haben, sehr wichtig. Das sind pädagogische Zielsetzungen, wie z. B. bessere Konzentration, Persönlichkeitsentwicklung und Kompensation von Bewegungsmangel.

„Konzentrationsmängel können sicher durch mehr Bewegung vermieden werden, und der gesundheitliche Aspekt ist natürlich auch wichtig, weil ohne Bewegung wird auch irgendwo der Geist darunter leiden" (15, SL, S. 13). Der Direktor sieht auch, dass die Bewegungsfähigkeit rückläufig ist und in keinem Vergleich zu der von früher steht.

Fördernde und hemmende Faktoren für die Integration von BSS in den Schulalltag
Fördernde Faktoren
Alle Kinder nutzen die Möglichkeit der Nachmittagsbetreuung. Außerdem findet eine sehr gute Zusammenarbeit mit dem örtlichen Sportverein statt. Aufgrund der Sanierung ist eine sehr gute Infrastruktur gegeben. Die Lehrer stehen der Integration von BSS sehr aufgeschlossen gegenüber.

Hemmende Faktoren
Dem gut ausgebildeten Personal stehen zu wenige Lehrerstunden zur Verfügung, somit fehlen auch Stunden für *unverbindliche Übungen*. Außerdem nimmt die Bewegungsfreude der Kinder seit Jahren ab. Das richtige Engagement für die Einführung der täglichen Turnstunde fehlt. Es erfolgte noch keine Integration von BSS in den Unterricht.

Bedeutung einer gesunden Pausen- und Mittagsverpflegung an Schulen mit und ohne Ganztagsangebot – Aktionen zur Information über gesunde Ernährung
Einmal im Jahr findet für die fünften Klassen an der Hauptschule Vorderweißenbach der Schwerpunktnachmittag „Runde Sache" zum Thema gesunde Ernährung statt. Dem Schulleiter ist dieses Projekt besonders wichtig, da die Schüler gleich zu Beginn des Schulübertritts über gesunde Lebensmittel informiert werden. Im Biologieunterricht wird auf das Thema gesunde Ernährung ebenfalls eingegangen.

Beim Mittagessen wird an dieser Schule auf eine gesunde Ernährung besonderen Wert gelegt. Das Mittagessen wird von zwei Köchinnen frisch zubereitet. Der Speiseplan wird von einem Kollegen in Kooperation mit den Köchinnen erstellt. Hauptverantwortlich für den Ablauf des Mittagessens ist die Gemeinde.

Getränkeautomaten gibt es aus gesundheitlichen Gründen an dieser Schule keine.

Zudem nimmt die Schule am „EU-Schulmilchprogramm" teil. Die Ausgabe der Milchprodukte an die Schüler übernimmt der Hausmeister. Diese Aktion wird von ca. 60 % der Kinder in Anspruch genommen.

Begünstigende und erschwerende Faktoren gesunder Ernährung
Ein erschwerender Faktor für die Thematisierung der gesunden Ernährung ist die Tatsache, dass das Kaufhaus gegenüber über einen Getränkeautomaten verfügt, bei dem sich die Kinder sehr häufig ungesunde Getränke kaufen.

Vor Ort angewandte Strategie zur Integration von BSS
Um auch den Kindern, die keine große Freude an Bewegung und Sport haben, einen Anstoß zu geben, findet jährlich am Schulschluss ein Sommersporttag statt, bei dem alle Kinder mitmachen müssen. Die Direktion achtet auch auf das Handyverbot in der Schule, um die Kinder davon abzuhalten, in der Pause nur mit ihren Telefonen zu spielen. Wenn ein Telefon von einem Lehrer beschlagnahmt wird, müssen die Eltern das Telefon abholen.

Geplante Maßnahmen im Rahmen der Schulentwicklung
„Wir wollen die Ganztagsform in dieser Weise weiterführen" (15, SL, S. 19). Die Schule, aber auch die Eltern, sind mit der Ganztagsform zufrieden. Das spiegelte sich auch in den Anmeldungen für das Schuljahr 2011/2012 wider. Von 96 Schülern nahmen 94 das Angebot der Ganztagsbetreuung wahr. Eine Überlegung für die Zukunft wäre die Einführung der täglichen Turnstunde, aber wie auch von vielen anderen Direktoren schon erwähnt, mangelt es an den Stunden. Den Regelunterricht würde der Direktor durch BSS gerne etwas auflockern.

Darstellung der Situation an den Projektschulen | 177

5.2.6 Musikhauptschule Eggelsberg

Abb. 5.185: Großzügige Außenanlagen   *Abb. 5.186: Blick in die helle Aula*

Die Hauptschule Eggelsberg liegt im Ortszentrum. Unmittelbar daneben befindet sich eine Vereinssportanlage, die von der Schule ebenfalls genutzt wird. Des Weiteren befindet sich ein Spielplatz (Beachvolleyballplatz, Wiese, Spielgeräte) neben der Schule, der vom unmittelbar benachbarten Kindergarten und auch öffentlich genutzt wird. Dieser Spielplatz wird von der Gemeinde demnächst noch ausgebaut. Im Schulgebäude ist auch noch eine polytechnische Schule untergebracht (neuntes und letztes Pflichtschuljahr).

Das Schulgebäude ist ca. 35-40 Jahre alt (eine Renovierung ist seit fünf Jahren in Planung, aber immer noch nicht eingeleitet), mit hellen, freundlichen Räumen und Gängen. Die Klassenzimmer mit normaler Ausstattung sind etwa gleich groß und um eine zweigeschossige Aula angeordnet, die regelmäßig für Musikaufführungen der Schüler (Musicals) genutzt wird. Die Schule hat den Schwerpunkt einer Musikhauptschule, die in jeder Jahrgangsstufe eine Musikklasse hat. Am Rande der Aula findet man einen eigenen Kasten mit Spielgeräten, die während der Pausen benutzt werden dürfen. Zudem gibt es zwei Tischfußballtische und Tischtennistische.

Für die Schüler der Nachmittagsbetreuung steht als Ruhe- und Rückzugsraum die Bibliothek zur Verfügung sowie ein weiterer großer Raum.

Integration von BSS in den Schulalltag und in den Ganztag
An der Hauptschule Eggelsberg gibt es eine vom Regelunterricht getrennte Nachmittagsbetreuung mit Schülern aus allen vier Jahrgangsstufen.

Vor- und Nachmittag sind zeitlich und thematisch voneinander getrennt. Am Vormittag findet der Pflichtunterricht nach dem üblichen Schema von 50-Minuten-Unterricht und 5 Minuten Pause (Ausnahme: Essenspause von 11:10-11:30 Uhr) statt. Am Nachmittag ist Zeit für Hausaufgaben und Freizeit. „In der Tagesbetreuung wird natürlich Sport gemacht. Es ist ganz wichtig, dass die Kinder zunächst einmal rauskommen und sie gehen auch in die Turnhalle" (16[54], SL, S. 2). Während der Freizeit können die Schüler unter Aufsicht die Sportanlagen der Schule nutzen, u. a. Aktivitäten aus dem Bereich BSS, allerdings handelt es sich hierbei nicht um angeleitete Kurse. Die Nachmittagsbetreuung wird von Lehrern der Schule wahrgenommen, wobei es laut Direktor immer schwieriger wird, Lehrer für diesen Nachmittagsunterricht zu motivieren. Er glaubt aber, dass dieses Angebot in den nächsten Jahren ausgeweitet werden muss.

Kooperationen mit Sportvereinen gibt es nur auf freiwilliger Basis und wenn diese Initiative von den Vereinen ausgeht. Kein Verein soll bevorzugt werden. Derzeit wird Turnen, Fußball und Judo angeboten, wobei das Sportangebot der Vereine vorwiegend deren Talentsuche dient. Die Vereinstrainer kommen an die Schule und stellen ihre Sportart im Rahmen des Regelunterrichts vor. Die Zusammenarbeit verläuft zufriedenstellend. Ein Selbstverteidigungskurs für Mädchen wird regelmäßig organisiert, wobei die Teilnehmerinnen dafür bezahlen müssen.

Bewegung im Unterricht ist weitgehend der Initiative der Lehrer überlassen, im Musikunterricht ist z. B. Tanz verpflichtend. Dieser Bereich wird aber forciert, eine schulinterne Fortbildung zu Bewegung im Unterricht und Entspannungspausen wurde im Schuljahr 2011/2012 durchgeführt, da der Direktor großen Wert darauf legt.

Die *Bewegte Pause* läuft unterschiedlich ab, die Schüler können sich dabei auf freiwilliger Basis selbsttätig beschäftigen. Dazu stehen ein Kasten mit Geräten (Diabolos, Jonglierutensilien, Boxsack, Spiele), das gesamte Schulgebäude, der Vorplatz (mit Aufsicht), die Aula, die Gänge und die Klassenzimmer zur Verfügung.

*Abb. 5.187: Materialien für die **Bewegte Pause***

---

54 Um die Interviewprotokolle aus den verschiedenen Schulen leichter auffinden zu können, wurden den Untersuchungsschulen jeweils Zahlen zugeordnet. Die Musikhauptschule Eggelsberg wurde unter der Ziffer 16 verzeichnet. Alle Untersuchungsschulen finden sich im Untersuchungsschulverzeichnis am Ende des Buches.

Ziele der Schule mit der Einbindung von BSS in den Schulalltag

Der Direktor ist der Ansicht, dass BSS für alle Belange des Lebens bereichernd ist, angefangen vom Aspekt der Gesundheit, über Bewegungserfahrung bis hin zu pädagogischen Zielsetzungen. „Ich versuche selbst, da ich auch aus dem sportlichen Bereich komme, ihnen möglichst viel zu bieten, vielfältig und vielseitig auszubilden" (16, SL, S. 7).

Abb. 5.188: Kickerkasten und Stehtische in der Aula

Kinder bewegen sich gern und sollen ihre Grenzen kennenlernen. Sport soll die Kinder unterstützen, auf Nikotin und Alkohol zu verzichten. Man versucht, den Schülern viel zu bieten, der Direktor selbst sieht sich als Verfechter des Breitensports.

Fördernde und hemmende Faktoren für die Integration von BSS in den Schulalltag
Fördernde Faktoren

Die gute räumliche Ausstattung (große teilbare Sporthalle, großer Gymnastikraum, Tanzraum) und die Wertschätzung von BSS durch den Direktor, der selbst ausgebildeter Sportlehrer ist und in der Hauptschullehrerausbildung an der Pädagogischen Hochschule Linz arbeitet sowie in einem Sportverein als Übungsleiter aktiv ist. Im Kollegium findet man viele geprüfte Sportlehrer, was in Oberösterreich ansonsten selten ist. Die Akzeptanz von BSS im Lehrerkollegium ist sehr gut. „Wir kriegen zum Beispiel einen neuen Spielplatz, der wird im Sommer gebaut, die Planung ist fertig gestellt, die Gemeinde tut schon was" (16, SL, S. 10). Auch die neue Sporthalle ist bereits fertig und seit Ende Oktober 2013 in Gebrauch.

Abb. 5.189: Blick in die teilbare Sporthalle

Hemmende Faktoren
Es sind keine Ressourcen für ein zusätzliches sportliches Angebot *(unverbindliche Übungen)* vorhanden, weil es neben dem Schwerpunkt Musik auch noch einen Schwerpunkt Informatik gibt, womit das Lehrerstundenkontingent, das der Schule zur Verfügung steht, bereits ausgeschöpft ist. *„Freigegenstände* bzw. *unverbindliche Übungen* ... im sportlichen Bereich bieten wir momentan nicht an, weil wir einfach die Stunden dazu nicht haben" (16, SL, S. 2). „Die Schule soll seit fünf Jahren renoviert werden" (16, SL, S. 10).

Bedeutung einer gesunden Pausen- und Mittagsverpflegung an Schulen mit und ohne Ganztagsangebot – Aktionen zur Information über gesunde Ernährung
Die Hauptschule Eggelsberg legt sehr großen Wert auf gesunde Ernährung. Sie erwarb das Gütesiegel „Gesunde Schule". Diese Auszeichnung wird an Schulen verliehen, die sich dauerhaft für eine gesunde Ernährung an der Schule einsetzen.

Die Schule beschäftigt eine Köchin, die das gesunde Mittagessen frisch zubereitet. Es werden auch vegetarische Gerichte angeboten. Das Mittagessen erfreut sich einer großen Beliebtheit. Täglich nehmen etwa 180 Schüler das Mittagessen an der Schule in Anspruch. Nur 28 Schüler davon besuchen die Nachmittagsbetreuung.

Der Verkauf in den Pausen wurde umgestellt. Es gibt keine Süßigkeiten mehr, dafür aber Obst. Die Lehrer setzen sich für ein gesundes Frühstück ein.

Das Angebot im Getränkeautomaten wird von der Schulleitung nur als bedingt gesund empfunden. Cola und stark zuckerhaltige Getränke wurden aber aus dem Sortiment genommen.

Jedes Jahr finden spezielle Aktionen zum Thema Ernährung statt. Ein Beispiel dafür ist die Aktion „Powerweckerl". Dieses wird von den Schülern kreiert und gebacken. Zu Beginn des Schuljahres 2010/2011 wurde die Aktion „Eine runde Sache" durchgeführt. Die Aktion behandelte unterschiedliche Themen. In diesem Jahr wurde beispielsweise ein gesundes Getränk kreiert und Brot gebacken.

Begünstigende und erschwerende Faktoren gesunder Ernährung
Das Thema gesunde Ernährung ist lehrplanmäßig im Biologieunterricht vorgesehen. Außerdem sind die unterschiedlichen Aktionen begünstigende Faktoren für eine gesunde Ernährung an der Schule.

Durch die Auszeichnung „Gesunde Schule" erhält die Schule Vorgaben im Bereich gesunder Ernährung, welche eingehalten werden müssen. Dies wirkt sich positiv auf die Schulverpflegung aus.

Die Eltern werden über eine gesunde Ernährung informiert. Da es im Schuljahr 2010/2011 keinen Elternverein an der Schule gab, konnte der Bereich Ernährung nur bei sporadisch stattfindenden Elternstammtischen thematisiert werden.

Erschwerend wirken sich die nahe liegenden Essenstände auf eine gesunde Ernährung aus. Die Schulküche hat dadurch eine unkontrollierbare Konkurrenz, die den Gewohnheiten der Kinder entgegenkommt.

Abb. 5.190: Spielplatzausstattung für die Pause

Vor Ort angewandte Strategie zur Integration von BSS
In der Tagesbetreuung wird darauf geachtet, dass die Kinder BSS machen.

Im Bereich des Ganztags dürfen die Kinder nur unter Aufsicht in die Sporthalle, um einen reibungslosen Ablauf zu garantieren. Ein weiterer Punkt ist die *Bewegte Pause*, in der die Kinder aus Boxen Spiele wie Diabolos herausnehmen können, um sich sportlich zu beschäftigen. Die Kinder dürfen sich in den Pausen unter Aufsicht auf dem gesamten Schulgelände aufhalten (im Freien, Aula, Gängen, Klassenzimmer).

Eine weitere Strategie ist die vertiefende Einbeziehung von BSS im Unterricht. Das ist aber laut Direktor abhängig vom jeweiligen Lehrer.

Geplante Maßnahmen im Rahmen der Schulentwicklung
„Es läuft ganz gut, wie es momentan ist und es wird keine großartigen Änderungen geben" (16, SL, S. 19).

Einen Elternverein hat es bis vor fünf Jahren gegeben. Der Direktor würde es begrüßen, wenn wieder einer zustande käme. Die Zusammenarbeit mit den Eltern ist aber dennoch gut.

Der Direktor ist sich sicher, dass es in Zukunft mehr Ganztagsangebote geben wird.

„Es ist aber nicht mein Herzenswunsch, weil ich die Lehrer für die Nachmittagsbetreuung gar nicht so leicht bekomme, aber es wird kommen" (16, SL, S. 19).

Da die Zusammenarbeit mit den Vereinen gut funktioniert, sind momentan keine weiteren Kooperationen geplant.

5.2.7 (Sport-)Hauptschule Niederwaldkirchen

Abb. 5.191: Außenansicht

Abb. 5.192: Sporthalle mit Kletterwand

Das Schulgebäude liegt am Ortsrand von Niederwaldkirchen. Durch eine leichte Hanglage (auf der einen Seite Einfamilienhäuser, unterhalb des Gebäudes ein großer Parkplatz) ist man eher räumlich beengt. Zwischen Schule und Kindergarten gibt es eine Rasenfläche, die von der Gemeinde demnächst in einen Spielplatz umgestaltet wird, der dann von beiden Einrichtungen benutzt werden kann. Ein kleiner, gepflasterter Schulvorhof kann in den Pausen genutzt werden.

Zwei Sporthallen, die beide auch räumlich geteilt werden können, stehen zur Verfügung. Die Klassenzimmer mit normaler Ausstattung weisen unterschiedliche Größen auf. Die Schule kann den örtlichen Vereinssportplatz, der etwa 5 Minuten zu Fuß von der Schule entfernt ist, für Sportaktivitäten im Freien benutzen.

Integration von BSS in den Schulalltag und in den Ganztag
An der Schule gibt es keine Nachmittagsbetreuung. Zwei von drei Klassen pro Jahrgangsstufe werden als Sportklassen geführt, daher hat BSS einen sehr hohen Stellenwert an der Schule. Ein sportliches Gesamtkonzept wird schon lange verfolgt, seit 1990 hat man den Status einer Sporthauptschule. Stand ursprünglich der Judosport im Vordergrund, so ist das heute nur noch ein Schwerpunkt neben anderen.

Die Sportklassen, für die Aufnahme in diese Sonderform ist die Absolvierung eines sportlichen Eignungstests erforderlich, verfügen über ein vermehrtes, regelmäßiges Sportangebot. Von der ersten bis zur vierten Klasse sind wöchentlich folgende Sportstunden vorgesehen: acht – acht – sieben – sieben, was die Verwirklichung der täglichen Turnstunde bedeutet. Regelhauptschulen haben dazu

Darstellung der Situation an den Projektschulen | 183

im Vergleich folgendes wöchentliches Sportstundenangebot nach Jahrgängen: vier – drei – drei – drei. Erfreulicherweise besteht auch in den Normalklassen großes Interesse am Sport.

Im Vierjahresrhythmus wird ein großes öffentliches Schauturnen (mehrere Vorführungsabende werden von rund 1.800 Zuschauern verfolgt!) durchgeführt, an dem alle Schüler der Schule teilnehmen und alle Lehrer in irgendeiner Form mit eingebunden sind.

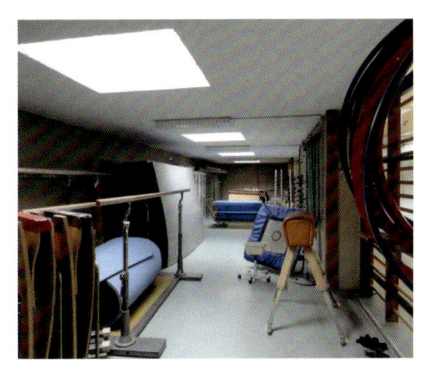

Abb. 5.193: Ausstattung der Sporthalle

Die Sportstunden werden in Dreifach-, Doppel- oder Einzelstunden ausgeführt. Gegenüber den Regelhauptschulen hat die Sporthauptschule aber nur eine Stunde Musikerziehung weniger, also insgesamt eine höhere Anzahl von Schulstunden.

In den *unverbindlichen Übungen* setzen Lehrer nach ihren Schwerpunkten Inhalte, zurzeit aus dem sportlichen Bereich nur Golf, aber auch Maschinenschreiben, Italienisch und EDV.

Es gibt eine enge Kooperation mit dem Union Judozentrum Mühlviertel. Als Judolehrer an der Schule fungiert der Olympiadritte von Los Angeles, ein Bürger der Gemeinde Niederwaldkirchen. Dieser Schwerpunkt wurde vom ehemaligen Direktor der Hauptschule, der Funktionär im Judoverein ist und auch Präsident des Österreichischen Judoverbandes war, an der Schule installiert.

Abb. 5.194: Matten für Judo in der Sporthalle

Der Versuch, die *Bewegte Pause* durchzuführen, ist wieder „eingeschlafen". *Bewegter Unterricht* spielt in anderen Fächern an der Schule keine Rolle.

Ziele der Schule mit der Einbindung von BSS in den Schulalltag

„Der Sport hat an dieser Schule, also zumindest seit ich Lehrer bin, das ist seit dem Jahr 1976, immer sehr große Bedeutung gehabt, auch als wir damals noch eine normale Hauptschule waren" (18[55], SL, S. 2).

---

55 Um die Interviewprotokolle aus den verschiedenen Schulen leichter auffinden zu können, wurden den Untersuchungsschulen jeweils Zahlen zugeordnet. Die (Sport-)Hauptschule Niederwaldkirchen wurde unter der Ziffer 18 verzeichnet. Alle Untersuchungsschulen finden sich im Untersuchungsschulverzeichnis am Ende des Buches.

Abb. 5.195: Geräte im Fitnessraum

Für den Direktor, der selbst ausgebildeter Sportlehrer ist (Schwerpunkte Geräteturnen, Fußball, Golf), stellt BSS einen wichtigen Bestandteil der Gesamterziehung dar. So empfindet er zum Beispiel das Geräteturnen äußerst positiv für Schüler, weil es viele Eigenschaften, wie Selbstüberwindung, Überwindung von Ängsten u. Ä., fördert. Auch in der Nikotin- und Alkoholprävention sieht er einen wichtigen Stellenwert, der Sport kann dabei etwas erreichen. Man bemüht sich um ein breites Angebot und versucht, frühzeitige Selektionierung hintenanzustellen. Die Schüler sollen möglichst viele Sportarten kennenlernen, so werden auch regelmäßig im Unterricht Trendsportarten vorgestellt (z. B. Parkours, Freerunning, Fußballgolf und Spinningwheel).

Fördernde und hemmende Faktoren für die Integration von BSS in den Schulalltag
Fördernde Faktoren
Förderlich ist die räumliche Ausstattung der Schule sowie die gute Infrastruktur. Es stehen 13 geprüfte und sehr engagierte Sportlehrer zur Verfügung. „Die Turnlehrer sind vielleicht auch der Meinung, vielleicht der richtigen Meinung oder auch nicht, das lasse ich dahingestellt, dass sie also doch besondere Wichtigkeit haben, vielleicht durch unser Schauturnen, die sind für uns von immenser Bedeutung, da hängt aber irrsinnig viel Vorbereitung und Arbeit daran" (18, SL, S. 10). Alle Schüler und Lehrer der Schule sind in das Schauturnen eingebunden. „Das zeichnet uns vielleicht als Schule aus" (18, SL, S. 10). Alle Lehrer erkennen und akzeptieren den Stellenwert von BSS, und dies, obwohl der Direktor wenig bis gar keinen Einfluss auf die Auswahl der Lehrkräfte hat. Der Bezirksschulrat weist das erforderliche Stundenkontingent (Mehrbedarf für den Sportunterricht) zu. Die Gemeinde unterstützt die Schule, der Vorgänger des jetzigen Direktors war auch Bürgermeister der Gemeinde, in allen Belangen. Die Bevölkerung akzeptiert die Schule in hohem Maße, Schüler aus 19 Gemeinden besuchen die Schule.

Hemmende Faktoren

Hemmende Faktoren sind kaum vorhanden. Allerdings wird vom Direktor beobachtet, dass BSS die Schüler auch quirliger macht, wodurch der Disziplin mehr Beachtung geschenkt werden muss. „Und da ist natürlich der Lehrer, der Klassenvorstand, schon sehr gefragt, hauptsächlich wieder Disziplin einfließen zu lassen. Und darauf lege ich immer noch sehr großen Wert, weil, wenn man dem freien Lauf ließe, dann ist es sehr schlecht um die Schule bestellt" (18, SL, S. 11).

Abb. 5.196: Essensausgabe in der Mensa

Bedeutung einer gesunden Pausen- und Mittagsverpflegung an Schulen mit und ohne Ganztagsangebot – Aktionen zur Information über gesunde Ernährung

An dieser Schule gibt es keinen täglichen Pausenverkauf und die Schule nimmt auch nicht am „EU-Schulmilchprogramm" teil. Dafür besteht laut Schulleitung kein Bedarf, da jeder Schüler seine Pausenverpflegung von zu Hause mitbringt.

Der Getränkeautomat im Veranstaltungsbereich der neuen Sporthalle enthält alle üblichen Getränke. In einem weiteren Getränkeautomaten, der sich im Schulgebäude befindet, wurden auf Initiative des Elternvereins stark zuckerhaltige Getränke entfernt. Seit dem Schuljahr 2011/2012 gibt es einen Trinkwasserbrunnen an der Schule.

Die Mittagsverpflegung wird an dieser Schule von zwei Köchinnen, die von der Gemeinde angestellt sind, gekocht. Beim Mittagessen wird auf eine gesunde Ernährung geachtet. Dafür erhielt die Schulküche vom Land Oberösterreich eine Auszeichnung für die Qualität der Speisen. Die Schüler essen gerne an der Schule zu Mittag. Die Verpflegung wird von der Gemeinde finanziell unterstützt, sodass das Mittagessen sehr günstig angeboten werden kann. Im Essenspreis ist auch ein Getränk enthalten. Freitags gibt es keine Mittagsverpflegung, weshalb Obstbäuerinnen eine gesunde Pausenverpflegung an die Schüler verkaufen.

Im Hauswirtschaftsunterricht wird regelmäßig auf die Aspekte der gesunden Ernährung eingegangen. Ebenso wird das Thema lehrplanmäßig im Biologieunterricht behandelt.

Außerdem finden an der Hauptschule Niederwaldkirchen spezielle Aktionen zum Thema gesunde Ernährung statt, welche die Lehrer initiieren.

Abb. 5.197: Tafel zum Thema gesunde Ernährung

Begünstigende und erschwerende Faktoren gesunder Ernährung
Das Angebot einer gesunden Mittagsverpflegung und die große Akzeptanz der Schüler im Bezug darauf begünstigt zweifelsohne die gesunde Ernährung an der Schule. Außerdem veranstaltet die Schule gesonderte Aktionen zum Thema gesunde Ernährung.

Als erschwerender Faktor ist der Getränkeautomat in der Sporthalle erkennbar, der auch Getränke enthält, welche reichlich Zucker enthalten. Diese wirken einer gesunden Ernährung der Kinder entgegen.

Vor Ort angewandte Strategie zur Integration von BSS
Wie man schon im Laufe der ganzen Zusammenfassung sieht, hat BSS einen ganz großen Stellenwert. Die Schule versucht, durch viele Veranstaltungen, wie das Schauturnen, den Kindern die Möglichkeit zu geben, sich auch außerhalb des Unterrichts sportlich zu betätigen. Weitere Veranstaltungen, wie Sportwochen, Schwimmwochen, Skikurse und Rettungsschwimmen, runden das vielfältige Angebot der Schule ab.

Geplante Maßnahmen im Rahmen der Schulentwicklung
Der Direktor befürwortet die Teilnahme an diversen Wettkämpfen. Es haben schon viele stattgefunden, aber es sollen noch einige folgen. Dabei legt er großen Wert darauf, dass das Hauptaugenmerk solcher Veranstaltungen nicht der erste Platz, sondern die Vermittlung der Bewegungsfreude ist. Als weiteres Ziel nennt der Direktor die Fertigstellung des Pausenhofs.

5.2.8 Neue Mittelschule Alkoven

Die Neue Mittelschule Alkoven liegt unmittelbar im Ort Alkoven, nahe Linz. Zentraler Dreh- und Angelpunkt für den Bereich Bewegung und Sport ist die große Sporthalle der Schule. Zusätzlich zu ihrer eigenen Sporthalle ist es den Schülern der NMS Alkoven gestattet, die Sporthalle der benachbarten Volksschule zu benutzen. Im Außengelände befindet sich jetzt ein sanierter Spielplatz, der auch gerne von den Schülern angenommen wird.

Abb. 5.198: Renovierte Außenansicht der NMS Alkoven

Die Klassenzimmer sind neu saniert und mit moderner Technik ausgestattet, jedoch ist das Klassenzimmer nicht für Bewegungsmöglichkeiten konzipiert.

Integration von BSS in den Schulalltag
„Wir bieten die ganztägige Schulform in getrennter Form an" (SL, S. 10). Ein Teil der Schüler bleibt am Nachmittag in der Schule, um die Hausaufgaben machen zu können. Anschließend steht die Sporthalle den Schülern als Bewegungsraum zur Verfügung."

„Die Sporthalle hat für uns einen großen Stellenwert" (17, SL, S. 19). Diese ist ab 7:00 Uhr, in jeder großen Pause, in jeder Mittagspause und am Nachmittag geöffnet. „Die Sporthalle wird bei uns rund um die Uhr genutzt, und auf das legen wir viel Wert" (17, SL, S. 12). Laut Meinung des Direktors ist Bewegung sehr wichtig und dient auch der Beruhigung im Schulhaus."

Abb. 5.199: Sitz- und Spielmöglichkeiten in der Aula

„Wenn sich die Kinder bewegen können, ist der Tagesablauf leichter zu bewerkstelligen, als wenn der Bewegungsspielraum der Kinder eingeschränkt ist" (17, SL, S. 2).

*Abb. 5.200: Materialien für die **Bewegte Pause***   *Abb. 5.201: Bildschirmarbeitsplätze*

„Es kommen auch Schüler vom Ort nur deshalb schon um 6:45 Uhr, weil die Sporthalle offen ist und sie Fußball spielen können" (17, SL, S. 12).

Die Stunden dauern, wie in anderen Schulen auch, 50 Minuten. Die kleine Pause dauert fünf Minuten, und die große 15 Minuten.

Nach zwei Stunden ist die große Pause und nach fünf Stunden das Mittagessen. Bei manchen Klassen dauert der Unterricht bis 13:10 Uhr. Diese Kinder können nach dem Unterricht nach Hause gehen und haben dementsprechend keine Mittagspause."

„In der Mittagspause kann der Schüler entscheiden, ob er hinaus geht oder die Sporthalle als Bewegungsraum nützt" (17, SL, S. 12). Nach der 50-minütigen Mittagspause geht der reguläre Nachmittagsunterricht weiter.

Die Betreuung am Nachmittag erfolgt durch einen Lehrer und eine unterstützende Kraft vom Hilfswerk in Eferding. „Die Kinder können Hausübungen machen, die Bücherei ist offen, Spiele sind vorhanden, Computerarbeitsplätze und natürlich haben wir einen Bewegungsraum (Sporthalle) zur Verfügung" (17, SL, S. 2).

Regelmäßige Kooperationspartner, wie Sportvereine, gibt es nicht. „Das hätte ich gerne und würde es unterstützen, wenn es realisierbar wäre." (17, SL, S. 13). Der Direktor würde die Form der Ganztagsschule in Verschränkter Form begrüßen.

„Für diese Form könnte angedacht werden, dass der Sportverein, der Fußballverein, der Judoverein ein paar Stunden übernimmt." (17, SL, S. 13)

Unverbindliche Übungen werden derzeit nicht angeboten.

Ziele der Schule mit der Einbindung von BSS in den Schulalltag
„Es ist eine Erleichterung für den Unterricht, wenn sich der Schüler austoben und bewegen kann –, so erziele ich eine höhere Aufmerksamkeit der Schüler im Unterricht." (17, SL, S. 11)

Es gibt viele Schüler, die sich gerne bewegen, auf der anderen Seite aber auch viele, die mit Sport nicht viel anfangen können.

„Bewegung und Sport sind eine sehr gute Alternative für die ganz normale Schulstunde" (17, SL, S. 11). Sport und Bewegung spielt bei der Realisierung des Ganztags keine entscheidende Rolle.

„Der sportliche Aspekt war eigentlich kein Grund für die Überlegung einer ganztägigen Betreuung." (17, SL, S. 14)

Fördernde und hemmende Faktoren für die Integration von BSS in den Schulalltag
Fördernde Faktoren
Förderlich kann die Umstellung auf ganztägige Form sein. Der Direktor erkennt die Wichtigkeit von BSS zur Rhythmisierung des Unterrichts. Die regelmäßig geöffnete Sporthalle findet bereits

Abb. 5.202: Kickerkasten auf dem Flur

großen Anklang und zusätzlich befindet sich ein Spielplatz und eine Skaterbahn auf dem Außengelände.

Hemmende Faktoren
Es werden keine *unverbindlichen Übungen* wegen fehlender Lehrerstunden und keine Kooperationsangebote mit Vereine angeboten, da hier noch kein Interesse bzw. Möglichkeit auf Vereinsseite vorhanden ist.

Bedeutung einer gesunden Pausen- und Mittagsverpflegung an Schulen mit und ohne Ganztagsangebot – Aktionen zur Information über gesunde Ernährung

Obwohl an der Schule im Schuljahr 2010/2011 kein Mittagessen für die Schüler angeboten wurde, hat eine gesunde Ernährung einen großen Stellenwert an der Schule.

Im Unterrichtsfach „Ernährung und Haushalt" wird das Thema gesunde Ernährung aufgegriffen und den Kindern nahegebracht. Die dafür zuständige Lehrerin ist sehr engagiert und legt großen Wert auf diese Thematik.

Was in der Neuen Mittelschule Alkoven wohl einzigartig ist, ist die zweimal in der Woche stattfindende gesunde Pausenverpflegung. „Wir haben seit 20 Jahren zweimal in der Woche eine gesunde Schulpause, die von der zweiten bis zur vorletzten Schulwoche angeboten wird." (17, SL, S. 17) Diese Pausenverpflegung organisieren die Mütter, die sich bei der Zubereitung in regelmäßigen Abständen abwechseln. An den anderen Tagen werden im Pausenverkauf Gebäck und andere Dinge angeboten.

Cola und sonstige zuckerhaltige Getränke wurden aus dem Sortiment genommen. „Wir leben gesund und bieten diese Getränke seit 5 Jahren nicht mehr an." (17, SL, S. 17) Falls es einmal vorkommt, dass Kinder nach der Mittagspause mit einer Cola in die Schule kommen, werden sie in einem Gespräch darauf hingewiesen, wie ungesund dieses Getränk ist. Seit dem Schuljahr 2009/2010 verfügt die Schule zudem über einen Trinkbrunnen, welcher bei den Kindern sehr großen Anklang findet.

Begünstigende und erschwerende Faktoren gesunder Ernährung

An der Schule gibt es keine Mittagsverpflegung und die Schüler müssen in ein nahe gelegenes Café mit Bäckerei ausweichen. „Es gibt Würstel, einen Toast, eine Pizza und dergleichen" (17, SL, S. 17). Das Ziel der Schulleitung ist es, diesen Zustand zu ändern.

Vor Ort angewandte Strategie zur Integration von BSS

Die Strategie ist, dass sich mit der Umstellung auf eine *Verschränkte Ganztagsschule* in Sachen BSS einiges verbessern soll.

So ist zum Beispiel eine Kooperation mit dem einen oder anderen Verein im Ort geplant.

Geplante Maßnahmen im Rahmen der Schulentwicklung

Das Ziel kann die „verschränkte Form der ganztägigen Schulform" sein. „Bewegung und Sport im Schulalltag wird einen immer höheren Stellenwert bekommen, weil dadurch ein Ausgleich zum Schulalltag geschaffen wird. Wenn Türen zu Bewegungsräumen offen stehen, ist dies förderlich für Entstressung, Beruhigung und Ausgleich der Schüler." (17, SL, S. 11)

In Bezug auf die Erhöhung der Sportstunden in der Stundentafel ist der Direktor skeptisch – er denkt, dass Bewegung im täglichen Leben eine Rolle spielen muss – nicht nur im Schulalltag. Eigenverantwortung seitens der Eltern und der Schüler ist gefordert.

5.2.9 Bundesrealgymnasium Linz Landwiedstraße

Abb. 5.203: Außenansicht und Zugang   *Abb. 5.204: Pausenhof mit Basketballkörben*

Das Bundesrealgymnasium Linz, Landwiedstraße, liegt im Südwesten der Stadt, im Stadtteil Bindermichl, inmitten einer großen Wohngegend. Das relativ neue und moderne Schulgebäude beherbergt auch noch eine weiterführende höhere Schule (höhere Lehranstalt für wirtschaftliche Berufe). Insgesamt besuchen rund 1.400 Schüler dieses Schulzentrum. Es verfügt über eine Dreifachsporthalle und eine Einzelhalle. Im Freien gibt es grüne Hofflächen mit Basketballkörben und Hartplätzen. Neben der Schule befindet sich, nur durch einen Fußweg getrennt, eine Verbandssportanlage mit Leichtathletikanlagen, die von der Schule genutzt werden.

Die Klassenzimmer weisen die gleiche Größe auf, einige Klassenzimmer sind mit Beamer und Computer ausgestattet. Das Schulzentrum verfügt über einen Festsaal (Aula), die breiten Gänge sind hell und freundlich.

Für die Nachmittagsbetreuung wurden eigens drei Räume adaptiert und ein Essensraum eingerichtet. Zudem gibt es Tischtennistische und Kickerkästen.

Integration von BSS in den Schulalltag und in den Ganztag
Am Bundesrealgymnasium Linz, Landwiedstraße (Stand Schuljahr 2013/14), gibt es eine vom Regelunterricht getrennte Nachmittagsbetreuung mit Schülern aus den ersten drei Jahrgangsstufen. Nach dem Regelunterricht des Vormittags folgt das Mittagessen mit kurzer Freizeit, dann Einheiten zum Erledigen der Hausaufgaben sowie wöchentlich je eine Förderstunde in Deutsch, Englisch und Mathematik. Täglich ist auch Freizeit vorgesehen. In diesem Bereich gibt es, mit Ausnahme der Förderstunde, keinen absoluten Plan nach Minuten. Wenn die Schüler ihre Hausaufgaben erledigt haben, beginnt die individuelle Freizeit. Während der Freizeit können die Schüler unter Aufsicht

auch Aktivitäten aus dem Bereich BSS nachgehen, allerdings nicht in angeleiteten Kursen. Sie können aber auch an *unverbindlichen Übungen*, derzeit in Fußball, Klettern, Badminton und Volleyball, teilnehmen. Bei diesen Kursen können auch alle anderen Schüler der Schule mitmachen.

Abb. 5.205: Laufbahn und Weitsprunganlage   *Abb. 5.206: Blick in die Dreifachsporthalle*

Der Vormittagsunterricht folgt einem üblichen Schema von 50-Minuten-Unterrichtseinheiten und 5-Minuten-Pausen. Nach der dritten Unterrichtseinheit gibt es eine 15-min-Pause.

BSS spielt in der Nachmittagsbetreuung eine große Rolle, bei Schönwetter sollen die Kinder auch ins Freie. „Wir schauen darauf, dass die Kinder auch hinauskommen, dass sie auch Bewegung machen" (30[56], SL, S. 2).

Ein Handicap stellt dar, dass Lehrer ohne Sportausbildung im Rahmen der Nachmittagsbetreuung keine Geräte in der Sporthalle verwenden dürfen. Die Nachmittagsbetreuung verfügt über eigene Bälle und Bewegungsgeräte. Im Rahmen der Gestaltung der Außenanlagen wurde ein eigener Kinderspielplatz mit zusätzlichen Bewegungsmöglichkeiten geschaffen.

Die Anzahl der *unverbindlichen Übungen* ist durch einen vom Landesschulrat vorgegebenen Stundenpool begrenzt. Die Initiative zu *unverbindlichen Übungen* geht von den Lehrkräften und ihren speziellen Fähigkeiten aus.

Es gibt keine Kooperationen mit Vereinen. Regelmäßig wird für Schülerinnen ein Selbstverteidigungstraining auf freiwilliger Basis im Rahmen des Regelunterrichts mit schulfremden Lehrern (Polizeisportverein) angeboten. Für diesen Kurs müssen die Schülerinnen bezahlen.

---

56 Um die Interviewprotokolle aus den verschiedenen Schulen leichter auffinden zu können, wurden den Untersuchungsschulen jeweils Zahlen zugeordnet. Das Bundesrealgymnasium Linz, Landwiedstraße, wurde unter der Ziffer 30 verzeichnet. Alle Untersuchungsschulen finden sich im Untersuchungsschulverzeichnis am Ende des Buches.

Bewegung im Unterricht hat noch einen äußerst geringen Stellenwert. „In der Praxis hat das noch einen geringen Stellenwert, in der Theorie haben wir zwar einiges zu dem Thema gemacht, besprochen, aber das hat sich in der Praxis noch nicht niedergeschlagen" (30, SL, S. 2). Es gab einen Schulentwicklungstag zu diesem Thema. Arbeitsgruppen mit Lehrern aller Fächer haben Materialien ausgearbeitet und eine Mappe mit Anregungen für die Lehrer zusammengestellt. Diese Mappe liegt im Konferenzzimmer aus, aber das ist faktisch noch nicht etabliert und wird von Lehrern unterschiedlich umgesetzt.

Ziele der Schule mit der Einbindung von BSS in den Schulalltag
Neben den Zielen des Lehrplans werden vor allem pädagogische Zielsetzungen angestrebt. Der Direktor ist der Meinung, dass Ausgleich zum sitzenden Schulalltag notwendig ist und die Konzentration dadurch gefördert wird. Aber Konzepte allein genügen nicht, es müsste systematischer gearbeitet werden.

Abb. 5.207: Kickerkästen im Treppenabgang

Fördernde und hemmende Faktoren für die Integration von BSS in den Schulalltag
Fördernde Faktoren
Spielgeräte, Spielräume sowie das Interesse der Schüler sind vorhanden. Die Schule kann sportliche Erfolge bei Schulmeisterschaften in Sportarten, die als *unverbindliche Übungen* angeboten werden, aufweisen.

Hemmende Faktoren
Leider bestehen nur beschränkte Möglichkeiten durch Stundenkontingente. Es erfolgte bisher keine systematische Vorgangsweise zur Implementierung von Bewegung im Unterricht. „Das ist mehr die Initiative einzelner Lehrer. Das ist so nicht gegangen, das war zu wenig" (30, SL, S. 4). Der *Verschränkte Ganztag* ist ein Politikum in Österreich. „Ein Handicap bei der ganzen Geschichte ist, dass, bei uns zumindest, Lehrer, die nicht Bewegung und Sport unterrichten, mit den Kindern nicht in den Turnsaal gehen dürfen, die Geräte nicht verwenden dürfen" (30, SL, S. 2).

Bedeutung einer gesunden Pausen- und Mittagsverpflegung an Schulen mit und ohne Ganztagsangebot – Aktionen zur Information über gesunde Ernährung
Eine gesunde Ernährung wird an dieser Schule im Biologieunterricht thematisiert. Spezielle Aktionen zur Information über eine gesunde Ernährung finden an dieser Schule nicht statt.

Abb. 5.208: Pausenverkauf

Abb. 5.209: Küche zur Mittagsverpflegung

Im Schulgemeinschaftsausschuss wird darüber diskutiert, die Pausenverpflegung nach bestimmten Kriterien auszurichten. Der Versuch, eine gesunde Pausenverpflegung anzubieten, führte zu Umsatzrückgängen im Pausenverkauf. Die Kinder wichen auf das Lebensmittelangebot in einem nahe gelegenen Einkaufszentrum aus. Dies ist eigentlich nicht erlaubt, weil die Schüler das Schulhaus nicht verlassen dürfen.

Das Mittagessen für die Nachmittagsbetreuung liefert ein Cateringunternehmen. Die Schulleitung weiß nicht, ob es dafür einzuhaltende Vorgaben gibt. Die Verantwortung für die Mittagsverpflegung liegt bei dem Leiter der Nachmittagsbetreuung.

Begünstigende und erschwerende Faktoren gesunder Ernährung
Die Schule möchte positive Entwicklungen im Sinne einer gesunden Ernährung unterstützen. Die Hilfe der Eltern entspricht hierbei nicht den Wünschen der Schulleitung. Die Eltern geben ihren Kindern beispielsweise Geld mit in die Schule und die Schüler kaufen sich damit dann ungesunde Lebensmittel. Dies fördert die ungesunde Ernährung der Kinder. „Mein Standpunkt da ist: Da unterstütze ich zwar die Erziehung als Schule, aber irgendwo denke ich mir, die primäre Erziehung muss im Elternhaus passieren" (30, SL, S. 17).

Vor Ort angewandte Strategie zur Integration von BSS
Da der Stellenwert von BSS im Unterricht eher gering ist, gibt es nicht wirklich eine relevante Strategie, um diese zu integrieren.

„In der Theorie haben wir einiges gemacht, das hat sich aber in der Praxis nicht niedergeschlagen" (30, SL, S. 2).

Die Schule hat zwar vor über einem Jahr einen „Schulentwicklungstag", bei dem Auflockerung im Unterricht eines der Hauptthemen war, gemacht, aber diese gelernten Übungen wurden von den Lehrern nie in die Tat umgesetzt. Deswegen konnte sich BSS sehr schwer bis gar nicht etablieren.

Im Ganztagsbereich wird zwar darauf geachtet, dass die Kinder sich bewegen, aber auch in diesem Bereich gibt es, wie bereits oben erwähnt, ein Hemmnis. Den Lehrern, die nicht Bewegung und Sport unterrichten, ist es nicht gestattet, mit den Kindern in die Sporthalle zu gehen.

Abb. 5.210: Grünbereich im Innenhof

Geplante Maßnahmen im Rahmen der Schulentwicklung

Die Schule bietet seit dem Schuljahr 2014/15 den Ganztag in *Verschränkter* Form an. Dies wird von den Eltern und Schülern gut angenommen und sollte in den nächsten Jahren ausgebaut werden.

Bei der räumlichen Infrastruktur sind auch Änderungen im Bereich BSS geplant. Der Direktor möchte gerne sogenannte *Fixbalken* auf dem Schulgelände installieren, damit die Kinder in ihrer Freizeit balancieren können. Im Bereich Kooperation ist keine weitere Zusammenarbeit geplant.

„Ich habe einen sehr guten Kontakt zu den Elternvertretern und bespreche diese Dinge auch mit ihnen. Das funktioniert eigentlich ganz gut" (30, SL, S. 19).

5.2.10 Georg-von-Peuerbach-Gymnasium Linz

Abb. 5.211: Außensportanlagen *Abb. 5.212: Blick in die Dreifachsporthalle*

Das Georg-von-Peuerbach-Gymnasium, Linz, ist ein moderner, heller Schulbau im Linzer Stadtteil Urfahr (dichte innerstädtische Verbauung), der auf drei Seiten von Wohnbauten umgeben ist. Das Schulgebäude selbst, etwa aus den 1970er-Jahren stammend, wurde in den Neunzigern generalsaniert. Im Jahr 2011 kam zu den beiden Sporthallen eine neue Dreifachhalle mit Zuschauertribünen hinzu. Des Weiteren verfügt die Schule auf schuleigenem Gelände über Leichtathletikanlagen, Rasenplätze, einen Hartplatz, zwei Beachvolleyballplätze sowie einen Schulhof.

Die Klassenzimmer weisen etwa die gleiche Größe auf und sind funktionell ausgestattet. Fast alle Klassenräume sind mit Beamer und Computer bestückt. Es gibt viele breite Flure und eine Aula.

Die Tagesbetreuung, die auch flexibel genutzt werden kann, besuchen Schüler der ersten und zweiten Klasse (fünftes und sechstes Schuljahr), dafür stehen zwei eigene Räume zur Verfügung.

Integration von BSS in den Schulalltag und in den Ganztag

Am Peuerbach-Gymnasium gibt es eine vom Regelunterricht getrennte Nachmittagsbetreuung, wobei Vor- und Nachmittag zeitlich und inhaltlich getrennt sind. Am Vormittag findet der Regelunterricht im Klassenverband statt, der Nachmittag wird nach dem Muster der österreichischen Tagesbetreuung gestaltet. Nach dem Mittagessen und einer kurzen Freizeit folgt das Erledigen der Hausaufgaben und die Förderstunden in Deutsch, Englisch und Mathematik (je eine Stunde pro Woche). In der Freizeit finden auch nicht angeleitete Aktivitäten aus dem Bereich BSS statt. Die Nachmittagsgruppen werden nach Schulstufe, also klassenübergreifend, gebildet.

Für Schüler der Tagesbetreuung besteht, wie auch für alle anderen Schüler der Schule, die Möglichkeit, an *unverbindlichen Übungen* (angeleitete Kurse aus BSS; derzeit Volleyball, Handball,

Abb. 5.213: Hartplatz für Fußball und Basketball

Abb. 5.214: Beachvolleyballanlage

Fußball, Gerätturnen, Marathonlauf) teilzunehmen. Für die Tagesbetreuung wurde mittlerweile ein neues System eingeführt, in dem Sport neben Kreativität eine wesentliche Rolle spielt. Weiters führt die Schule in der Unterstufe pro Jahrgang zwei Sportklassen und in der Oberstufe pro Jahrgang eine Sportklasse (manchmal auch zwei pro Jahrgang). Diese Sportklassen verfügen je nach Schulstufe über wöchentlich sieben bis acht Stunden Sportunterricht, wodurch die tägliche Turnstunde verwirklicht ist.

Ein Kooperationspartner der Schule ist der Volleyballverein ASKÖ-Linz-Steg, der auch seine Meisterschaftsspiele in der neuen Sporthalle austrägt.

Weiters pflegt man für die Oberstufen-Schüler eine Kooperation mit der Bundessportakademie Linz. Angestrebt wird die Ausbildung zum Fitness-Instruktor. Ziel ist, die Schüler mit den Vereinstrainern und der Vereinsfunktionärsebene vertraut zu machen.

Jährlich werden Selbstverteidigungskurse für Mädchen (in Zusammenarbeit mit dem Polizeisportverein) im Rahmen des Regelunterrichts angeboten und durchgeführt. Die Schülerinnen müssen dafür einen Kursbeitrag leisten, die Teilnahme ist allerdings freiwillig. Die Organisation des Kurses übernimmt der Sportlehrer der Klasse. Der Direktor ist mit den Kooperationspartnern zufrieden. In den Pausen wurden im Schuljahr 2013/14 Jonglierangebote erprobt, im Unterricht gibt es die Möglichkeiten „Georgs Goldene Fünf" (eine Abfolge von Bewegungsübungen) durchzuführen. Und: „Sofern es nicht gefährdend ist für die Schüler, sind wir nicht allzu restriktiv beim Herumlaufen. Die Kinder holen sich das selbst zum Teil" (SL, S. 13). „Bei Schönwetter können sie auch ins Freie gehen" (SL, S. 13).

Abb. 5.215: Tischtennisplatte auf dem Pausenhof

Abb. 5.216: Einfachsporthalle mit Standardausstattung

Ziele der Schule mit der Einbindung von BSS in den Schulalltag

Der Direktor meint, dass sich besonders im städtischen Bereich viele Kinder zu wenig bewegen, es gibt auch viele Einschränkungen. Das Angebot der Schule ist auch ein Versuch, dies zu kompensieren. Man kann eine steigende Nachfrage nach dem Sportzweig feststellen, zweimal gab es erstmals mehr Anmeldungen für den Sportzweig als für das (Regel-)Gymnasium, das Verhältnis Jungen zu Mädchen liegt bei 70:30 %.

Fördernde und hemmende Faktoren für die Integration von BSS in den Schulalltag

Fördernde Faktoren

Die Schule verfügt über eine sehr gute Infrastruktur und Ausstattung mit Sportanlagen und Sportgeräten. „Wir haben fünf verfügbare Hallen und Außenanlagen, also die Infrastruktur ist bei uns gut" (32, SL, S. 2). Im Gesamtlehrkörper, der etwa 85 Personen umfasst, sind mehr als 20 ausgebildete Sportlehrer. Für BSS stehen ausreichend Stunden zur Verfügung. Die Sinnhaftigkeit von Sport wird vom Lehrkörper grundsätzlich nicht infrage gestellt. Es besteht großes Interesse der Schüler und es herrscht eine große Nachfrage nach diesem Schultyp, da BSS bei den Eltern sehr akzeptiert ist. Die Zusammenarbeit mit den Kooperationspartnern hat sich bewährt.

Hemmende Faktoren

Manche Schüler des Sportzweigs sind, pädagogisch gesehen, schwieriger zu führen, man kann dies aber nicht verallgemeinern. „Die spezielle Situation meiner Schule ist so, dass der Sportzweig pädagogisch etwas schwieriger ist als die anderen beiden Zweige und dadurch entsteht teilweise auch Skepsis" (32, SL, S. 2). Es gibt aber auch gute Sportklassen.

Sportlich sehr engagierte Schüler haben oft zu wenig Zeit für das Lernen, da sie in ihrer Freizeit noch weiteren Sportaktivitäten in Vereinen nachgehen.

Bedeutung einer gesunden Pausen- und Mittagsverpflegung an Schulen mit und ohne Ganztagsangebot – Aktionen zur Information über gesunde Ernährung

Der Schule wurde das Gütesiegel „Gesunde Schule" verliehen. Über eine gesunde Ernährung wird im Biologieunterricht aufgeklärt. In den Sportklassen wird das Thema zusätzlich im Unterrichtsfach Sportkunde behandelt. Darüber hinaus finden fächerübergreifende Projekte beispielsweise in den Fächern Biologie und Geografie zum Thema Ernährung statt, teilweise auch mit praxisorientierter Umsetzung. Auch bei den Abschlussprüfungen ist die Ernährung regelmäßig Prüfungsthema.

Abb. 5.217: Pausenverkauf

Das Mittagessen für die Kinder des Ganztags wird entweder in einem nahe gelegenen Gasthaus oder in der Mensa der benachbarten Kunstuniversität eingenommen. Laut Aussage der Schulleitung ist das Essen ausgewogen. Auf das Angebot kann aber kein Einfluss genommen werden.

Für die Pausenverpflegung kam es 2014 zu einem Pächterwechsel, das Pausenbuffet erfüllt alle Kriterien für eine „gesunde Jause" (Zertifikat des Ministeriums).

Begünstigende und erschwerende Faktoren gesunder Ernährung

Die lehrplanmäßige Verankerung der Ernährung beispielsweise im Sportkundeunterricht begünstigt die Thematisierung einer gesunden Ernährung an der Schule.

Da die Schüler das Mittagessen außerhalb des Schulgebäudes einnehmen, kann auf den Speiseplan kein Einfluss genommen werden. Bei der Pausenverpflegung ist man mittlerweile sehr zufrieden. „Die Nachfrage nach gesunder Jause oder Alternativen ist deutlich gestiegen in den letzten Jahren." (32, SL, S.19)

Abb. 5.218: Schülercafé

Vor Ort angewandte Strategie zur Integration von BSS
Die Strategie in dieser Schule ist leicht ausfindig zu machen, weil es sich um ein Sportgymnasium handelt, in dem die Kinder der Sportklassen acht Stunden BSS haben. Es wird aber auch versucht, für die Kinder der „normalen" Klassen BSS zu integrieren.

Ein wichtiger Punkt ist die Kooperation mit der Bundessportakademie, bei der die Schüler eine Ausbildung im Rahmen „Sport" machen können. Wie schon weiter oben erwähnt, ist es ein Ziel der Schule, die Kinder mit den Vereinstrainern und der Vereinsfunktionärsebene vertraut zu machen.

Geplante Maßnahmen im Rahmen der Schulentwicklung
„Wir schauen, dass besonders in der Tagesbetreuung das Thema BSS vertieft wird" (32, SL, S. 19).

Ein Ziel des Direktors ist auch die speziellere Miteinbeziehung der Ernährung in den Unterricht. Die Schule hat immer wieder Kooperationen mit Vereinen, die aber – abgesehen von Volleyball – eher unregelmäßig sind. „Man muss da auch ein bisschen aufpassen, weil die Vereine immer wieder eigene Interessen verfolgen" (32, SL, S. 19).

In allen anderen Bereichen sieht der Direktor keinen akuten Handlungsbedarf, weil die Schule ein Sportgymnasium ist und dementsprechend alle Möglichkeiten im Bereich BSS bietet.

5.2.11 Bundesgymnasium/Bundesrealgymnasium Dr.-Schauer-Straße Wels

Das Bundesgymnasium Wels liegt räumlich sehr beengt in Bahnhofsnähe in der Innenstadt. Zu einem älteren Schulgebäude kam ein neuer Anbau mit vorgehängter Fassade, die große Probleme macht bezüglich Reinigung und Raumtemperatur. Hinter dem alten Schulgebäude wurden zwei Sporthallen angebaut. Durch An- und Umbauten ergeben sich viele verschiedene Ebenen, die anfangs die Orientierung im Gebäude erschweren. Des Weiteren gibt es am Schulgrundstück noch eine einstöckige Villa, die für die Nachmittagsbetreuung renoviert wurde.

Abb. 5.219: Weitsprunganlage

Das Außengelände umfasst zwei Hartplätze (Handballfeldgröße), auf einem schmalen Rasenstreifen Sitzgelegenheiten und einen kleinen, asphaltierten Schulhof, der für wenige Parkplätze und als Fahrradabstellplatz genutzt wird.

Die Klassenzimmer weisen unterschiedliche Größen auf, alle Klassenzimmer sind mit Beamer, Computer und Audiosystem ausgestattet, bedingt durch einen Schwerpunkt der Schule, nämlich Informatik. Des Weiteren gibt es eine Aula.

Abb. 5.220: Einfachsporthalle

Die vom Regelunterricht getrennte Nachmittagsbetreuung in der bereits erwähnten Villa verfügt über Lern- und Arbeitsräume, einen Ruhe- bzw. Rückzugsraum, eine eigene kleine Bibliothek, eine Küche und einen Essensraum. „Die Tagesbetreuung führen wir ausschließlich in den ersten und zweiten Klassen, weil wir da extra ein Gebäude haben, das zur Schule dazugehört, und wir da gar nicht mehr Schüler hineinbringen" (31[57], SL, S. 2).

---

57 Um die Interviewprotokolle aus den verschiedenen Schulen leichter auffinden zu können, wurden den Untersuchungsschulen jeweils Zahlen zugeordnet. Das Bundesgymnasium Wels wurde unter der Ziffer 31 verzeichnet. Alle Untersuchungsschulen finden sich im Untersuchungsschulverzeichnis am Ende des Buches.

Integration von BSS in den Schulalltag und in den Ganztag

Am Bundesgymnasium Wels gibt es eine vom Regelunterricht getrennte Nachmittagsbetreuung mit Schülern aus der ersten und zweiten Klasse (10- und 11-Jährige). Aufgrund räumlicher Beengtheit kann das Angebot, die Nachmittagsbetreuung zu besuchen, nicht mehr erweitert werden.

Nach dem Pflichtunterricht des Vormittags folgt das Mittagessen mit kurzer Freizeit, anschließend findet nach Stundenplan entweder eine Zeit für Hausaufgaben, eine Unterrichtszeit in Deutsch, Englisch, Mathematik, oder Lern- und Freizeit statt. Während der Freizeit können die Schüler unter Aufsicht auch Aktivitäten aus dem Bereich BSS nachgehen, allerdings nicht in angeleiteten Kursen. Sollten solche *unverbindlichen Übungen* in die Zeit der Nachmittagsbetreuung fallen, können die Schüler der Nachmittagsbetreuung, aber auch alle anderen Schüler der Schule, dieses Angebot nutzen.

Der Vormittagsunterricht folgt einem üblichen Schema von 50 min Unterricht und 5 min Pause. Eine Ausnahme gibt es um 10:30 Uhr. Hier findet eine 15-min-Pause statt. Um 13:20 Uhr haben die Schüler eine 25-min-Pause, die den Übergang zum Nachmittagsunterricht bildet.

Am Nachmittag finden folgende *unverbindlichen Übungen* aus dem Bereich BSS statt: Basketball, Fußball, Tanzen und Hockey.

BSS außerhalb des Pflichtsportunterrichts spielt in der Nachmittagsbetreuung nur eine durchschnittliche Rolle, wobei die räumliche Beengtheit die Möglichkeiten sicher einschränkt.

Die Anzahl der *unverbindlichen Übungen* ist durch einen vom Landesschulrat zugeteilten Stundenpool vorgegeben. Die Initiative zum Angebot der *unverbindlichen Übungen* geht von den Lehrern aus. Die Nachmittagsbetreuung spielt dafür keine Rolle. Vereine machen in der Schule Werbung, sie kommen fallweise nach Absprache mit dem Sportlehrer in den Unterricht. Es sind aber keine fixen Kooperationsangebote vorhanden. Mit diesen informellen Kontakten ist der Direktor sehr zufrieden.

Abb. 5.221: Tischtennisplatte für BSS

Bewegung spielt im Unterricht aller Fächer nur eine untergeordnete Rolle, d. h., dies hängt stark vom Lehrer ab und wurde z. B. in Mathematik versucht. Konkrete Ergebnisse dazu kennt der Direktor nicht.

Ziele der Schule mit der Einbindung von BSS in den Schulalltag

Der Schulleiter meint, dass BSS eine unheimlich wichtige Angelegenheit sei, vor allem für Gesundheit und für das Austoben. In den Pausen besteht ein großes Bedürfnis nach Bewegung, es „muss" gelaufen werden, man will sich austoben.

Fördernde und hemmende Faktoren für die Integration von BSS in den Schulalltag

Fördernde Faktoren

Lehrkräfte befürworten Bewegungs- und Sportangebote. Nahezu alle Lehrer betreiben in ihrer Freizeit Sport. „Ich könnte nicht sagen, dass irgendjemand dabei ist, der mit Sicherheit nichts tut, nicht einmal ich" (31, SL, S. 5). Das Interesse der Schüler ist gegeben, das Sportfest wird jährlich abgehalten, dazu wird das Stadion von der Schule angemietet. Alle Schüler sollen ein Sportabzeichen ablegen.

Hemmende Faktoren

Durch räumliche Gegebenheiten bestehen nur beschränkte Möglichkeiten. „Wir haben leider Gottes nur zwei Hartplätze" (31, SL, S. 2). „Eine Schule, die im Zentrum einer Stadt ist, wo wir überhaupt keine Möglichkeit haben, dass wir hier irgendetwas dazubekommen. Es ist unmöglich" (31, SL, S. 19).

Altersbedingt lässt das Interesse der Mädchen an Bewegung und an Sport zunehmend nach. Auch bei Schularbeitsproblemen lassen Mädchen schneller den Sportunterricht ausfallen. Die beschränkte Zuteilung von Werteinheiten für *unverbindliche Übungen* bereitet Probleme. Aufgrund organisatorischer Schwierigkeiten (polizeilicher Auflagen) musste eine schulische Sportveranstaltung für alle Schüler („Traunlauf") aufgegeben werden.

Bedeutung einer gesunden Pausen- und Mittagsverpflegung an Schulen mit und ohne Ganztagsangebot – Aktionen zur Information über gesunde Ernährung

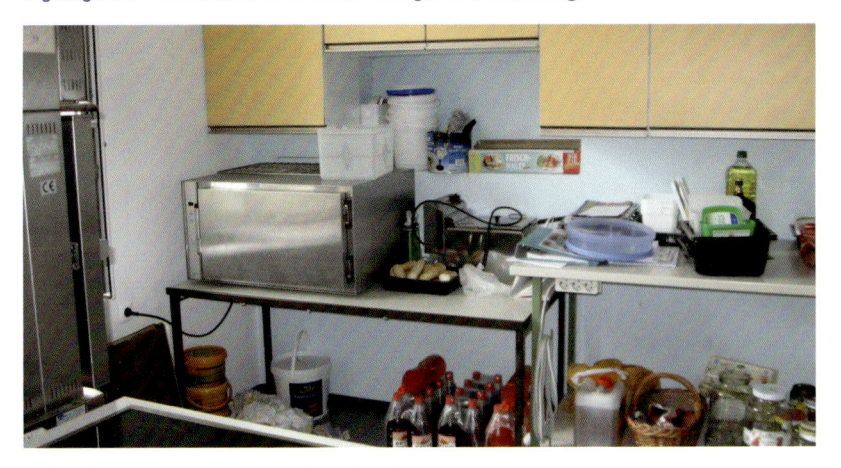

Abb. 5.222: Schulküche zur Zubereitung des Mittagessens

Eine gesunde Schulverpflegung hat an dieser Schule einen hohen Stellenwert. Das Mittagessen besteht aus einem dreigängigen Menü, welches an der Schule frisch zubereitet wird. Aufgrund der hohen Qualität wird dieses sehr gut von den Schülern angenommen.

In den Pausen steht den Schülern gefiltertes Wasser an entsprechenden Automaten gratis zur Verfügung. Für die Schüler gibt es ebenso die Möglichkeit, sich heißes Wasser für Tee zu machen. Dieses Angebot wird sehr gut angenommen.

Das Angebot des Pausenverkaufs wurde im Schulgemeinschaftsausschuss[58] (setzt sich drittelparitätisch aus Eltern, Lehrern und Schülern zusammen) in Zusammenarbeit mit der Schulärztin ausgearbeitet. Es werden auch kleine warme Speisen angeboten. Eigentlich dürfen die Schüler das Schulgebäude während des Vormittagsunterrichts nicht verlassen. Dies kann allerdings nicht kontrolliert werden, weshalb es immer wieder vorkommt, dass sich die Schüler im nahe gelegenen Sparmarkt ihre Pausenverpflegung kaufen. „Aber es gibt eben da vorne beim Bahnhof einen Sparmarkt, und da kann man nicht aus, das Problem haben wir immer" (31, SL, S.19).

Begünstigende und erschwerende Faktoren gesunder Ernährung

Abb. 5.223: Pausenverkauf

Das Thema gesunde Ernährung ist an dieser Schule lehrplanmäßig im Biologieunterricht vorgesehen. Eltern, Lehrer und Schüler haben sich gemeinsam für ein gesundes Angebot im Pausenverkauf entschieden. Die Trinkwasserautomaten reduzieren den Konsum zuckerhaltiger Limonaden.

Allerdings kaufen sich die Schüler gewohnte Lebensmittel, die nicht einer gesunden Ernährung entsprechen, in einem nahe gelegenen Lebensmittelgeschäft. Die Eltern werden regelmäßig an den Elternsprechtagen über eine gesunde Pausenverpflegung informiert.

Vor Ort angewandte Strategie zur Integration von BSS
„Wir haben einen Hartplatz, wo sich die Kinder beaufsichtigt austoben können" (31, SL, S. 2). Diesen Sportplatz können die Kinder, falls er frei ist, in ihren Freistunden genauso benutzen. Die Ma-

---

58   Der österreichische *Schulgemeinschaftsausschuss* entspricht dem *Schulforum*.

terialien, wie Bälle, werden den Kindern natürlich zur Verfügung gestellt. Eine weitere Strategie zur Integration von BSS sind die Unverbindlichen Übungen. Diese sind für jene Kinder, denen die normalen Sportstunden zu wenig sind.

„Wir haben eine Basketballgruppe, die sehr große Erfolge hat, eine Fußballgruppe und seit vier Jahren einen besonderen Zweig, der den Schwerpunkt Tanzen hat" (31, SL, S. 2).

Abb. 5.224: Hartplatz mit Basketballkörben

Dabei handelt es sich um einen *Fixgegenstand*, der von der ersten bis zur vierten Klasse angeboten wird. Es gibt also zusätzlich zu dem normalen Sportunterricht den *Gegenstand* Tanzen.

Geplante Maßnahmen im Rahmen der Schulentwicklung

Die weitere Schulentwicklung sieht vor, dass die Schule erweitert wird. Die Schule möchte mehr Klassen dazubekommen, um die Tagesbetreuung ausbauen zu können. Im Bereich der Kooperationspartner ist der Direktor offen für neue Möglichkeiten.

„Wenn sich ein Partner bereit erklärt und eine entsprechende Sportart anbietet, wo man sagt, es könnte was werden, habe ich natürlich offene Ohren" (31, SL, S. 19).

Sonst sind keine weiteren Maßnahmen für die nächste Zeit geplant.

Bildnachweis Kap. 5

Abbildung 5.1 bis 5.137; 5.139 bis 5.149, 5.156 bis 5.184, 5.191 bis 5.196 und 5.203 bis 5.224: Team Bewegter Ganztag

Abbildung 5.138: Adalbert-Stifter-Gymnasium Passau

Abbildung 5.150 bis 5.155: St. Gotthard-Gymnasium der Benediktiner Niederaltaich

Abbildung 5.185 bis 5.190: Musikhauptschule Eggelsberg

Abbildung 5.197 bis 5.202: Ing. Raimund Lindinger

Literatur Kap. 5

Amt der Oö. Landesregierung, (o. J.). *Gesunde Küche. Ein Gesundheitsförderungsprojekt im Rahmen des Netzwerks „Gesunde Gemeinde".* Zugriff am 26.04.2013 unter http://www.gesundegemeinde.ooe.gv.at/xbcr/SID-79A028D0-429863C2/Projektfolder_GesundeKueche_Internet.pdf

Bayerisches Realschulnetz, (o. J.). *Abschnitt 2. Vorrücken und Wiederholen (vgl. Art. 53 BayEUG). § 56 Entscheidung über das Vorrücken.* Zugriff am 26.07.2013 unter http://www.realschule.bayern.de/bestimmungen/rso/t5/a2/

Fuchs, S. & Schneider-Aigner, B. (o. J.). *Neues im Damenstift. Lernen lernen und gemeinsam frühstücken!* Zugriff am 26.04.2013 unter http://www.realschuledamenstift.de/

Jouck, S., (2009). *Dordel-Koch-Test (DKT), ein Test zur Erfassung der motorischen Leistungsfähigkeit im Kindes- und Jugendalter.* Zugriff am 20.08.2013 unter http://esport.dshs-koeln.de/111/

Propst-Seyberer-Mittelschule Grafenau (o. J.a). *Gesund und fit durchs neue Schuljahr – Aktionen im Rahmen der „Woche der Gesundheit und Nachhaltigkeit" an der Propst-Seyberer-Mittelschule.* Zugriff am 04.04.2013 unter http://psms-grafenau.de/schulleben/

Propst-Seyberer-Mittelschule Grafenau (o. J.b). *Speisepläne.* Zugriff am 04.04.2013 unter http://psms-grafenau.de/speiseplan/

Propst-Seyberer-Mittelschule Grafenau (o. J.c). *Zusatzangebote.* Zugriff am 04.04.2013 unter http://psms-grafenau.de/

Staatliche Realschule Schöllnach (o. J.). *Café Tintenklecks.* Zugriff am 02.05.2013 unter http://www.realschule-schoellnach.de/de/schuelercafe.html

Verwaltungsgemeinschaft Hinterschmiding (o. J.a) *An dieser Schule geht's gesund zu. Schule am

Haidel beteiligte sich an „Woche der Gesundheit und Nachhaltigkeit". Zugriff am 12.03.2013 unter http://www.vg-hinterschmiding.de/index.php?id=1836,221&suche=

Verwaltungsgemeinschaft Hinterschmiding (o. J.b). *Verlängerte Mittagsbetreuung an der Grundschule Hinterschmiding. „Die größte Kunst ist, den Kindern alles, was sie tun oder lernen sollen, zum Spiel und Zeitvertreib zu machen." (John Locke).* Zugriff am 28.03.2013 unter http://www.vg-hinterschmiding.de/index.php?id=0,215

Wiesbauer, B. (2013). *„Gscheit essen" – Gesundheitswoche an der Lenberger Grund- und Mittelschule Triftern.* Zugriff am 02.06.2013 unter http://web.vstriftern.de/index.php/component/content/article/41-aktuelles/34-gscheit-essen

6 DIE INTEGRATION VON BEWEGUNG, SPIEL UND SPORT AN DEN PROJEKTSCHULEN

© Thinkstock/iStock

6 Die Integration von Bewegung, Spiel und Sport an den Projektschulen

Matthias Stadler

Ziel der Fall- und Gruppenvergleiche der Projektschulen ist die Darstellung erfolgreicher Strategien und Gelingensfaktoren einer weitergehenden Einbindung von BSS in den Schulalltag. Dabei wird davon ausgegangen, dass unter anderem unterschiedliche Ausgangsbedingungen bei den Kriterien „Land", „Schulart" und „Ganztagsorganisation" differenzierte Ausprägungen der Integration von BSS nahelegen. Entsprechend werden die Projektschulen im Folgenden anhand dieser Kriterien und anhand der BSS-Angebote, die sie in die schulischen Handlungsfelder (Unterricht, Pause bzw. Freizeit an der Schule, außerunterrichtliche Angebote und Veranstaltungen) integrieren, miteinander verglichen.

6.1 Die niederbayerischen Projektgrundschulen

Seit dem Schuljahr 2008/2009 nehmen die Schüler in den bayerischen Grundschulen im Rahmen der Bewegungs- und Gesundheitsinitiative „Voll in Form (an jedem Unterrichtstag, an dem kein Sportunterricht stattfindet, an einer intensiven Bewegungsphase von mindestens 20 Minuten [...]" (Bayerisches Staatsministerium für Unterricht und Kultus, 2008, o. S.) teil. Diese flexible, aber verbindliche Umsetzung von BSS macht sich auch an den niederbayerischen Projektgrundschulen bemerkbar. So verfügen die Hans-Carossa-Grundschule Heining-Schalding, die Lenberger Volksbzw. Grund- und Mittelschule Triftern, die Grundschule am Haidel Hinterschmiding-Grainet und die Grundschule Gotteszell mit einigen Ausnahmen in nahezu allen schulischen Handlungsfeldern über Elemente von BSS.

Insbesondere aufgrund des in den unteren Jahrgängen noch sehr großen Bewegungsdrangs der Schulkinder können Bewegungsinstallationen und -materialien in den Pausen ebenso wie Bewegung im Unterricht relativ unkompliziert und gewinnbringend integriert werden. Hier bietet diese Bewegungs- und Gesundheitsinitiative ebenso wie das Engagement der Leiter der Projektgrundschulen zur Einbindung von BSS die Grundvoraussetzung für eine nahezu umfassende Integration an den Projektgrundschulen. Entsprechend ist vor allem der *Bewegte Unterricht* im Grundschulbereich weitgehender umgesetzt, als dies in den übrigen Schularten der Fall ist. Insbesondere an der Hans-Carossa-Grundschule Heining-Schalding wird auch der *Gebundene Ganztagszug* zum Gelingensfaktor für die Umsetzung des *Bewegten Unterrichts* und einem Mehr an Sportstunden.

Aber auch ohne Ganztagsbetrieb schaffen es die Projektgrundschulen, unter anderem aufgrund der Bewegungs- und Gesundheitsinitiative „Voll in Form", Rhythmisierung und Bewegung flächendeckend in den Unterricht sowie in nahezu alle übrigen schulischen Handlungsfelder im Regelschulbereich zu integrieren. Die an allen Projektgrundschulen existierenden außerunterrichtlichen BSS-Angebote werden überwiegend im Rahmen von Kooperationen mit Sportvereinen und meist inhaltlich auf Basis von Schülerwünschen durchgeführt.

Insgesamt weisen die niederbayerischen Projektgrundschulen bei der Integration von BSS je spezifische Besonderheiten auf. So integriert die Hans-Carossa-Grundschule Heining-Schalding im Ganztagszug zwei zusätzliche Sportstunden. Die Lenberger Grund- und Mittelschule Triftern bietet auch im Regelschulbereich einen rhythmisierten Unterricht an. Die Grundschule am Haidel Hinterschmiding-Grainet verfügt über zahlreiche sportliche Schulveranstaltungen und die Grundschule Gotteszell bindet einen Parcourstag in den Sportunterricht und zahlreiche Bewegungsgelegenheiten in die Hauspause ein.

Hemmend wirken sich fehlende Lehrerstunden und finanzielle Mittel im Schulbetrieb sowie die Lehrerausbildung im Grundschulbereich aus. Zur weitergehenden Integration von BSS müsste die Lehrerausbildung im Grundschulbereich wesentlich stärker sportspezifische Qualifikationen vermitteln. Daneben wird die Einbindung von BSS in den Schultag teils auch durch fehlende Bewegungsgelegenheiten für die Pausen limitiert. Hier kann der Einbezug von Ganztagsangeboten zumindest teilweise Abhilfe schaffen.

6.2 Die oberösterreichischer Projektvolksschulen

Die Arbeitsgemeinschaft *„Bewegte Schule"* Oberösterreich arbeitet nach dem Schulentwicklungskonzept der *Bewegten Schule* mit den Handlungsfeldern „Unterrichtsqualität", „Lern- und Lebensraum Schule" sowie „Steuern und Organisieren". Im Unterricht wird *Bewegtes Lernen* nach Möglichkeit in allen Fächern eingebunden und zusätzlich wird eine bewegungsorientierte Gestaltung der räumlich-materiellen Infrastruktur an den Schulen forciert. Bewegung und Rhythmisierung spielt aber auch beim Zeitmanagement, bei Schulveranstaltungen, im Schulprogramm und bei der Schulentwicklung eine wichtige Rolle.

Diese drei Handlungsfelder, die wie Zahnräder ineinandergreifen, können den Schulen auch bei der Evaluation des Entwicklungsprozesses hin zu einem *Bewegten Schulalltag* helfen (vgl. Bewegte Schule Österreich, o. J., o. S.).

Die *Bewegte Schule Oberösterreich* bietet sowohl Lehrerfortbildungen, an der bereits einige Lehrer der Projektschulen teilgenommen haben, als auch schulinterne Fortbildungen für alle Lehrer der Schule an, wobei noch keine Projektschule hier aktiv geworden ist. Die Porträtschule Volksschule Wels-Mauth hat das Konzept schon sehr tief greifend umgesetzt (vgl. Waschler & Leitner, 2015c) Die Projektschulen bieten, neben dem Bewegungs- und Sportunterricht, den teils noch im Aufbau befindlichen Bewegungsgelegenheiten in den Pausen und vereinzelt außerunterrichtlichen BSS-Angeboten, BSS-orientierte Veranstaltungen an. Im Unterricht werden *Bewegungspausen* eingestreut und die *Bewegte Lernorganisation*, lernbegleitende und -erschließende Bewegungsaktivitäten werden im Unterricht nur teilweise integriert.

Aufgrund fehlender Lehrerstunden und eines fehlenden institutionalisierten Kooperationsmodells wie in Bayern durch „Sport nach 1 in Schule und Verein" (vgl. Bayerische Landesstelle für den Schulsport, 2006) finden keinerlei *unverbindliche Übungen* statt und außerunterrichtliche BSS-Angebote in Zusammenarbeit mit externen Sportanbietern bilden eher noch die Ausnahme. Die Vereine bieten dies zumeist unabhängig von den Schulen an. Nichtsdestotrotz versuchen die Projektvolksschulen auf spezifischen Wegen, mehr BSS in den Schulalltag einzubauen. Die Volksschule Marchtrenk 2 – Dr.-Schärf-Schule besucht Fortbildungen zum Thema und gestaltet einen Parcourstag im Rahmen des Bewegungs- und Sportunterrichts. An der Volksschule 2 Freistadt wird die Sporthalle in den Pausen geöffnet und es finden BSS-orientierte Aktionen, wie zum Beispiel „Zu Fuß in die Schule", statt. Hier existiert eine Nachmittagsbetreuung für schwerstbehinderte Kinder, die viel Zeit im Freien verbringen und behindertengerechten Sport erleben. An der Volksschule Perg existieren drei außerunterrichtliche BSS-Angebote in Zusammenarbeit mit Sportvereinen und alle Ganztagskinder verbringen täglich eine Stunde im Freien. Im Hinblick auf die Einbindung von Bewegung in den Unterricht profitiert die Volksschule Laakirchen-Süd (im Schuljahr 2011/2012 mit der Volksschule Laakirchen-Nord fusioniert) vom EU-Projekt „IN MOTION WITH EMOTION"[59], innerhalb dessen unter anderem Bewegungsspiele für den Unterricht mit anderen Teilnehmerschulen ausgetauscht und ins Unterrichtsgeschehen integriert worden sind.

Insgesamt kann festgestellt werden, dass eine Ganztagsorganisation den Projektvolksschulen dabei hilft, BSS in den Schulalltag der Ganztagsschüler zu integrieren. Allerdings verbleibt diese Einbindung zumeist additiv: Es gibt BSS-Angebote, die am Nachmittag an den Unterricht angehängt werden.

6.3 Die niederbayerischen Projekthaupt- bzw. -mittelschulen

An den niederbayerischen Projekthaupt- bzw. -mittelschulen steht eine zumeist ansprechende bis sehr gute Ausstattung mit räumlich-materieller Bewegungsinfrastruktur für Sportunterricht und *Bewegte Pausengestaltung* zur Verfügung. Demgegenüber fehlt zumeist Bewegungsmobiliar und die räumlich-materielle Ausstattung für *Bewegungspausen*, bewegungsorientierte Lernorganisation und *Bewegten Unterricht*. Außerunterrichtliche Angebote, vor allem in Kooperation mit externen Sportanbietern, die gute räumlich-materielle Ausstattung für Sportunterricht, *Bewegte Pause* und Ganztagsbetrieb, BSS-bezogene Schulveranstaltungen und das schulsportliche Wettkampfwesen sind demgegenüber charakteristisch für die Integration von BSS an den Projekthaupt- bzw. -mit-

---

59 Näheres zum Projekt unter: http://www.in-motion-with-emotion.eu/.

telschulen. Vor allem das Angebot an außerunterrichtlichen BSS-Angeboten an den Projekthaupt- bzw. -mittelschulen ist häufig sehr breit.

Allerdings gibt es auch Schulen, wie die Grund- und Mittelschule Hebertsfelden, oder die Mittelschule St. Martin, Deggendorf, die nahezu nur über punktuelle BSS-Anreize verfügen, wobei vor allem in Deggendorf speziell auf erweiterte BSS-Angebote ausgerichtete Sportlehrer an der Schule fehlen. Auf der anderen Seite werden an den übrigen Projekthaupt- bzw. -mittelschulen (Propst-Seyberer-Mittelschule Grafenau, Mittelschule Regen, Mittelschule Vilsbiburg und Grund- und Mittelschule Teisnach) zahlreiche außerunterrichtliche Angebote gemacht.

An der Grund- und Mittelschule Teisnach werden die außerunterrichtlichen Sportangebote jährlich mit dem „Dordel-Koch-Test"[60] evaluiert. An der Mittelschule Vilsbiburg stehen mit einer wöchentlichen zusätzlichen halben Stunde Sport-AG im Sportunterricht und dem wöchentlichen Aktivitätentag im *Gebundenen Ganztagsbereich* auch integrierte BSS-Angebote zur Verfügung. Insgesamt findet die BSS-Integration jedoch eher additiv zum Unterricht statt. Der *Bewegte Unterricht* wird an den Projekthaupt- bzw. -mittelschulen eher stiefmütterlich behandelt.

„Wir sind ja keine Grundschule mehr, wo man sagt, Bewegung während des Unterrichts und so weiter" (9, SL, S. 3). Punktuelle Ausnahmen, wie etwa die Grund- und Mittelschule Teisnach und der Ganztagsbetrieb an der Mittelschule Vilsbiburg, wo Bewegungsaktivitäten und -pausen den Unterricht bereichern, existieren. Der Fokus geht im Gegensatz zu den Grundschulen von der Bewegung weg und hin zum Sport und insbesondere zu außerunterrichtlichen Angeboten, unangeleiteten Gelegenheiten und punktuellen, über das Jahr verteilten Veranstaltungen.

Insbesondere ältere Schüler werden jedoch durch nicht verpflichtende Angebote und das Bereitstellen von Bewegungsinstallationen und -geräten in den Pausen zunehmend weniger erreicht. Vor allem die älteren Mädchen zeigen hier wenig Interesse an BSS-Angeboten. Nichtsdestotrotz ist auch an den Projekthaupt- bzw. -mittelschulen der Ganztagsbetrieb einer der effektivsten Faktoren zur Einbindung von mehr BSS in den Schulalltag, welche dann wiederum oft allen Schülern zugutekommt.

Neben den finanziellen Mitteln, die beispielsweise an der Propst-Seyberer-Mittelschule Grafenau aufgrund der zahlreichen Ganztagsanmeldungen zur Verfügung stehen, und den zusätzlichen Ganztagsräumlichkeiten mit Möglichkeiten für Gruppenteilungen, Bewegung, Entspannung und Spiel, besteht im Ganztagsbetrieb auch die Notwendigkeit, BSS-Angebote einzubinden. Im *Offenen Ganztag* überwiegen dabei meist unangeleitete, freizeitpädagogische Angebote, während im *Gebundenen Ganztag* eher Sportkurse – oft in Kooperation mit externen Anbietern – vorherrschen.

---

[60] Der „Dordel-Koch-Test" ist ein Testverfahren zur Erfassung der motorischen Leistungsfähigkeit im Kindes- und Jugendalter (vgl. auch Jouck, 2009).

Den Regelschülern bleibt ohne Eigeninitiative in Bezug auf außerunterrichtliche BSS-Angebote demgegenüber oft nur die Bewegung in den Pausen. Ohne Ganztagsbereich wäre jedoch auch bei den außerunterrichtlichen Angeboten die Auswahl zumeist verschwindend gering, da diese oft nur aufgrund substanzieller Schülerzahlen im Ganztag sinnvoll angeboten werden können. Entsprechend profitieren auch die Regelschüler vom Ganztagsbetrieb und dem dadurch ermöglichten außerunterrichtlichen BSS-Angebot. Entscheiden müssen sie sich jedoch selbst dafür.

Daneben bietet insbesondere der *Gebundene Ganztagsbetrieb* die Möglichkeit zur Rhythmisierung des Schulalltags durch Bewegungseinbindung in den Unterricht. Allerdings sind die entsprechenden Maßnahmen an den Projekthaupt- bzw. -mittelschulen zumeist auf *Bewegungspausen* beschränkt. Teilweise hemmend in Bezug auf die Integration von BSS in den Schulalltag wirken sich an den Projekthaupt- bzw. -mittelschulen die geringen Stundenzuweisungen aus. Diese führen zu Abstrichen bei außerunterrichtlichen BSS-Angeboten, wie beispielsweise beim Eishockeystützpunkt an der Mittelschule Regen, der nur noch zweistündig angeboten werden kann. Auch fehlende Sportlehrer und die Überalterung des Kollegiums bereiten den Projekthaupt- bzw. -mittelschulen teilweise Probleme. Vereinzelt trifft man zudem auf das Fehlen der Absicht zur weitergehenden Integration von BSS, insbesondere in den Unterricht, sowie auf das Problem einer geringen Verfügbarkeit von Übungsleitern für Kooperationsangebote aufgrund von Berufstätigkeit.

6.4 Die oberösterreichischen Projekthaupt- bzw. -mittelschulen

Auch an den oberösterreichischen Projekthaupt- bzw. -mittelschulen beruht die Grundlage der Einbindung von BSS in den Schulalltag auf der ansprechenden räumlich-materiellen Bewegungsinfrastruktur für die Handlungsfelder Pause und Bewegungs- und Sportunterricht. Die sich so bietenden Bewegungsgelegenheiten für die Pausen und die Freizeit an der Schule werden teilweise auch in den *Getrennten* Ganztagsangeboten genutzt. Ausnahme bilden hier die Neue Mittelschule Alkoven, deren räumlich-materielle Infrastruktur sich auf die Sporthalle beschränkt, welche jedoch extensiv in den Pausen und in der Freizeit, unter anderem im Ganztagsbetrieb, genutzt wird.

Wie an den niederbayerischen Projekthaupt- und -mittelschulen wird der *Bewegte Unterricht* fast ausschließlich unter Rückgriff auf punktuelle *Bewegungspausen* durchgeführt. Hier stellt die Musikhauptschule Eggelsberg eine Ausnahme dar. Im Rahmen des Musikunterrichts wird dort verpflichtend Tanz angeboten, was besonders in den in jeder Jahrgangsstufe existierenden Musikklassen ausgeprägte Tanzaktivitäten mit sich bringt.

Insgesamt haben die oberösterreichischen Projekthaupt- bzw. -mittelschulen jedoch die Absicht, den *Bewegten Unterricht* in Zukunft zu stärken. Die außerunterrichtlichen BSS-Angebote verbleiben an den oberösterreichischen Projekthaupt- und -mittelschulen unter anderem aufgrund des Fehlens eines institutionalisierten Kooperationsmodells auf einem quantitativ niedrigeren Niveau als in Niederbayern. Die Zusammenarbeit mit den Sportvereinen beruht hier neben vereinzelten außerunterrichtlichen BSS-Angeboten auf dem Vorstellen von Sportarten durch externe Sportanbieter im Rahmen des Bewegungs- und Sportunterrichts, etwa an der Musikhauptschule Eggelsberg.

Aufgefangen wird die vergleichsweise geringere Implementation von außerunterrichtlichen BSS-Angeboten aber durch die Freizeit- und Sportangebote in der Mittagspause, wie z. B. an der Hauptschule Vorderweißenbach. Punktuell ergänzt wird die Integration von BSS in den Schulalltag der oberösterreichischen Projekthaupt- und -mittelschulen wie auch in Niederbayern durch BSS-bezogene Schulveranstaltungen und das schulsportliche Wettkampfwesen. Eine generelle Ausnahme dieser üblichen Vorgehensweise bei der Integration von BSS in den Schulalltag bilden die Sportklassen der (Sport-)Hauptschule Niederwaldkirchen. Gegenüber 3-4 Stunden Bewegungs- und Sportunterricht im Regelschulbetrieb haben diese 7-8 Stunden pro Woche. Im Rahmen der Sportklassen findet eine enge Zusammenarbeit mit Sportvereinen und -verbänden statt. Daneben stehen zahlreiche sportbezogene Schulveranstaltungen und die Teilnahme an den entsprechenden Schulwettkämpfen auf dem Jahresprogramm.

Dabei profitieren auch die Regelschüler von den zahlreichen Sportveranstaltungen. Insbesondere die personelle Infrastruktur ist mit zahlreichen Sportlehrkräften an der (Sport-)Hauptschule Niederwaldkirchen im Gegensatz zu den übrigen Projekthaupt- bzw. -mittelschulen äußerst breit aufgestellt. Hemmend für die weitergehende Einbindung von BSS an den übrigen oberösterreichischen Projekthaupt- bzw. -mittelschulen wirken sich ähnlich wie in Niederbayern die fehlenden Lehrstunden aus, damit *unverbindliche Übungen* an den Standorten angeboten werden können. Der Ganztagsbetrieb kann an manchen der oberösterreichischen Projekthaupt- bzw. -mittelschulen zu einer weitergehenden Integration von BSS in den Schulalltag beitragen. Dies wird über die vermehrte Bereitstellung von Bewegungsgelegenheiten für die Freizeitanteile im *Getrennten Ganztag* und das Anbieten von Bewegungsangeboten in der Mittagspause realisiert.

6.5 Die Projektrealschulen

Wie auch bei den oberösterreichischen und niederbayerischen Projekthaupt- bzw. -mittelschulen fußt die Einbindung von BSS in den Schulalltag bei den Projektrealschulen vor allem auf dem erteilten Sportunterricht, der entsprechenden räumlich-materiellen Sportinfrastruktur, der Bereitstellung von Bewegungsgelegenheiten für Pausen, Freizeit- und Ganztagsbetrieb sowie auf außerunterrichtlichen BSS-Angeboten. Diese Grundlagen sind jedoch von Schule zu Schule unterschiedlich: So bietet etwa die Realschule Damenstift der Maria Ward Schulstiftung Osterhofen nur eingeschränkt eine spezielle Bewegungsinfrastruktur für den Pausen- und Freizeitbereich an. Dies wird allerdings durch vereinzelte Pausenangebote im Bereich BSS, wie sie auch an der Conrad-Graf-Preysing-Realschule Plattling existieren, kompensiert. Außerunterrichtliche BSS-Angebote in Kooperation mit externen Sportanbietern werden jedoch tendenziell weniger häufig angeboten, als dies bei den Projekthaupt- bzw. -mittelschulen der Fall ist.

Die Realschule Damenstift, die Conrad-Graf-Preysing-Realschule Plattling, die Realschule Neufahrn, Niederbayern, und die Realschule Schöllnach realisieren demnach nahezu alle außerunterrichtlichen BSS-Angebote unter Zuhilfenahme von schuleigenem Personal. Auch die Realschule Freyung führt zahlreiche BSS-Angebote in eigener Regie durch, wenngleich hier auch umfangreiche BSS-Angebote in Zusammenarbeit mit Sportvereinen bestehen.

Generell stellt BSS auch bei den Projektrealschulen, wie schon bei den Projekthaupt- bzw. -mittelschulen, mit Ausnahme des Sportunterrichts, eher ein Additiv zum klassischen Schulalltag am Nachmittag und in den Pausen dar. Schließlich wird die Einbindung von Bewegung in den Unterricht bei den Projektrealschulen ähnlich wenig praktiziert, wie dies auch bei den Projekthaupt- bzw. -mittelschulen der Fall ist. Ausnahmen bilden die Realschule Freyung mit der Möglichkeit zur *Bewegten Lernorganisation* und den institutionalisierten „90-s-*Bewegungspausen*" und die Realschule Neufahrn, Niederbayern, mit der Integration von Bewegungselementen in den Unterricht der *Gebundenen Ganztagsklassen*.

Weitere Besonderheiten der Projektrealschulen stellen der „Soccer-Court" auf dem Pausenhof der Realschule Passau, die unangeleiteten *Bewegungspausen* in den Zwischenstunden an der Coelestin-Mayer-Realschule, Schweikelberg, und die 25-min-Pause am Vormittag an der Realschule Freyung dar. Die „Sport nach 1"-Mentorenprogramme Mädchenfußball und der Hip-Hop-Tanz an der Realschule Schöllnach, die vereinzelten Pausenangebote durch eine Schülerin und die Sportlehrerinnen sowie die tägliche Sportstunde im *Gebundenen Ganztagsangebot* an der Realschule Damenstift, die konzeptionelle Arbeit zum *Bewegtem Unterricht* und zu BSS im Ganztag sowie die geplante Profilklasse Badminton an der Conrad-Graf-Preysing-Realschule Plattling, und schließlich die vier Jahreswochenstunden Sportunterricht in der fünfte Klasse an der Realschule Neufahrn, Niederbayern, runden die Angebotspalette ab.

Die Projektrealschulen verdeutlichen exemplarisch, welche Synergieeffekte für die Einbindung von BSS in den Schulalltag durch die Aufnahme eines Ganztagsbetriebs entstehen. Während des Untersuchungszeitraums 2010 bis 2013 wurden an allen Projektrealschulen (Realschule Schöllnach, Realschule Tittling und Realschule Freyung), die anfangs noch kein Ganztagsangebot hatten, *Offene Ganztagsangebote* installiert. Mit dieser Implementierung geht an der Realschule Freyung eine deutliche Ausweitung der außerunterrichtlichen BSS-Angebote einher. Dies trifft auf die Projektrealschulen Tittling und Schöllnach nicht zu – unter anderem, da diese im Untersuchungszeitraum noch mit den Nachwirkungen von Generalsanierung und Umbau zu kämpfen haben.

Die Einführung eines Ganztagsbetriebs stellt demnach zwar keine Garantie, aber eine Möglichkeit zur Ausweitung der Einbindung von BSS in den Schulalltag dar. An den Projektrealschulen zeigt sich insgesamt, dass mithilfe des Ganztags auf Dauer gestellte BSS-Strukturen sowohl im

Unterricht als auch am Nachmittag vergleichsweise leichter aufbauen lassen und diese zudem notwendiger erscheinen. So zeigt sich auch an den Projektrealschulen mit bereits bei Beginn des Untersuchungszeitraums bestehendem Ganztagsbetrieb (Realschule Neufahrn in Niederbayern, Realschule Damenstift, Conrad-Graf-Preysing-Realschule Plattling, Realschule Passau und Coelestin-Maier-Realschule Schweiklberg) tendenziell, dass dieser einen gewissen Handlungsdruck ausübt bzw. eine entsprechende Motivation zur Ausweitung entsteht, BSS als Ausgleich zur langen Sitzzeit zu integrieren und eine entsprechende räumlich-materielle Bewegungsinfrastruktur zu schaffen.

Außerunterrichtliche BSS-Angebote werden dabei für Ganztagsstrukturen eingeführt, kommen aber allen Schülern unter anderem über die weiteren räumlich-materiellen Bewegungsinvestitionen insgesamt zugute. Beispiele hierfür sind die Realschule Damenstift und die Conrad-Graf-Preysing-Realschule Plattling, die im bestehenden *Offenen Ganztagsbetrieb* zahlreiche BSS-Angebote bereithalten, die auch den Regelschülern offenstehen. Insbesondere an der Conrad-Graf-Preysing-Realschule Plattling mündet die Einbindung von BSS in den Ganztagsbetrieb zunehmend auch in konzeptionelle Arbeit zu *Bewegtem Unterricht* und in die Erkenntnis, dass die Integration von BSS in den Ganztag auch in einem schriftlichen Ganztagskonzept stärker herausgestellt werden könnte.

Dennoch befinden sich die Projektrealschulen im Untersuchungszeitraum zumeist noch auf dem Weg hin zur Umsetzung der entsprechenden umfassenden Maßnahmen. Der *Gebundene Ganztag* bietet dabei gegenüber dem *Offenen Ganztag* eine noch weitergehende Verantwortung und Chance, BSS in alle Handlungsfelder des Schulalltags zu integrieren. Auch hier geht der Handlungsdruck bzw. die entsprechende Motivation mit Synergieeffekten einher, die die konstante und dauerhafte Einbindung von BSS in den Schulalltag erleichtern. Zwar ist die Realschule Neufahrn in Niederbayern im Schuljahr 2010/2011 noch die einzige staatliche Schule, die einen *Gebundenen Ganztagsbetrieb* – inklusive der dafür vorgeschriebenen Rhythmisierung des Schultags unter anderem durch Bewegungs- und Entspannungsphasen – aufweist.

Aber auch an den übrigen Projektrealschulen mit *Gebundenem Ganztag*, die unter privater Trägerschaft stehen, lassen sich die angesprochene Verbindung von Verantwortung und Chance, die die Einführung des Ganztagsbetriebs für das Themenfeld BSS mit sich bringt, und die damit einhergehenden Synergieeffekte identifizieren. So bietet etwa die Realschule Damenstift eine tägliche Sportstunde im *Gebundenen Ganztagsbetrieb* an und ergänzt dies durch vereinzelte Pausenangebote aus dem BSS-Bereich, die wiederum allen Schülern zugutekommen. Die Realschule Neufahrn Niederbayern bietet einen komplett mit Bewegungsangeboten rhythmisierten Ganztagsbetrieb, der Unterricht, Pausen und Nachmittagsangebote aus dem BSS-Bereich umfasst und eine umfangreiche räumlich-materielle Bewegungsinfrastruktur beinhaltet, die allerdings weitgehend den Ganztagsschülern vorenthalten ist. Von den BSS-Angeboten am Nachmittag profitieren jedoch sowohl Regel- als auch Ganztagsschüler.

Insgesamt bieten die niederbayerischen Projektrealschulen BSS aber eher in den schulischen Handlungsfeldern Pause, Freizeit und am Nachmittag im Ganztagsbetrieb an. Im Handlungsfeld Unterricht ist BSS vergleichsweise wenig integriert. Auch eine breite konzeptionelle Basis für die Einbindung von BSS ist nur in Ausnahmen vorhanden. Die intensive Ausrichtung auf die kognitiv dominierten Unterrichtsfächer wirkt sich hemmend auf die Integration von BSS in den Schulalltag der Projektrealschulen aus. Daher wird oft wenig zeitlicher Spielraum für den Einbezug von Bewegung in den Unterricht gesehen. Zusätzlich wirkt sich die schwierige Suche nach geeigneten bzw. zeitlich den Anforderungen entsprechend flexiblen Übungsleitern und Trainern für Kooperationen mit Sportvereinen im Rahmen von „Sport nach 1" und die besonders in ländlichen Räumen bestehenden, langen Anfahrtswege für Lehrer und Schüler hemmend auf die Einbindung von BSS in den Schulalltag aus.

6.6 Die niederbayerischen Projektgymnasien

Wie bei den Projekthaupt- bzw. -mittelschulen und den Projektrealschulen konzentriert sich die Einbindung von BSS in den Schulalltag auch bei den niederbayerischen Projektgymnasien größtenteils auf den Sportunterricht, die Pausen und außerunterrichtliche BSS-Angebote sowie BSS-bezogene, punktuelle Veranstaltungen. Allerdings stehen die notwendige räumliche BSS-Infrastruktur für den Sportunterricht und die entsprechenden Möglichkeiten, Pausen und Freizeit an der Schule bewegt zu gestalten, nicht immer in umfassender Weise zur Verfügung.

So existiert am Gymnasium Pfarrkirchen ein, zur Gesamtschülerzahl gesehen, relativ kleiner Pausenhof und eine geringe Hallenkapazität. Abhilfe schaffen hier Sportkisten, die in Vertretungsstunden genutzt werden, sowie wöchentliche Mittagssportangebote für die sechsten und siebten Klassen. Bewegung im Unterricht wird auch an den niederbayerischen Projektgymnasien bislang nur punktuell umgesetzt. Eine umfassende Rhythmisierung findet daher nicht statt und die Integration von BSS in den Schulalltag bleibt eher ein Additum zum klassischen Unterrichtsvormittag.

Im Zuge einer Fortbildung wurden am Gymnasium Pfarrkirchen zwar *Bewegungspausen* zwischen den Unterrichtsstunden praktiziert. Nach einer gewissen Zeit wurden diese jedoch nicht mehr durchgeführt. Die außerunterrichtlichen BSS-Angebote werden teils in Kooperation mit externen Sportanbietern, teils mithilfe schuleigenen Personals durchgeführt und am Adalbert-Stifter-Gymnasium Passau eher von den Regelschülern in Anspruch genommen. Am Gymnasium Pfarrkirchen sind das jedoch substanziell weniger außerunterrichtliche BSS-Angebote als etwa bei den Projekthaupt- bzw. -mittelschulen und Projektrealschulen.

Demgegenüber geht die Teilnahme an den Stützpunkten Rudern und Leichtathletik für die Schüler des Adalbert-Stifter-Gymnasiums Passau in Richtung einer intensiven leistungssportlichen Förderung. Im *Offenen Ganztag* schließt am Adalbert-Stifter-Gymnasium Passau ein Freizeitprogramm den Schultag ab, das aber nicht ausdrücklich in Richtung BSS orientiert ist. Am Gymnasium Pfarrkirchen beinhaltet der *Offene Ganztag* keine expliziten BSS-Angebote, da hier nach Aussage des Schulleiters zu wenig Zeit vorhanden ist. Der *Gebundene Ganztagszug* am Gymnasium Pfarrkirchen verfügt über die räumlich-materiellen Möglichkeiten der *Bewegten Lernorganisation* und der Integration von *Bewegungspausen*. An beiden Projektgymnasien erscheint der Ganztagsbetrieb jedoch aufgrund anderer inhaltlicher Schwerpunktsetzungen nicht als fördernder Faktor zur weitergehenden Integration von BSS in den Schulalltag.

Anders gestaltet sich die Situation am St. Gotthard-Gymnasium Niederaltaich, das unter privater Trägerschaft einen *Gebundenen Ganztagsbetrieb* für alle Schüler anbietet. Hier findet eine Rhythmisierung des Schultags durch zahlreiche, über den Tag verteilte BSS-Angebote statt, die durch eigenes Personal durchgeführt werden und mit dem Unterricht gleichwertig sind. Das BSS-Angebot geht quantitativ weit über das der übrigen niederbayerischen Projektgymnasien hinaus. Der Unterricht in den fünften und sechsten Klassen ist durch die Teilnahme am Pilotprojekt „Mental Top" zusätzlich mit Bewegungselementen angereichert. *Bewegte Lernorganisation* ist für alle Schüler aufgrund der räumlichen Gegebenheiten prinzipiell möglich. Damit ist die Form der Einbindung von BSS in den Schulalltag am St. Gotthard-Gymnasium Niederaltaich eher integrativ als additiv. Allerdings ist die Schule mit diesem Konzept eines *Gebundenen Ganztags* für alle Schüler in Niederbayern einzigartig. Der *Gebundene Ganztag* und die damit verbundene Einsicht in die Notwendigkeit einer vollständigen Rhythmisierung des Tagesablaufs bildet hier den Grundstein für die Integration von BSS. Hemmend für die Integration von BSS an den beiden Projektgymnasien Adalbert-Stifter-Gymnasium Passau und Gymnasium Pfarrkirchen wirkt sich fehlendes Personal für BSS-Angebote und bei letzterem Gymnasium das Beförderungsproblem der vielen auswärtigen Schüler aus.

6.7 Die oberösterreichischen Projektgymnasien

Wie die niederbayerischen Projektgymnasien integrieren auch die oberösterreichischen Projektgymnasien BSS vornehmlich über den Bewegungs- und Sportunterricht, die Bewegungsgelegenheiten in Pausen, Freizeit an der Schule und Freizeit im *Getrennten Ganztagsbetrieb* und über außerunterrichtliche BSS-Angebote sowie punktuelle BSS-bezogene Schulveranstaltungen. Dabei besteht jedoch keine ausgeprägte räumlich-materielle Infrastruktur, die Gelegenheit für Bewegung in Pausen und Freizeit bieten würde. Lediglich am Bundesrealgymnasium Landwiedstraße Linz verfügen die Ganztagsschüler über spezielle BSS-Materialien.

Die außerunterrichtlichen BSS-Angebote werden vormals als *unverbindliche Übungen* mithilfe schuleigenen Personals durchgeführt und folgen in der inhaltlichen Ausrichtung oft den an den Projektgymnasien vorhandenen Zusatzqualifikationen der (Sport-)Lehrkräfte. Im Sportzweig am Georg-von-Peuerbach-Gymnasium Linz wird durch den ausgeweiteten BSP-Unterricht die tägliche Sportstunde realisiert. Auch am Bundesgymnasium/Bundesrealgymnasium Dr.-Schauer-Straße Wels wird in einem speziellen Schulzweig wöchentlich eine zusätzliche BSP-Stunde realisiert.

Generell wird der BSP-Unterricht dort durch Schnupperangebote der Sportvereine diversifiziert. Mit Ausnahme des Bundesrealgymnasiums Landwiedstraße Linz bestehen auch an den oberösterreichischen Projektgymnasien nahezu keinerlei Ansätze für *Bewegten Unterricht*. Die Integration von BSS in den Schulalltag erfolgt demnach auch hier größtenteils additiv zum klassischen Unterricht. Die Rhythmisierung des Tagesablaufs beschränkt sich auf BSP-Stunden und Pausen bzw. Freizeit. Am Georg-von-Peuerbach-Gymnasium Linz besteht die Möglichkeit einer Ausbildung als Fitnessinstruktor. In Zusammenarbeit mit der Bundessportakademie Linz werden die Schüler mithilfe dieses Angebots an die Arbeit von Trainern und Sportfunktionären herangeführt.

Alle drei oberösterreichischen Projektgymnasien verfügen über einen getrennten Ganztagsbetrieb, der jedoch lediglich mit unangeleiteter Freizeit, die mithilfe der nicht sehr zahlreich vorhandenen Bewegungsgelegenheiten bewegt gestaltet werden kann, abschließt. Synergieeffekte für die Integration von BSS auch im Regelschulbereich ergeben sich aus diesen Ganztagsstrukturen eher nicht. Analog zu den niederbayerischen Projektgymnasien, aber in deutlichem Unterschied zu niederbayerischen Projektreal-, -haupt- bzw. -mittelschulen, werden die außerunterrichtlichen BSS-Angebote bzw. *unverbindliche Übungen* an den oberösterreichischen Projektgymnasien eher in personeller Eigenregie als durch Kooperationen mit externen Sportanbietern durchgeführt.

Hemmend für die Integration von BSS in den Schulalltag der Projektgymnasien wirkt sich vor allem das gedeckelte Lehrerstundenkontingent für die *unverbindlichen Übungen* und die räumliche Beengtheit am Bundesgymnasium/Bundesrealgymnasium Dr.-Schauer-Straße Wels aufgrund seiner Innenstadtlage aus.

Literatur Kap. 6

Bayerische Landesstelle für den Schulsport (2006). *Sport nach 1 in Schule und Verein. Das bayerische Kooperationsmodell.* Zugriff am 17.10.2012 unter http://www.sportnach1.de/images/Sportnach-1-Broschuere2006.pdf

Bayerisches Staatsministerium für Unterricht und Kultus (2008). *Voll in Form.* Zugriff am 05.11.2012 unter http://www.km.bayern.de/ministerium/sport/schulsport.html

Bewegte Schule Österreich (o. J.). *Ein Konzept für Schulentwicklung.* Zugriff am 29.07.2013 unter http://www.edugroup.at/fileadmin/DAM/Gegenstandsportale/Bewegte_Schule/Web_Flyer_BewegteSchule.pdf

Burk, K. (2006). Mehr Zeit in der Schule – der Rhythmus macht's. In K. Höhmann (Hrsg.), *Ganztagsschule gestalten: Konzeption, Praxis, Impulse* (S. 92-105). Seelze: Kallmeyer.

Jouck, S. (2009). *Dordel-Koch-Test (DKT). Ein Test zur Erfassung der motorischen Leistungsfähigkeit im Kindes- und Jugendalter.* Dissertation, Deutsche Sporthochschule Köln, Köln.

Laging, R. (2011). Bewegungs- und sportorientierte Ganztagsschulforschung. In E. Balz, M. Bräutigam, W.-D. Mietling & P. Wolters (Hrsg.), *Empirie des Schulsports* (S. 208-225). Aachen: Meyer & Meyer.

Waschler, G. & Leitner, M. (Hrsg.). (2015c). *Acht Schulporträts zum Bewegten Ganztag in Niederbayern und Oberösterreich – Umfassende Analyse an ausgewählten Schulen.* Aachen: Meyer & Meyer.

7 FAZIT

7 Fazit

Matthias Stadler

Zusammenfassend lässt sich als vorläufiges Fazit – vor der vertiefenden Betrachtung der ausgewählten Porträtschulen – ein klarer Unterschied zwischen den Projektgrund- und -volksschulen auf der einen und den Projekthaupt- bzw. -mittelschulen, den Projektrealschulen und den Projektgymnasien auf der anderen Seite erkennen. Dabei verfügen die niederbayerischen Projektgrundschulen mit wenigen Ausnahmen in nahezu allen schulischen Handlungsfeldern über Elemente von BSS. Auch an den oberösterreichischen Projektvolksschulen ist eine Einbindung von BSS in die Handlungsfelder Unterricht, Pause und außerunterrichtliche Angebote vorhanden, wenngleich diese noch nicht so umgreifend wie an den niederbayerischen Projektgrundschulen eingebunden sind. Fortbildungsmaßnahmen im Rahmen der oberösterreichischen Arbeitsgemeinschaft „Bewegte Schule" und Investitionen in die räumlich-materielle Infrastruktur vor allem zur Gestaltung einer *Bewegten Pause* können hier in nächster Zeit Abhilfe schaffen. Außerunterrichtliche BSS-Angebote, vor allem in Kooperation mit externen Sportanbietern, eine ansprechende räumlich-materielle Ausstattung für Sportunterricht, *Bewegte Pausen* und Ganztagsbetrieb, BSS-bezogene Schulveranstaltungen und das schulsportliche Wettkampfwesen sind demgegenüber mit wenigen Ausnahmen charakteristisch für die Integration von BSS an den Projekthaupt- bzw. -mittelschulen, den Projektrealschulen und den Projektgymnasien. Demgegenüber wird dort das Handlungsfeld Unterricht im Hinblick auf die Bewegungsintegration tendenziell weniger beachtet. Bei den Projektrealschulen werden zudem außerunterrichtliche BSS-Angebote deutlich weniger häufig in Kooperation mit externen Sportanbietern und häufiger mit eigenem Personal angeboten. Auch an den oberösterreichischen Projektgymnasien werden die außerunterrichtlichen BSS-Angebote eher als *unverbindliche Übungen* mithilfe schuleigenen Personals durchgeführt.

Gehäuft ist eine integrative Einbindung von BSS in den Schulalltag vorrangig an den niederbayerischen Projektgrundschulen zu finden. Die Projektschulen der übrigen Schultypen in beiden Ländern und die oberösterreichischen Projektvolksschulen binden BSS zumeist nur als Additum zum klassischen Unterrichtsvormittag in den Schulalltag ein, wobei sich ein Teil der Projektschulen – darunter alle oberösterreichischen Projektvolksschulen – die *Bewegungspausen* und *Bewegtes Lernen* in den Unterricht einstreuen, auf dem Weg hin zu einer integrativen Einbindung befinden. Insbesondere im Handlungsfeld Unterricht findet an den meisten Projektschulen ab der fünften Jahrgangsstufe vergleichsweise wenig Einbindung von Bewegung statt. Die intensivere Ausrichtung auf die kognitiv dominierten Unterrichtsfächer und die geringere pädagogische Berücksichtigung der Bedeutung von Bewegung wirkt sich dabei tendenziell hemmend auf die Integration von BSS in den Schulalltag und insbesondere in den Unterricht dieser Projektschulen aus. Hier wird oft wenig zeitlicher Spielraum für den Einbezug von Bewegung in den Unterricht gesehen. Eine umfassende Rhythmisierung insbesondere des Regelunterrichtsvormittags findet nicht statt. Der Fokus der Einbindung von BSS in den Schulalltag geht zudem im Gegensatz zu den Projektgrund- und -volksschulen hin zum Sport und insbesondere zu außerunterrichtlichen Angeboten, unangeleiteten Gelegenheiten und punktuellen Veranstaltungen. Vor allem ältere Schüler, mit nachlassendem Interesse an Sport, werden jedoch durch nicht verpflichtende Angebote und das Bereitstellen von Bewegungsinstallationen und -geräten in den Pausen weniger häufig erreicht. Ausnahmen dieser Grundzüge der Integration von BSS an den verschiedenen Schultypen der Projektschulen existieren punktuell. Beispiele stellen dabei die Sportklassen der (Sport-)Hauptschule Niederwaldkirchen, die Sportklassen des Georg-von-Peuerbach-Gymnasiums und der *Gebundene Ganztagsbetrieb* für alle Schüler am St. Gotthard-Gymnasium Niederaltaich dar.

Als Gelingensbedingungen der Integration von BSS in den Schulalltag lassen sich neben Modellprogrammen wie „In Motion with Emotion" und „Mental Top" in der Breite der Projektschulen das Engagement der Projektschulleiter und -kollegien, die notwendige räumlich-materielle Ausstattung, entsprechende schulprogrammatische Schwerpunktsetzungen, die Bewegungs- und Gesundheitsinitiative „Voll in Form" an den niederbayerischen Projektgrundschulen, die Arbeitsgemeinschaft „Bewegte Schule", deren Fortbildungstätigkeit auch in der oberösterreichischen Sekundarstufe ihre Wirkung langfristig entfaltet, das bayerische Kooperationsmodell „Sport nach 1 in Schule und Verein" und der Ganztagsbetrieb, insbesondere der *Gebundene* bzw. *Verschränkte*, ausmachen.

Die Einführung eines Ganztagsbetriebs stellt zwar keine Garantie, aber eine Chance zur Ausweitung der Einbindung von BSS in den Schulalltag dar. Hinzukommen muss jedoch eine inhaltliche Schwerpunktsetzung in Richtung BSS. An den Projektschulen zeigt sich insgesamt, dass sich mithilfe des Ganztags auf Dauer gestellte BSS-Strukturen sowohl integrativ am Unterrichtsvormittag als auch additiv im Betreuungsnachmittag vergleichsweise leichter aufbauen lassen und diese zudem notwendiger erscheinen. Außerunterrichtliche BSS-Angebote und räumlich-materielle Bewegungsinfrastrukturen werden dabei häufig zum Aufbau von Ganztagsstrukturen eingeführt, kommen aber tendenziell allen Schülern zugute.

Hemmend wirken sich fehlende Lehrerstunden und fehlende finanzielle Mittel im Regelschulbetrieb aus. Hier kann der Einbezug von Ganztagsangeboten zumindest teilweise Abhilfe schaffen. Auch fehlende Sportlehrer und die Überalterung des Kollegiums bereiten teilweise Probleme. Die schwierige Verfügbarkeit von Trainern und Übungsleitern aufgrund ihrer Berufstätigkeit am Vor- und Nachmittag ist ein Hemmnis für Kooperationen zwischen Schulen und Vereinen.

In Oberösterreich wirkt sich das das gedeckelte Lehrerstundenkontingent für die *unverbindlichen Übungen* limitierend aus. Zusätzlich wirken sich die besonders in ländlichen Räumen bestehenden langen Anfahrtswege für Lehrer und Schüler hemmend auf die Einbindung von außerunterrichtlichen BSS-Angeboten in den Schulalltag aus. In Innenstadtlagen hingegen hemmt oftmals die räumliche Enge, die in den Schulgebäuden herrscht. Vereinzelt trifft man zudem in den Projekthaupt- bzw. -mittelschulen, Projektrealschulen und Projektgymnasien auf das Fehlen der Absicht zur weitergehenden Integration von BSS, insbesondere in den Unterricht.

Anhang

Abkürzungsverzeichnis

Abb.	Abbildung
AG	Arbeitsgemeinschaft
AWO	Arbeiterwohlfahrt
BAfL Linz	Bundesanstalt für Leibeserziehung oder auch Bundessportakademie/Mittlere Schule zur Ausbildung von Vereins-Übungsleitern/Instruktoren und Vereinstrainern für alle Sparten/staatliche Ausbildung mit Abschlusszertifikat nach kommissioneller Prüfung
BLSV	Bayerischer Landes-Sportverband
BMUKK	Bundesministerium für Unterricht, Kunst und Kultur
BSS	Bewegung, Spiel und Sport
BSP	Bewegungs- und Sportunterricht
DGE	Deutsche Gesellschaft für Ernährung e. V.
EFFRE	Europäischer Fonds für regionale Entwicklung
FSJ	freiwilliges soziales Jahr
G8	achtjähriges Gymnasium
G9	neunjähriges Gymnasium
ggf.	gegebenenfalls
GS	Grundschule
GTK-Mi	Ganztagsklasse Mittagessen
HE	Hauswirtschaft und Ernährung
HIF	Hausaufgabe, Intensivierung, Förderung
HS	Hauptschule
ILF	Individuelle Lernförderung

IT	Informatik
Kap.	Kapitel
L s	Lehrkraft Profil „sportnah"
L s1	Lehrkraft Profil „sportnah" Interview vor Informations- und Fortbildungsveranstaltung „Bewegt durch den Schul(ganz)tag"
L s2	Lehrkraft Profil „sportnah" Interview nach Informations- und Fortbildungsveranstaltung „Bewegt durch den Schul(ganz)tag"
L ns	Lehrkraft Profil „nicht sportnah" bzw. „sportdistanziert"
L ns1	Lehrkraft Profil „nicht sportnah" bzw. „sportdistanziert" Interview vor Informations- und Fortbildungsveranstaltung „Bewegt durch den Schul(ganz)tag"
L ns2	Lehrkraft Profil „nicht sportnah" bzw. „sportdistanziert" Interview nach Informations- und Fortbildungsveranstaltung „Bewegt durch den Schul(ganz)tag"
MS	Mittelschule
MW	Mittelwert
N	Gruppengröße, Anzahl
NB	Niederbayern
NMS	Neue Mittelschule
PCB	Physik/Chemie/Biologie
PL	Pädagogische Leitung
OÖ	Oberösterreich
Q11/ Q12	Qualifizierungsphase Jahrgangsstufe 11/12
RS	Realschule
S.	Seite
SAG	Sportarbeitsgemeinschaft
SD	Standardabweichung
SHS	Sporthauptschule
SL	Schulleiter

Stellv. SL	stellvertretender Schulleiter
SP	Stützpunkt
StuBSS	Studie zur Entwicklung von Bewegung, Spiel und Sport in der Ganztagsschule
Tab.	Tabelle
TE	Technik
THS	Tagesheimschule
uÜ	unverbindliche Übungen
vgl.	vergleiche
VS	Volksschule
WE	Werken
WTG	Werken/textiles Gestalten

Glossar

Begriffsdefinitionen – Verzeichnis

Abschlag Schule 232

Arbeitsgemeinschaft Bewegung und Sport Oberösterreich 232

Außerunterrichtlicher Schulsport 232

Basissportunterricht 232

Bewegtes Lernen 232

Bewegte Lernorganisation 233

Bewegte Pausen 233

Bewegte Schule 233

Bewegtes Sitzen 233

Bewegter Unterricht 234

Lernbegleitende Aktivitäten 234
Lernerschließende Aktivitäten 234

Bewegungshausaufgaben 234

Bewegungspausen 234

Bewegung, Spiel und Sport (BSS) 234

Bewegung und Sport 235

Bundesjugendspiele 235

Differenzierter Sportunterricht 235

Entspannungspausen 235

Erweiterter Basissportunterricht 235

Eybl Sports Cup (siehe For You Card) 236

Fallen lernen 236

Fit mit Koordi 236

For you Card – 4youCard 236

Freiwilliges soziales Jahr 237

Ganztagsschulen 237

Ganztagsschulen in Niederbayern 237

Gebundene Ganztagsschule 237

Offene Ganztagsschule 238

Ganztagsschulen in Österreich 239

Tagesbetreuung in verschränkter Form 239

Tagesbetreuung in getrennter Form 240

Geschickt und Fit 240

Gesunde Schule 240

Globalauswertungen (siehe textreduzierende Zusammenfassungen) 240

Innovative Schule 240

Internationaler Bodensee-Schulcup für Hauptschulen 241

JUGEND TRAINIERT FÜR OLYMPIA 241

Kompetenzzentrum für schulische Tagesbetreuung 241

Lernbegleitende Aktivitäten (siehe Bewegter Unterricht) 241

Lernschließende Aktivitäten (siehe Bewegter Unterricht) 241

Mental Top 241

Mentor Sport nach 1 241

Modellprojekt Coaching 242

Mittagsbetreuung 242

Neue Mittelschule 242

Porträtschulen (siehe Projekt- und Porträtschulen) 242

Projektschulen und Porträtschulen 242

Regelschule 243

Rhythmisierung 243

Sachaufwandsträger (NB) bzw. Schulerhalter (OOE) 243

Sachaufwandsträger 243

Schulerhalter 243

spark7SLAM Tour 244

Sportabzeichen-Schulwettbewerb 244

Sportarbeitsgemeinschaften 245

Sport nach 1 in Schule und Verein 245

Schulerhalter (siehe Sachaufwandsträger) 245

Schulfruchtprogramm 244

Schulmilchprogramm 244

Schulporträts 245

Schulprofil 245

Anhang | 231

Schulsport tut Bayern gut 245

Schulsystem 246

Bayerisches Schulsystem 246

Grundschule 246

Hauptschule/Mittelschule 246

Realschule 246

Gymnasium 246

Österreichisches Schulsystem 247

Allgemeinbildende Schulen 247

Volksschule 247

Hauptschule/Neue Mittelschule 247

Polytechnische Schule 247

Sonderschule 247

Allgemeinbildende höhere Schule 247

Berufsbildende Schulen 248

Berufsbildende mittlere und höhere Schule 248

Schulträger 248

Stützpunkt 248

Tag der Bewegung der Arbeitsgemeinschaft Bewegung und Sport Oberösterreich 249

Tag der Schulverpflegung 249

Tagesheimschule 249

Textreduzierende Zusammenfassungen/Globalauswertungen 249

Unverbindliche Übungen 249

Voll in Form 250

Begriffsdefinitionen

Abschlag Schule
Das Modell „Abschlag Schule" will Schülern das Golfspielen über den Schulsport näherbringen. Zum Konzept gehören neben aktiven Golfstunden auch Wandertage in Golfklubs und Informationstage. Das Projekt wird im Rahmen von JUGEND TRAINIERT FÜR OLYMPIA vom Deutschen Golfverband und der Vereinigung clubfreier Golfspieler verantwortet (vgl. Bayerischer Golfverband, o. J. o. S. & Deutscher Golfverband, 2013, o. S.).

Arbeitsgemeinschaft Bewegung und Sport Oberösterreich
Die „Arbeitsgemeinschaft Bewegung und Sport" der oberösterreichischen Sportlehrer kümmert sich um die Inhalte und Leistungen des Fachs Bewegung und Sport und fasst die Kompetenzen, Qualitätsansprüche und Ziele der oberösterreichischen Sportlehrer zusammen (vgl. ARGE Bewegung und Sport Oberösterreich, o. J.a). Dazu werden Fortbildungen thematisch abgestimmt, organisiert und betreut, Seminare abgehalten und fachspezifische Auskünfte erteilt. Die schulischen Arbeitsgemeinschaften werden beraten, fachspezifische und fächerübergreifende Netzwerke werden geknüpft, der Kontakt zu den Arbeitsgemeinschaften der übrigen Bundesländer wird gehalten und es werden unter anderem Gutachten zu Lehrplanänderungen und Projekten erstellt. Schließlich werden fachliche, didaktische und methodische Empfehlungen erarbeitet und fachspezifische Veranstaltungen und Wettbewerbe organisiert (vgl. ARGE Bewegung und Sport Oberösterreich, o. J.b)

Außerunterrichtlicher Schulsport
Nach Balz bezeichnet der außerunterrichtliche Schulsport das zusätzliche, über den Sportunterricht hinausgehende Angebot von BSS in der Schule. Der außerunterrichtliche Schulsport ist bedeutender Bestandteil des Schulsports und des Schullebens und kommt in den verschiedensten Angebotsformen, beispielsweise im Pausensport, in Form von Sportarbeitsgemeinschaften, Schulsportfesten, Sportwettkämpfen und Schulfahrten vor, (vgl. Balz, 2010, S. 373). Die oberösterreichischen Bezeichnungen dazu sind *unverbindliche Übungen* und die *Sportwoche*.

Basissportunterricht
Der Basissportunterricht wird in Bayern an allgemeinbildenden und beruflichen Schulen zwei Stunden pro Woche angeboten. Daneben haben die fünften und sechsten Klassen die Möglichkeit, erweiterten Basissportunterricht und die 7.-11. Klassen Differenzierten Sportunterricht anzubieten. Beides wird mit zwei weiteren Unterrichtsstunden pro Woche veranschlagt.

Bewegtes Lernen
„Bewegtes Lernen basiert auf der Annahme, dass eine kindgerechte Unterrichtsgestaltung die bewusste Rhythmisierung durch ausgewogenen Wechsel von Spannungs- und Entspannungsphasen, also von Konzentration und Erholung, von Ruhe und Bewegung sowie von geistiger und körperlicher Aktivität beachten sollte" (vgl. Schraml, 2010). Dies kann „Lernen durch Bewegung" sowie „Lernen mit Bewegung". Ziel ist es, einen Lerngegenstand mithilfe des Informationszugangs Bewe-

gung zu erschließen oder eine bessere Motivations- und Konzentrationsförderung beim Lernen zu erreichen. Beispiele können sein, durch eigenes Laufen die Themen Zeit und Strecke zu verstehen (Lernen durch Bewegung) oder Bewegungsförderung der Schüler während des Unterrichts, indem zum Beispiel eigenes Lernmaterial geholt werden muss (vgl. Thiel et al., 2009, S. 60ff.).

Bewegte Lernorganisation
Die bewegte Lernorganisation bezeichnet die Bewegung, die entsteht, wenn die Klasse sich in verschiedene Lerngruppen aufteilt, die sich an verschiedenen Lernorten, anhand von verschiedenen Materialien und mit unterschiedlichen Methoden, mit unterschiedlichen Aufgabenstellungen beschäftigen. Um dies gewinnbringend umsetzen zu können, erfordert die bewegte Lernorganisation eine gewisse Vielfalt an entsprechenden Räumlichkeiten, Materialien und bewegtem Mobiliar. Dabei arbeiten die Schüler weitgehend eigenständig und werden von den Lehrpersonen lediglich unterstützt (vgl. Projekt StuBBS, 2012, S. 3).

Bewegte Pausen
Während *Bewegter Pausen* „sollen sich die Kinder entspannen können, sich geistig, seelisch und körperlich erholen, bei einer ganz anders gelagerten Tätigkeit einen Ausgleich zum Unterricht erfahren" (Mundigler, 1998, S. 4). „Bereits einfache Veränderungen und Adaptierungen machen es möglich, den Kindern einen Raum für die *bewegte Pause* zu geben. Eine anregende und variable Gestaltung des Schulgeländes mit unterschiedlichen Funktionsräumen (Spielzone, Möglichkeit zum Hüpfen und Springen, Ruhezone, Sitzecke, etc.) und mit ansprechenden Geräten und Materialien für verschiedene Altersgruppen und Interessen hat sich bewährt. Bewegungsaktivitäten müssen erlaubt, eindeutig geregelt und gegebenenfalls betreut werden. Ein bewegungsfreundlicher Pausenplatz orientiert sich an den unterschiedlichen Bedürfnissen der Schülerinnen und Schüler und wandelt ihn in einen Spiel-, Erfahrungs- und Erlebnisraum um. Die Möglichkeiten dazu sind vielseitig und müssen nicht unbedingt mit kostenaufwändigen Maßnahmen beginnen" (vgl. Education Group, o. J.).

Bewegte Schule
„Unter einer bewegten Schule ist jene Bildungseinrichtung zu verstehen, in der Bewegung als ein Prinzip schulischen Lernens und Lebens gefördert wird." Darum wird BSS im Unterricht als ein Kernelement der Konzepte zum Thema *Bewegte Schule* angesehen (Wuppertaler Arbeitsgruppe, 2008, S. 13).

Bewegtes Sitzen
„Unter ‚*Bewegtem Sitzen*' wird die Unterbrechung einer monotonen Sitzphase durch Veränderung der Sitzposition auf vielfältige Weise sowie das Einnehmen von alternativen Arbeitshaltungen verstanden" (Thiel et al., 2006, S. 65; Schraml, 2010). Das statisch-passive Stillsitzen sollte zugunsten eines aktiv-dynamischen Sitzens aufgegeben werden, das dem kindlichen Organismus ausreichende Möglichkeiten zur Regeneration bietet, eine wirksame Prävention gegen Sitzschäden darstellen und die Konzentrationsfähigkeit der Schüler positiv beeinflussen kann (vgl. Regensburger Projektgruppe, 2001, S. 96).

Bewegter Unterricht
Beim *Bewegten Unterricht* wird unterschieden zwischen der lernbegleitenden und der lernerschließenden Funktion (vgl. Projekt StuBBS, 2012, S. 1-7).

Lernbegleitende Aktivität
Als lernbegleitende Aktivitäten werden Unterrichtsformen verstanden, „bei denen der Lerninhalt über zeitgleich stattfindende Bewegungsaktivitäten vermittelt wird, d. h. die Schüler setzen sich mit dem Lerngegenstand auseinander, während sie sich bewegen. Die Bewegung hat dabei keine direkte inhaltserschließende Funktion auf den Lerngegenstand, sondern ‚begleitet' den Lernprozess" (Krüger, o. J., S. 7).

Lernerschließende Aktivitäten
Als lernerschließende Aktivitäten werden Unterrichtsformen verstanden, „bei denen der Lerninhalt unmittelbar und über das Medium der Bewegung vermittelt wird, d. h. ein Lerninhalt erschließt sich unmittelbar über eine Bewegungshandlung. Die Bewegungstätigkeit steht also im direkten Bezug zum Lerngegenstand, sodass dieser „am eigenen Leib in und durch Bewegung erschlossen wird" (Krüger, o. J., S. 13).

Lernen durch und in Bewegung im Fachunterricht wird als die „Hochform" des *Bewegten Unterrichts* angesehen (vgl. Projekt StuBBS, 2012, S. 2).

Bewegungshausaufgaben
Bewegungshausaufgaben dienen als Möglichkeit des wissensvermittelten *Bewegten Lernens*. Hausaufgaben können dazu zum Beispiel in die Freizeit der Schüler integriert werden, indem sie aufgefordert werden, Bewegungsfolgen oder -parcours zu entwickeln und in der Schule davon zu berichten (vgl. Thiel et al., 2009, S. 72f.).

Bewegungspausen
Thiel bezeichnet *Bewegungspausen* als „Unterbrechung des momentanen Unterrichtsstoffes zugunsten einer kurzen Bewegungszeit für die Schüler" (Thiel et al., 2009, S. 64). Hierbei können Bewegungsformen und -ausführungen wie Gymnastikübungen oder Bewegungslieder zum Einsatz kommen, die alleine oder mit Partner, im Klassenzimmer oder an anderen Orten der Schule durchgeführt werden können (vgl. ebd.).

Bewegung, Spiel und Sport (BSS)
Unter Bewegung, Spiel und Sport im Schulalltag, hier durchgängig als BSS abgekürzt, werden in dieser Studie, ähnlich wie von Bräutigam (2008) unter dem Begriff Schulsportforschung definiert, die „vielfältigen Formen und Möglichkeiten des *Bewegten Lernens* im Fachunterricht an Schulen ebenso wie die Bewegungs-, Spiel- und Sportaktivitäten, die im Kontext des gesamten Schullebens stattfinden" angesehen (Bräutigam, 2008, S. 19).

Bewegung und Sport

Bewegung und Sport ist die Bezeichnung für Sportunterricht an österreichischen Schulen. Dieser Pflichtgegenstand ist an allen Schulen mit Ausnahme der Berufsschulen verankert (vgl. Bundesministerium für Unterricht, Kunst und Kultur, 2012a).

Bundesjugendspiele

Dies ist eine jährlich an deutschen Schulen durchgeführte Sportveranstaltung und umfasst die Bereiche Schwimmen, Leichtathletik und Turnen. Die Teilnahme ist für die Schüler verpflichtend. Je nach erlangter Punktezahl bei Einzel- und Mehrkämpfen werden Ehren-, Sieger- oder Teilnahmeurkunden verteilt (Bundesministerium für Familie, Senioren, Frauen und Jugend, 2013).

Differenzierter Sportunterricht

Der verbindliche Sportunterricht an Hauptschulen, Realschulen und Gymnasien umfasst neben dem Basissportunterricht (erste und zweite Sportstunde) auch den sogenannten *Differenzierten Sportunterricht* (dritte und vierte Sportstunde). Dieser dient der Vertiefung und Erweiterung der im Basissportunterricht erworbenen Qualifikationen in einzelnen Sportarten unter Berücksichtigung der Neigungen der Schüler. Der Differenzierte Sportunterricht kann in zwei Organisationsformen durchgeführt werden: Differenzierter Sportunterricht in Interessengruppen und Differenzierter Sportunterricht im Klassenverband. (vgl. Bekanntmachung des Bayerischen Staatsministeriums für Unterricht und Kultus, vom 20. Oktober 1976 Az.: VI/6 – 4/119 577, KWMBl I 1976, S. 504)

Entspannungspausen

Entspannungspausen sollen helfen, dass der Körper in einen Ruhezustand gelangt, wodurch eine Erholung von Anstrengung möglich ist und im Anschluss mit wiedergewonnener Kraft weitergearbeitet werden kann.

Bei Entspannungspausen können zum Beispiel Fantasie-, Traum- oder Körperreisen zum Einsatz kommen, bei denen als anderer Weg der regenerativen Unterrichtsunterbrechung „äußere Bewegungen eingestellt" werden, „um die Konzentration auf innere Bewegung zu lenken" (Thiel et al., 2009, S. 68).

Erweiterter Basissportunterricht

Der erweiterte Basissportunterricht vertieft die in den Lernbereichen und Sportarten des Basissportunterrichts vermittelten Fähigkeiten, Fertigkeiten, Kenntnisse, Einstellungen und Werthaltungen. Da sich der Basissportunterricht und der erweiterte Basissportunterricht jeweils auf dieselben Sportarten und Schüler beziehen, werden beide im Lehrplan als Einheit dargestellt. (vgl. Lehrplan Mittelschule Bayern, Sport 5, S.123)

EU-Schulobstprogramm (auch EU-Schulfruchtprogramm)
Das EU-Schulobstprogramm soll den Verzehr von Obst und Gemüse steigern. Durch das Programm werden die Schulen einmal wöchentlich mit regionalem und saisonalem Obst und Gemüse beliefert. Im Vergleich zum EU-Schulmilchprogramm ist es nur für Kinder im Grundschulalter konzipiert, die Bildungseinrichtungen besuchen und muss von dem jeweiligen Bundesland finanziell mitgetragen werden. Die von der EU zur Verfügung gestellte Fördersumme beläuft sich für Deutschland auf 12.488.300,- € jährlich. Des Weiteren müssen die Grundschulen, um an diesem Projekt teilnehmen zu können, an der in Bayern ohnehin verpflichtenden Ernährungs- und Gesundheitsaktion „Voll in Form" (vgl. Glossar) teilnehmen (vgl. Bayerisches Staatsministerium für Ernährung, Landwirtschaft und Forsten, o. J.a).

EU-Schulmilchprogramm
Das EU-Schulmilchprogramm wird für Kindergärten, Vorschulen, Grundschulen und weiterführende Schulen in Deutschland angeboten. Die in der Milch und Milchprodukten enthaltenen Inhaltsstoffe Eiweiß, Mineralstoffe, Kalzium, Magnesium, Jod, Zink, Vitamin A, B_1, B_2, B_6, B_{12} und Folsäure tragen zu einer ausgewogenen Ernährung der Kinder bei. Ziel des Programms ist es, das Ansehen und damit gleichzeitig auch den Absatz von Milch und Milchprodukten zu optimieren. Die EU unterstützt das Projekt in Deutschland mit etwa 6,5 Millionen € im Jahr (vgl. Bundesministerium für Ernährung, Landwirtschaft und Verbraucherschutz, o. J.).

Das Programm wird von der EU mit 4,67 Cent pro 0,25 l je Schulkind und -tag finanziell getragen. Die Ausführung obliegt den einzelnen Bundesländern (vgl. Bayerisches Staatsministerium für Ernährung, Landwirtschaft und Forsten, o. J.b).

Eybl Sports-Cup (siehe For You Card)

Fallen lernen
Das Programm „Fallen lernen" der Allgemeinen Unfallversicherungsanstalt dient dem Training von verletzungsfreiem Fallen. Weitere Informationen finden sich unter AUVA Soziale Unfallversicherung (o. J).

Fit mit Koordi
Das Angebot „Fit mit Koordi" wurde von Fritz Freimüller und Stefan Giegler konzipiert und wird von einigen Vereinen der Arbeitsgemeinschaft für Sport und Körperkultur in Österreich den Schulen angeboten. Zusätzlich gibt es eine Broschüre der Gebietskrankenkasse, in der die Übungen vorgestellt werden und die von den Lehrern in den Unterricht eingebaut werden können (vgl. Freimüller et al., o. J.; Freimüller, persönliche Kommunikation).

For you Card – 4youCard
Die „4youCard" ist die Jugendkarte des Landes Oberösterreich, herausgegeben in Zusammenarbeit mit dem Jugendreferat. Die „4youCard" können in Oberösterreich lebende Jugendliche und junge

Erwachsene im Alter von 12-26 Jahren kostenlos anfordern. Sie kann weitere Funktionen übernehmen, wie Altersnachweis, Versicherungskarte und Infokarte.

In diesem Zusammenhang wurde der „Intersport Eybl-Sports-Cup" in Linz organisiert, bei dem jedermann teilnehmen konnte und dabei verschiedenste Sportarten ausprobieren konnte (4Yougend – Verein oberösterreichische Jugendarbeit, o. J.).

Freiwilliges soziales Jahr
Das freiwillige soziale Jahr (FSJ) ist ein soziales Bildungsjahr für junge Menschen, die ihre Vollzeitschulpflicht erfüllt und das 27. Lebensjahr noch nicht vollendet haben. Es zählt nicht als Ausbildungs- und Arbeitsverhältnis. Das FSJ bietet den Teilnehmenden die Chance, als Freiwillige „etwas für sich und andere Menschen zu tun" (Hieronimus, 2012). Im Jahr 2006 wurde vom Bayerischen Landes-Sportverband e. V., der Bayerischen Sportjugend und den Sportfachverbänden die Kampagne „FSJ im Sport nach 1" ins Leben gerufen. Hier werden die drei Sportprojekte „Sport nach 1", „Sport in der Ganztagsbetreuung" und „FSJ im Sport" kombiniert (vgl. Bayerischer Landes-Sportverband e. V., 2007 & 2013).

Ganztagsschulen
Ganztagsschulen in Niederbayern
Als „Ganztagsschulen" gelten in Bayern laut Kultusministerium Schulen mit einem *Offenen* oder *Gebundenen Ganztagsangebot* (Bayerisches Staatsministerium für Unterricht und Kultus, 2012b). In Oberösterreich sind dies Schulen mit Tagesbetreuung in getrennter Form und/oder verschränkter Form (Landesschulrat für Oberösterreich, o. J.a). Schulen ohne diese genannten Ganztagsangebote, die beispielsweise lediglich eine Mittagsbetreuung oder Ähnliches anbieten, gelten in beiden Ländern nicht als Ganztagsschulen. Sie werden hier als „Regelschulen" mit zusätzlich vorhandenen Betreuungsangeboten bezeichnet (siehe Glossar Regelschule).

Die Eltern können bei Ganztagsschulen zwischen Ganztags- oder Halbtagsunterricht wählen. Es gibt folglich, im Gegensatz zu einigen anderen deutschen Bundesländern, keine „reinen" Ganztagsschulen (vgl. *SERVICEAGENTUR „GANZTÄGIGLERNEN"*, o. J.).

Mit jeder beantragten *Gebundenen Ganztagsklasse* oder *Offenen Ganztagsgruppe* bekommt die Schule einen festgelegten Geldbetrag und/oder zusätzliche Lehrerstunden zugewiesen. Nähere Infos dazu finden sich unter Staatsinstitut für Schulqualität und Bildungsforschung (o. J.b).

Gebundene Ganztagsschule
Unter *Gebundener Ganztagsschule* wird ein durchgehend strukturierter Aufenthalt in der Schule an mindestens vier Wochentagen von täglich mindestens sieben Zeitstunden verstanden, der grundsätzlich von 8-16 Uhr für Schüler der Ganztagsklasse verpflichtend ist. Die vormittäglichen und nachmittäglichen Aktivitäten der Schüler stehen dabei in einem konzeptionellen Zusammenhang miteinander, wobei der Pflichtunterricht im Sinne eines rhythmisierten Tagesablaufs auf Vormittag und Nachmittag verteilt ist. Die *Gebundene Ganztagsschule* findet in der Regel an Grund- und

Hauptschulen statt. Seit dem Schuljahr 2010/2011 werden *Gebundene Ganztagszüge* an staatlichen Realschulen, Gymnasien und Wirtschaftsschulen aufgebaut (vgl. Staatsinstitut für Schulqualität und Bildungsforschung, o. J.b).

Bei diesem Schultyp werden überwiegend Lehrkräfte und Förderlehrkräfte eingesetzt, jedoch auch externe Kräfte, die vor allem für die Betreuung während der Mittagszeit sowie für Freizeitgestaltung, Berufsorientierung oder erzieherische Angebote zuständig sind. Der gesamte Tagesablauf wird von der Schule pädagogisch konzipiert, organisiert und verantwortet.

Den Schülern der *Gebundenen Ganztagsklasse* muss ein Mittagessen zur Verfügung gestellt werden, dessen Kosten die Eltern tragen. Abgesehen vom Mittagessen ist das Angebot des *Gebundenen Ganztags* für die Eltern kostenfrei.

Im Gegensatz zu anderen Bundesländern gibt es an den staatlichen Schulen in Bayern pro Jahrgangsstufe immer einen Klassenzug ohne *Gebundenes Ganztagsangebot*, damit die Wahlfreiheit der Eltern bestehen bleibt (vgl. Staatsinstitut für Schulqualität und Bildungsforschung, o. J.a). Somit können alle *Gebundenen Ganztagsschulen* in Bayern als *Teilgebundene Ganztagsschulen* im Sinne der einschlägigen Definitionen der Kultusministerkonferenz bezeichnet werden. Die *Teilgebundenen Ganztagsschulen* zeichnen sich nach der Definition der Kultusministerkonferenz strukturell dadurch aus, dass nicht die gesamte Schule als Ganztagsschule geführt wird, sondern nur einzelne Klassenzüge (vgl. Sekretariat der Ständigen Konferenz der Kultusminister der Länder in der Bundesrepublik Deutschland, 2011).

Offene Ganztagsschule

Die *Offene Ganztagsschule* bietet ein freiwilliges, vom vormittäglichen Pflichtunterricht zeitlich und inhaltlich getrenntes schulisches Nachmittagsangebot zur ganztägigen Förderung und Betreuung von angemeldeten Schülern der Jahrgangsstufen 5-10. Dafür wird an mindestens vier Wochentagen ein betreutes Mittagessen und ein verlässliches Nachmittagsangebot mit Hausaufgabenbetreuung sowie sportlichen, musischen oder gestalterischen Freizeitaktivitäten angeboten. Es besteht die Möglichkeit, dieses Angebot nur für gewisse Wochentage zu nutzen.

Die Bildungs- und Betreuungsangebote werden unter der Aufsicht und Verantwortung der Schulleitung organisiert und durchgeführt und stehen in einem konzeptionellen Zusammenhang mit dem Unterricht. Bei der Durchführung des *Offenen Ganztagsangebots* werden Sozialpädagogen, Erzieher, aber auch Übungsleiter und Trainer sowie sonstige, für das jeweilige Angebot geeignete Personen oder auch Lehrkräfte eingesetzt.

Die *Offene Ganztagsschule* kann an Hauptschulen, Realschulen, Wirtschaftsschulen und Gymnasien, sowie an Volksschulen zur sonderpädagogischen Förderung, im Sinne des Förderschwerpunkts Lernen (Hauptschulstufen) und von Sonderpädagogischen Förderzentren (Hauptschulstufen) eingerichtet werden, wobei die Förderung und Betreuung meistens in klassen- und jahrgangsstufenübergreifenden Gruppen stattfindet.

Dieses Angebot an staatlichen Schulen ist, ausgenommen Mittagessen, für die Eltern kostenfrei (vgl. Staatsinstitut für Schulqualität und Bildungsforschung, o. J.a).

Ganztagsschulen in Österreich

In Österreich zählen Schulen mit schulischer Tagesbetreuung in verschränkter und/oder getrennter Form als Ganztagsschulen (vgl. Schulorganisationsgesetz § 8d). An AHS-Unterstufen kann auch die Mittagsbetreuung angeboten werden, die jedoch nicht als Ganztagsschule zählt (vgl. Bundesministerium für Unterricht, Kunst und Kultur, 2011). Zusätzlich bieten auch Horte die Betreuung der Kinder in Österreich an (vgl. Bundesministerium für Wirtschaft, Familie und Jugend, 2013). In Oberösterreich gibt es Schulen mit Ganztagsangeboten in verschränkter und getrennter Form (vgl. Landesschulrat für Oberösterreich, 2013a)

An Schulen mit Tagesbetreuung werden Schüler an allen Schultagen zumindest bis 16:00 Uhr und längstens bis 18:00 Uhr betreut, wobei in der verschränkten Form am Freitag ein Ende ab 14:00 Uhr möglich ist. Der Schulerhalter entscheidet über die Höhe des Selbstkostenanteils für Verpflegung und Freizeit (vgl. Schulunterrichtsgesetz § 5 Abs. 6 und Bundesministerium für Unterricht, Kunst und Kultur, 2012a)

In Österreich bekommt jede Schule für den Aufbau einer Ganztagsschule einen Investitionszuschuss und einen Beitrag für die laufenden Kosten (vgl. Bundesministerium für Unterricht, Kunst und Kultur, 2013c).

Tagesbetreuung in verschränkter Form

Bei der Tagesbetreuung in verschränkter Form wechseln Unterrichts-, Lern- und Freizeit mehrmals im Laufe eines Tages ab. Bei den Lernzeiten wird noch zwischen individueller und gegenstandsbezogener Lernzeit unterschieden.

Die gegenstandsbezogene Lernzeit (GLZ) muss von Lehrkräften angeboten werden, umfasst im Regelfall drei Wochenstunden und wird bestimmten Unterrichtsgegenständen zugeordnet und beinhaltet die Festigung, Förderung und Sicherung des Unterrichtsertrags.

Die individuelle Lernzeit (ILZ) wird von Lehrkräften oder Erziehern durchgeführt und umfasst im Regelfall vier Wochenstunden. Diese dient der Bearbeitung der Hausübungen, der Wiederholung von Lehrstoff und der Vorbereitung auf Tests und Prüfungen.

Die Freizeit (FZ) hat keine festgelegte Stundenanzahl und wird in gelenkte (Basteln, Wandern, Sportangebot, ...) und ungelenkte (freie Themenwahl der Schüler) Freizeit unterteilt. Die Freizeit kann von Lehrern oder Erziehern betreut werden, wobei die Mittagspause auch zur Freizeit zählt (vgl. Landesschulrat für Oberösterreich, o. J.b).

Aus organisatorischen Gründen müssen alle Schüler einer Klasse ganzwöchig am Betreuungsteil teilnehmen. Dazu wird die Zustimmung von zwei Dritteln der Erziehungsberechtigten der betroffenen Schüler sowie mindestens zwei Drittel der betroffenen Lehrer benötigt (vgl. Schulorganisationsgesetz § 8).

Tagesbetreuung in getrennter Form

Bei dieser Betreuungsform sind Unterrichts- und Betreuungsteil (GLZ, ILZ, FZ) inhaltlich und zeitlich klar voneinander getrennt, das heißt, die Betreuung wird im Anschluss an den Unterricht angeboten (bis 16 oder maximal 18 Uhr). Dabei kann sie ganzwöchig oder lediglich an einzelnen Tagen in Anspruch genommen werden. Die Tagesbetreuungsgruppen, die eine Mindestzahl von 15 Schülern umfassen müssen, können im Gegensatz zu Bayern klassen-, schulstufen- und schulübergreifend, jedoch nicht schulartenübergreifend gebildet werden. Dies bietet den Vorteil, dass auch Nachbarschulen eine gemeinsame Nachmittagsgruppe einrichten können (vgl. Bundesministerium für Unterricht, Kunst und Kultur, 2014).

Die Tagesbetreuung ist sowohl in der getrennten als auch in der verschränkten Form als Teil des pädagogischen Gesamtkonzepts der Schule zu sehen (vgl. Landesschulrat für Oberösterreich, 2013b).

Geschickt und Fit

Bei diesem Vielseitigkeitswettbewerb handelt es sich um einen Fernwettkampf für Volksschulen in Oberösterreich, der von der Arbeitsgemeinschaft „Bewegung und Sport Oberösterreich" durchgeführt wird. Die Leistungsanforderungen decken sich „großteils mit den Anforderungen des Lehrplans der Grundstufe 2 der Volksschule im Fach Bewegung und Sport und stellen somit keinen zusätzlichen Mehraufwand dar. Die Teilnahme an diesem Klassenwettbewerb motiviert die Kinder sehr stark und spornt sie zu größeren Anstrengungen an" (Österreichisches Schulportal, 2013).

Gesunde Schule

Das Gütesiegel „Gesunde Schule OÖ" ist eine gemeinsame Initiative vom Landesschulrat für Oberösterreich, dem Institut für Gesundheitsplanung sowie der Oberösterreichischen Gebietskrankenkasse und markiert ein nach außen hin sichtbares Zeichen, dass in einer Schule Konzepte und Maßnahmen der schulischen Gesundheitsförderung Anwendung finden. Es werden dabei die Bereiche Bewegung, Ernährung, Suchtprävention und psychosoziales Wohlbefinden behandelt. Weitere Informationen finden sich auf Gesunde Schule (o. J.).

Globalauswertungen (siehe textreduzierende Zusammenfassungen)

Innovative Schule

Die innovative Schule ist ein zertifiziertes bildungspolitisches Konzept in Oberösterreich. Das in diesem Zuge herausgegebene Zertifikat „OÖ Schule Innovativ" greift „Bestrebungen der Schulen, sich weiterzuentwickeln, auf und verstärkt sie. Es [...] sollen an der Schule Eigenverantwortung gefördert und die individuellen Entwicklungsprozesse unterstützt werden" (Hummer, 2010). „Schulen, die sich um das Zertifikat bewerben, werden mit unterschiedlichen Fortbildungsangeboten unterstützt und begleitet. Dabei gilt der Grundsatz, dass die Schulen selbst entscheiden, ob, wann und in welchem Ausmaß sie die Angebote der beiden oberösterreichischen Pädagogischen Hochschulen annehmen wollen. [...]. Jede Schule erhält einen Entwicklungsscheck über 2.500,00 €, mit dem sie ihr individuelles Fortbildungskonzept zusammenstellen kann. [...] Prozessbegleiter/innen unterstützen – je nach Wunsch der Schule – zum Beispiel bei der Formulierung der Kriterien und Indikatoren, moderieren Konferenzen, achten auf konstruktive Arbeitsatmosphäre oder vermitteln Referenten/innen" (Land Oberösterreich, 2010a). „Das Zertifikat hat eine Gültigkeit von 2 Jahren. Nach Ablauf dieser Frist findet ein erneutes Audit statt, wobei überprüft wird, ob die eingeleiteten Maßnahmen wirken, die Indikatoren erreicht wurden und welche neuen Ziele gesteckt werden" (Land Oberösterreich, 2010b).

Internationaler Bodensee-Schulcup für Hauptschulen
„Beim [...] Internationalen Bodensee-Schulcup für Hauptschulen [treffen] sich die Landessieger der Bodensee-Anrainerstaaten [...] zu zweitägigen [Final-]Wettkämpfen in der Leichtathletik und im Handball." Der Bodensee-Schulcup wird abwechselnd in Deutschland, Österreich und der Schweiz ausgetragen (Bayerische Landesstelle für den Schulsport, o. J.).

JUGEND TRAINIERT FÜR OLYMPIA
JUGEND TRAINIERT FÜR OLYMPIA existiert seit 1969 und ist mit „ca. 800.000 Teilnehmerinnen und Teilnehmern der weltgrößte Schulsportwettbewerb", der einmal jährlich stattfindet. Diese Aktion bietet neben Talentförderung die Möglichkeit, bereits im „schulischen Rahmen Wettkampferfahrung zu sammeln", vermittelt „positive Werte wie Fairness, Teamgeist, Einsatzfreude" und „motiviert Jugendliche für ein lebenslanges Sporttreiben" (Kommission JUGEND TRAINIERT FÜR OLYMPIA, o. J.).

Kompetenzzentrum für schulische Tagesbetreuung
Dies ist ein Zertifikat des Österreichischen Bundesministeriums für Unterricht, Kunst und Kultur (BMUKK) und wird für qualitativ hochwertige schulische Tagesbetreuung vergeben. Es wird über ein Zertifizierungsverfahren mit fünf Qualitätsbereichen für zwei Jahre vergeben. Weitere Informationen dazu finden sich unter Bundesministerium für Unterricht, Kunst und Kultur (2013a).

Lernbegleitende Aktivitäten (siehe *Bewegter Unterricht*)

Lernschließende Aktivitäten (siehe *Bewegter Unterricht*)

Mental Top
Das Modellprojekt „Mental Top in der Schule" stärkt durch die Berücksichtigung der Bausteine „alle Sinne nutzen", „Sport zum Ausgleich" und „gesunde Ernährung" die geistige und körperliche Leistungsfähigkeit der Schüler (Mental Top, 2013).

Mentor Sport nach 1
Im Rahmen des Programms „Mentor Sport nach 1" ermöglichen ausgewählte Schüler anderen Schülern in den Pausen oder in Freistunden am Nachmittag ein selbst organisiertes Sportangebot in den Sportarten Basketball, Fußball, Handball, Volleyball, Badminton, Tennis, Tischtennis, Kleine Spiele, Jonglieren und Tanz (vgl. Repser, 2007, S. 7).

Modellprojekt Coaching

Die Vernetzungsstelle Schulverpflegung Bayern bietet bayerischen Schulen die Möglichkeit, sich für das „Modellprojekt Coaching" zu bewerben. Im Rahmen des Projekts wird den Schulen ein Jahr lang ein externer Trainer an die Seite gestellt, der mit den Schulen eine gesunde und profitable Schulverpflegung erarbeitet, die zugleich von den Kindern angenommen wird. Die Unterstützung kann entweder für das warme Mittagessen oder für die Pausenkost beantragt werden (Höfer & Weinhandl, 2012, S. 5)

Mittagsbetreuung

Die sogenannte *Mittagsbetreuung* und *verlängerte Mittagsbetreuung* ähnelt der *Offenen Ganztagsschule*, zählt aber begrifflich nicht zu den Ganztagsangeboten.

Laut dem Bayerischen Staatsministerium für Unterricht und Kultus (2012b) kann die Mittagsbetreuung „als sozial- und freizeitpädagogisch ausgerichtetes Betreuungsangebot im Anschluss an den Vormittagsunterricht bei Bedarf an Volks- und Förderschulen eingerichtet werden". Sie gewährleistet eine verlässliche Betreuung der Kinder von Unterrichtsende bis etwa 14:00 Uhr, wobei auch Hausaufgabenbetreuung zum Konzept gehören kann.

Unter denselben Voraussetzungen kann auch eine verlängerte Mittagsbetreuung mit einer Betreuung bis 15:30 Uhr und eine verlässliche Hausaufgabenbetreuung angeboten werden.

Die Kosten für die Mittagsbetreuung und die verlängerte Mittagsbetreuung werden in Bayern im Regelfall gemeinsam von einem freien Träger, dem Staat, Kommunen und Eltern getragen, die Einrichtung und Ausgestaltung erfolgt im Zusammenwirken mit der Schulleitung (vgl. Bayerisches Staatsministerium für Unterricht und Kultus, 2012b).

Ein ähnliches Programm wird in Österreich angeboten. Hier kann zum Beispiel an AHS-Unterstufen eine Mittagsbetreuung angeboten werden, die jedoch nicht zur Ganztagsschule zählt (vgl. Bundesministerium für Unterricht, Kunst und Kultur, 2011).

Neue Mittelschule (siehe österreichisches Schulsystem)

Porträtschulen (siehe Projekt- und Porträtschulen)

Projekt- und Porträtschulen

Im Rahmen der Studie *Bewegter Ganztag* wurden aus der Grundgesamtheit aller einbezogenen Schulen 40 sogenannte *Projektschulen* und acht *Porträtschulen* ausgewählt. Die Projektschulen wurden anhand eines qualitativen Stichprobenplans nach den Kriterien Bundesland, Schulart, Ganztagsorganisation und Ausmaß der BSS-Integration an der Schule ausgewählt. Insgesamt 32 dieser Schulen wurden anhand der methodischen Instrumente postalischer Fragebogen, Dokumentenanalyse und Schulleiterinterview einer fall- und gruppenvergleichenden sowie typenbildenden

Analyse zugeführt. Die verbleibenden acht wurden als Porträtschulen eingehender untersucht. Sie wurden aus den ursprünglich 40 Projektschulen nach den Kriterien Bundesland, Schulart, Ausmaß der BSS-Integration und Entwicklungsbereitschaft in Richtung auf die weitergehende Integration von BSS in den Schulalltag ausgewählt. Die Einbindung von BSS in den Schulalltag der Porträtschulen wurde anhand der methodischen Instrumente postalischer Fragebogen, Dokumentenanalyse, Schulleiter- und Lehrerinterviews, schriftliche Schülerbefragung und Motoriktest in Schulporträts rekonstruiert und auf diesem Wege einer fall- und gruppenvergleichenden sowie typenbildenden Analyse zugeführt. Hinzu kommt bei den Porträtschulen die Fragestellung nach den Auswirkungen eines *Bewegten Ganztags* auf die Schüler. Diese Fragestellung wurde mithilfe von Lehrerinterviews, Motoriktests und Schülerbefragungen beantwortet.

Regelschule
Regelschule bezeichnet im Rahmen der vorliegenden Veröffentlichung das jeweilige Gegenteil zur Ganztags- bzw. Sportschule.

Rhythmisierung
Die Rhythmisierung des Schultags bezieht sich auf die Forderung, einen „Wechsel von Anspannung und Entspannung" sowie eine „Verzahnung von Vor- und Nachmittag" zu etablieren (Kolbe et al., 2006, S. 5). Begründet wird dies zum einen mit der physiologischen Leistungskurve und zum anderen mit der Notwendigkeit, den Schülern selbstbestimmte Zeiten einzuräumen. Sowohl im *Gebundenen Ganztag* in Niederbayern als auch in der *verschränkten schulischen Tagesbetreuung* in Oberösterreich wird die Rhythmisierung des Schultags verpflichtend umgesetzt. Nach Burk (2006, S. 97) lässt sich Rhythmisierung in Tagestakt, äußere Rhythmisierung und innere Rhythmisierung weiter differenzieren. „Takt meint dabei die rahmengebende Tagesstruktur, die die einzelne Schule jeweils findet. Rhythmisierung steht für die zeitliche Unterrichts- und Lerninszenierung, einerseits für die gesamte Lerngruppe (äußere Rhythmisierung), andererseits ausgehend vom einzelnen Kind (innere Rhythmisierung)" (Laging et al., 2010, S. 31).

Sachaufwandsträger (NB) bzw. Schulerhalter (OOE)
Sachaufwandsträger (NB)
„Der nicht zum Personalaufwand (Art. 2) gehörende übrige Aufwand ist Schulaufwand. Er umfasst den für den ordnungsgemäßen Schulbetrieb und Unterricht erforderlichen Sachaufwand sowie den Aufwand für das Hauspersonal" (Bayerische Staatsregierung, 2012). Der Sachaufwandsträger an staatlichen Schulen in Bayern ist stets die örtliche Kommune, bei kommunalen Schulen die jeweilige Kommune, und bei privaten Schulen bis auf wenige Ausnahmen der Schulträger selbst (vgl. ebd.).

Schulerhalter (OÖ)
In Oberösterreich ist der Schulerhalter bei den öffentlichen Pflichtschulen die jeweilige Gemeinde, bei den Bundesschulen der Bund und bei den privaten Schulen die jeweilige Organisation. Den Begriff des Schulträgers gibt es im Schulorganisationsgesetz nicht (Bundesverfassung Artikel 14 und Schulorganisationsgesetz).

EU-Schulobstprogramm (auch: EU-Schulfruchtprogramm)

Das EU-Schulobstprogramm soll den Verzehr von Obst und Gemüse steigern. Durch das Programm werden die Schulen einmal wöchentlich mit regionalem und saisonalem Obst und Gemüse beliefert. Im Vergleich zum EU-Schulmilchprogramm ist es nur für Kinder im Grundschulalter konzipiert, die Bildungseinrichtungen besuchen und muss von dem jeweiligen Bundesland finanziell mitgetragen werden. Die von der EU zur Verfügung gestellte Fördersumme beläuft sich für Deutschland auf 12.488.300,- € jährlich. Des Weiteren müssen die Grundschulen, um an diesem Projekt teilnehmen zu können, an der in Bayern ohnehin verpflichtenden Ernährungs- und Gesundheitsaktion „Voll in Form" (vgl. Glossar) teilnehmen (vgl. Bayerisches Staatsministerium für Ernährung, Landwirtschaft und Forsten, o. J.a).

EU-Schulmilchprogramm

Das EU-Schulmilchprogramm wird für Kindergärten, Vorschulen, Grundschulen und weiterführende Schulen in Deutschland angeboten. Die in der Milch und Milchprodukten enthaltenen Inhaltsstoffe Eiweiß, Mineralstoffe, Kalzium, Magnesium, Jod, Zink, Vitamin A, B_1, B_2, B_6, B_{12} und Folsäure tragen zu einer ausgewogenen Ernährung der Kinder bei. Ziel des Programms ist es, das Ansehen und damit gleichzeitig auch den Absatz von Milch und Milchprodukten zu optimieren. Die EU unterstützt das Projekt in Deutschland mit etwa 6,5 Millionen € im Jahr (vgl. Bundesministerium für Ernährung, Landwirtschaft und Verbraucherschutz, o. J.).

Das Programm wird von der EU mit 4,67 Cent pro 0,25 l je Schulkind und -tag finanziell getragen. Die Ausführung obliegt den einzelnen Bundesländern (vgl. Bayerisches Staatsministerium für Ernährung, Landwirtschaft und Forsten, o. J.b).

spark7SLAM Tour

Bewegung, Action und Multimedia sind die Schlagworte, die mit der „spark7SLAM Tour" in Verbindung stehen. Als Österreichs größte Sportinitiative für Schulen tourt das „spark7SLAM"-Team durch das Land und bietet interessierten Schulen fachmännisch betreute Workshops und Schülern Abwechslung zum Schulalltag. Es werden zum Beispiel Workshops zur Schuldenprävention, ein English Activity Workshop, ein Basketballworkshop, ein Bewerbungstraining und eine Schreibwerkstatt angeboten (spark 7SLAM Tour, o. J.).

Sportabzeichen-Schulwettbewerb

Das Deutsche Sportabzeichen ist ein „Nachweis überdurchschnittlicher körperlicher Fitness [...]. Seit vielen Jahren ist das Deutsche Sportabzeichen in den deutschen Schulen [...] etabliert und immer häufiger Teil des schulischen Sportangebots und von Schulsportfesten. Dabei kooperieren Schulen zunehmend mit Sportvereinen vor Ort. Auch wird das Deutsche Sportabzeichen in Schulen in den meisten Bundesländern durch Wirtschaftspartner finanziell gefördert" (Deutscher Olympischer Sportbund, 2013, S. 2). „Der Sportabzeichen-Schulwettbewerb kann an jeder bayerischen Schule durchgeführt werden" (Bayerischer Landes-Sportverband e. V., 2013, o. S.).

Sportarbeitsgemeinschaften (im Rahmen des Modells „Sport nach 1 in Schule und Verein")

Sportarbeitsgemeinschaften im Rahmen des Modells „Sport nach 1 in Schule und Verein" bieten die Möglichkeit einer Zusammenarbeit von Schulen und Sportvereinen, mithilfe derer Schulen freiwillige BSS-Angebote unter Anleitung von Vereinspersonal an Nachmittagen anbieten können (vgl. Bayerische Landesstelle für den Schulsport, 2006).

Sport nach 1 in Schule und Verein

Bei „Sport nach 1 in Schule und Verein" handelt es sich um ein Kooperationsmodell, welches seit dem Jahr 1991 besteht und eine wichtige Ergänzung des Pflichtsportunterrichts mit zusätzlichen freiwilligen Sportangeboten in enger Zusammenarbeit mit Schule und Verein darstellt. „Mit freizeitorientierten und gesundheitsbezogenen Sportarbeitsgemeinschaften (SAG) wird versucht, Schüler für den Sport zu gewinnen, um sie zu einer gesunden Lebensführung und sinnvollen Freizeitgestaltung anzuhalten. Selbstverständlich bietet Sport nach 1 auch die Möglichkeit einer leistungssportlich orientierten Förderung von sportlich talentierten Schülern" (Bayerische Landesstelle für den Schulsport, o. J.).

Schulerhalter (siehe Sachaufwandsträger)

Schulporträts

Schulporträts sind „systematische und methodisch kontrollierte, an Gütekriterien empirischer Forschung orientierte Darstellung[en] der faktischen und konkreten Wirklichkeit der untersuchten Schule" (Laging et al., 2010, S. 20). Im vorliegenden Fall bezeichnen Schulporträts die einzelfallanalytische Zusammenführung und inhaltliche Zusammenfassung der Datenmengen aus den Quellen flächendeckender Fragebogen, Dokumentenanalysen, Schulleiter- und Lehrerinterviews, schriftlicher Schülerbefragung und Motoriktests zur Rekonstruktion der Integration von BSS und gesunder Schulverpflegung in den Schulalltag der Porträtschulen sowie als Grundlage der fall- und gruppenvergleichenden sowie typenbildenden Analyse.

Schulprofil

„Das Schulprofil ist das, was die Mitglieder der Schule, aber auch die Außenstehenden als das Besondere an der jeweiligen Schule wahrnehmen." Es kann als Vorstufe zum „Schulprogramm" (vgl. Glossar) begriffen werden und „bildet sich durch die besonderen Bedingungen an der einzelnen Schule (Aktivitäten, Umfeld, Personal und Ausstattung) im Lauf der Zeit heraus" (Bayerisches Staatsministerium für Unterricht und Kultus, 2001, S. 26).

Schulprogramm

Ein Schulprogramm ist ein gemeinsames Handlungskonzept einer Schule (vgl. Bayerisches Staatsministerium für Unterricht und Kultus, 2001).

Schulsport tut Bayern gut

Im Sinne dieses Projekts rufen „Alle zwei Jahre [...] das Bayerische Kultusministerium und der Bayerische Landes-Sportverband die bayerischen Schulen zusammen mit ihren Partnervereinen auf, den Schulsport in den Mittelpunkt des Unterrichtsgeschehens zu stellen" (Bayerischer Landes-Sportverband e. V., o. J.).

Schulsystem
Bayerisches Schulsystem

Grundschule

Die Grundschule ist die zeitlich erste und für alle Schüler gemeinsam verbindliche Schulart. Diese umfasst die Jahrgangsstufen 1-4 (vgl. Bayerisches Staatsministerium für Unterricht und Kultus, 2012a). Nach der Grundschule erfolgt der Übertritt an eine der weiterführenden Schularten Hauptbeziehungsweise Mittelschule, Realschule oder Gymnasium.

Hauptschule/Mittelschule

Als wesentliche Charakteristik der Hauptschule wird auf eine grundlegende Allgemeinbildung verwiesen, die Hilfen zur Berufsfindung leistet und Voraussetzungen für eine qualifizierte berufliche Bildung schafft. Sie ist Pflichtschule und verleiht den erfolgreichen und den qualifizierenden Hauptschulabschluss beziehungsweise über Mittlere-Reife-Klassen den mittleren Schulabschluss (vgl. Bayerisches Staatsministerium für Unterricht und Kultus, 2013). Während der Dauer des Forschungsprojekts war die deutliche Mehrheit der Hauptschulen zu Mittelschulen geworden.

Die Mittelschule umfasst die Jahrgangsstufen 5-9 oder 10. Der Unterricht ist stark auf berufsbezogene Inhalte ausgerichtet. Neben dem Abschluss der Mittelschule kann der sogenannte *Qualifizierende Abschluss der Mittelschule* und der *Mittlere Schulabschluss* an der Mittelschule gemacht werden (http://www.km.bayern.de/eltern/schularten). In Bayern werden Grund- und Haupt- beziehungsweise Mittelschulen teilweise unter einer Leitung geführt und Volksschulen genannt.

Realschule

Nach Abschluss der Grundschulzeit kann, unter anderem abhängig von den dortigen schulischen Leistungen, die schulische Laufbahn unmittelbar in der Realschule fortgesetzt werden. „Die Realschule umfasst die Jahrgangsstufen fünf bis zehn. [...] Sie vermittelt eine breite allgemeine Bildung und Grundkenntnisse für die Berufsausbildung über berufsorientierte Fächer. Sie legt damit den Grund für eine qualifizierte berufliche Bildung, für den Übertritt in weitere schulische Bildungsgänge bis zur Hochschulreife. Die Abschlussprüfung verleiht den Realschulabschluss, den mittleren Schulabschluss (Bayerisches Staatsministerium für Unterricht und Kultus, 2012a).

Gymnasium

Ebenfalls nach der Grundschulzeit und abhängig von den dort gezeigten schulischen Leistungen kann der Eintritt ans Gymnasium erfolgen. „Das Gymnasium umfasst die Jahrgangsstufen 5 bis 12 und vermittelt eine vertiefte allgemeine Bildung, die für ein Hochschulstudium vorausgesetzt wird. Der Abschluss mit der *Allgemeine Hochschulreife* (Abitur) eröffnet u. a. unmittelbar den Weg an die Hochschulen und Universitäten" (Bayerisches Staatsministerium für Unterricht und Kultus, 2012a).

Österreichisches Schulsystem

In Österreich besteht seit 1962 eine neunjährige Schulpflicht.

Allgemeinbildende Schulen

Volksschule

Die vierjährige Volksschule ist in Österreich die zeitlich erste verbindliche Schulart ab dem vollendeten sechsten Lebensjahr. Bei mangelnder Schulreife besteht meist die Möglichkeit des Besuchs einer Vorschulklasse, womit sich allerdings die Volksschulzeit auf fünf Jahre erhöht.

Nach dem Besuch der Volksschule stehen den Kindern zwei weiterführende Schulwege offen, der Besuch der allgemeinbildenden höheren Schule oder der Besuch der Hauptschule beziehungsweise der Neuen Mittelschule.

Hauptschule/Neue Mittelschule

Die Haupt- und Neue Mittelschule ist vierjährig. Die Neue Mittelschule gibt es seit 2008 und diese wird bis zum Schuljahr 2015/16 die Hauptschule vollständig ersetzen.

Die Hauptschule bzw. Neue Mittelschule hat die Aufgabe, innerhalb von vier Jahren eine grundlegende Allgemeinbildung zu vermitteln. Sie soll Schülern, je nach Interesse, Neigung, Begabung und Fähigkeit, auf das Berufsleben vorbereiten und sie zum Übertritt in mittlere und höhere Schulen befähigen. In der Hauptschule werden die Schüler in Deutsch, Mathematik und in lebenden Fremdsprachen in Leistungsgruppen geteilt. Dagegen werden in der Neuen Mittelschule neben anderen pädagogischen Zielen die Schüler auch in diesen Fächern gemeinsam unterrichtet, wobei in einigen Stunden ein zweiter Lehrer mit dabei ist. Sowohl in der Hauptschule als auch in der Neuen Mittelschule gibt es Schulen mit sportlichem oder musischem Schwerpunkt, sogenannte *Sporthauptschulen* bzw. *Neue Sportmittelschulen*.

Polytechnische Schule

Die einjährige polytechnische Schule wird zumeist von Schülern als neunte Schulstufe genutzt, die unmittelbar nach der allgemeinen Schulpflicht einen Beruf erlernen wollen. Die Schüler sollen, je nach Interesse, Neigung, Begabung und Fähigkeit, zu einem möglichst qualifizierten Übertritt in die duale Berufsausbildung (Lehrlingsausbildung, Berufsschule) sowie in weiterführende Schulen befähigt werden.

Sonderschule
Kinder mit sonderpädagogischem Förderbedarf können die gesamte Dauer der Schulpflicht in einer Sonderschule absolvieren. Es gibt auch die Möglichkeit der integrativen Betreuung.

Allgemeinbildende höhere Schule
Die allgemeinbildende höhere Schule ist achtjährig und schließt mit der Reifeprüfung (Matura) ab, die zum Besuch einer Universität oder Hochschule berechtigt.

Die allgemeinbildende höhere Schule (AHS) gliedert sich in Unterstufe (vier Schulstufen Sekundarstufe I) und Oberstufe (vier Schulstufen Sekundarstufe II). In ihrer Langform dauert sie acht Jahre. Schüler, welche die Unterstufe der AHS absolviert haben, können die Oberstufe besuchen. Nach der vierten Klasse der allgemeinbildenden höheren Schule besteht auch die Möglichkeit des Übertritts in eine berufsbildende höhere Schule.

Berufsbildende Schulen
Berufsbildende mittlere und höhere Schule
In einer berufsbildenden höheren Schule wird eine berufliche Ausbildung und eine fundierte Allgemeinbildung vermittelt. Sie dauert fünf Jahre und schließt mit der Reife- und Diplomprüfung ab. Damit erwirbt man den allgemeinen Hochschulzugang sowie – je nach Ausbildungstyp – bestimmte berufliche Qualifikationen (Doppelqualifikation).

In einer berufsbildenden mittleren Schule (oder Fachschule) werden berufliche Qualifikationen und Allgemeinbildung vermittelt. Sie dauert in der Regel drei oder vier Jahre und endet mit der Abschlussprüfung. Die Grundvoraussetzung für den Besuch einer berufsbildenden Schule ist der erfolgreiche Abschluss der achten Schulstufe. In manchen Fällen ist außerdem eine Aufnahmeprüfung erforderlich.

Zu den berufsbildenden Schulen zählen auch die Berufsschulen, die den schulischen Ausbildungsteil der dualen Ausbildung abdecken. Zusätzlich gibt es noch Aufbaulehrgänge, Kollegs und Schulen für Berufstätige (vgl. Bundesministerium für Unterricht, Kunst und Kultur, 2012b).

Die Absolventen der Hauptschule und der Neuen Mittelschule besuchen entweder die einjährige polytechnische Schule und erhalten danach eine Berufsausbildung in einem Betrieb und der Berufsschule („duale Ausbildung") oder sie können, je nach Begabung und Neigung, ihre Schullaufbahn in der Oberstufe einer allgemeinbildenden höheren Schule (Oberstufengymnasium, vierjährig, Abschluss mit Matura, Berechtigung zum Besuch einer Hochschule oder Universität) oder an einer berufsbildenden mittleren oder höheren Schule (letztere fünfjährig) fortsetzen. Zu berufsbildenden höheren Schulen werden Handelsakademien, Höhere Technische Lehranstalten, Höhere Lehranstalten, Bildungsanstalt für Kindergartenpädagogik gezählt. Diese fünfjährigen Schultypen sollen berufliche Qualifikationen vermitteln und enden mit der Matura, die zum Besuch einer Hochschule oder Universität berechtigt.

Schulträger

Nach dem Deutschen Bildungsserver 2013 ist der Schulträger „für die Errichtung, Unterhaltung und Verwaltung der Schule verantwortlich und trägt in der Regel die Sachkosten (während die Personalkosten für Lehrer an öffentlichen Schulen vom Land übernommen werden)" (Massar, 2013).

Stützpunkt

„Stützpunkte stellen im Rahmen des Kooperationsmodells [„Sport nach 1 in Schule und Verein"] die leistungssportliche Ausrichtung dar. Sie verfolgen eine sportartspezifische Talentsichtung und Talentförderung unter gleichzeitiger Berücksichtigung einer optimalen schulischen Entwicklung. [...] Die Schule richtet zusätzlich zur Sportarbeitsgemeinschaft für die Stützpunktschüler im Rahmen des Differenzierten Sportunterrichtes mindestens zwei Interessengruppen in der Stützpunktsportart mit je zwei Unterrichtsstunden ein. Dieser Unterricht wird in der Regel von einer hauptamtlichen Lehrkraft im Rahmen ihrer Unterrichtspflichtzeit oder nebenamtlich erteilt. Falls Vereinsübungsleiter diesen Unterricht übernehmen, werden diese aus dem Ansatz des nebenberuflichen Unterrichtes vergütet" (Bayerische Landesstelle für den Schulsport, 2006). Zur besseren Umsetzung arbeiten Schule und Verein hierfür eng zusammen. Weitere Informationen finden sich unter ebd.

Tag der Bewegung der Arbeitsgemeinschaft Bewegung und Sport Oberösterreich

Analog zur Aktionswoche „Schulsport tut Bayern gut" gibt es in Oberösterreich den „Tag der Bewegung der Arbeitsgemeinschaft Bewegung und Sport" mit jährlich neuem Motto. Die Schulen können an diesem Tag besondere sportliche Aktivitäten planen und durchführen. Auf der Homepage der Arbeitsgemeinschaft Bewegung und Sport findet sich unter „Jahresschwerpunkte" und „Materialien" auf das Motto abgestimmtes, unterstützendes Material (ARGE Bewegung und Sport Oberösterreich, o. J.c).

Tag der Schulverpflegung

Seit 2011 finden jeden Oktober im ganzen Bundesgebiet die „Tage der Schulverpflegung" statt. Der Tag der Schulverpflegung kann in die „Woche der Gesundheit und Nachhaltigkeit" eingebunden werden. Zu den „Tagen der Schulverpflegung" richten die Vernetzungsstellen für Schulverpflegung (in Bayern: Bayerisches Staatsministerium für Unterricht und Kultus, für Umwelt und Gesundheit sowie für Ernährung, Landwirtschaft und Forsten) diverse Veranstaltungen aus, mit dem Ziel, die Befürwortung des Schulessens zu steigern und das Interesse an eher unbekannten Speisen zu wecken (Bayerisches Staatsministerium für Ernährung, Landwirtschaft und Forsten, o. J.c).

Tagesheimschule

Die Tagesheimschule ist eine veraltete Bezeichnung für die schulische Tagesbetreuung beziehungsweise den Ganztag. Die Bezeichnung wird von der Hauptschule/Sporthauptschule Ulrichsberg verwendet (vgl http://schulen.eduhi.at/hsulrichsberg/). In den Gesetzen und Verordnungen des Bildungsministeriums für Unterricht, Kunst und Kultur wird die Bezeichnung Tagesheimschule nicht mehr verwendet.

Textreduzierende Zusammenfassungen/Globalauswertungen
Einzelfallanalytische Zusammenführung und inhaltliche Zusammenfassung der Datenmengen aus den verschiedenen Datenquellen zur Rekonstruktion der Integration von BSS und gesunder Schulverpflegung in den Schulalltag der Projektschulen sowie als Grundlage der fall- und gruppenvergleichenden sowie typenbildenden Analysen.

Unverbindliche Übungen
Österreichische Bezeichnung für freiwillige außerunterrichtliche Angebote, unter anderem aus dem BSS-Bereich: *Unverbindliche Übungen* können klassen- und schulstufenübergreifend für den Zeitraum von maximal 80 Jahreswochenstunden und in Kooperation mit außerschulischen Einrichtungen durchgeführt werden. *Unverbindliche Übungen* im Sportbereich werden durch Leibeserzieher (Sportlehrer) erteilt und können von schulexternen Fachleuten unterstützt werden (vgl. Bundesministerium für Unterricht, Kunst und Kultur, 1994, S. 2ff.).

Voll in Form
Seit dem Schuljahr 2008/2009 werden in den bayerischen Grundschulen punktuell über das Schuljahr verteilte BSS-bezogene Veranstaltungen, wie Spiel- und Sportfeste oder Wintertage, *Bewegter Unterricht*, *Bewegte Pausen* und BSS-Angebote im Rahmen des Modells „Sport nach 1 in Schule und Verein" sowie BSS-Angebote in Kooperation mit außerschulischen Organisationen und Personen im Rahmen der Bewegungs- und Gesundheitsinitiative „Voll in Form", zusammengefasst und müssen verbindlich und systematisch in den Unterrichtsalltag einbezogen werden (vgl. Bayerisches Staatsministerium für Unterricht und Kultus, 2008).

Ziel der Initiative war und ist es, dass die Schüler „an jedem Unterrichtstag, an dem kein Sportunterricht stattfindet, an einer intensiven Bewegungsphase von mindestens 20 Minuten teilnehmen, möglichst mehrmals in der Woche ein gesundes Frühstück bzw. Pausenbrot zu sich nehmen [und] aufgrund körperlichen Wohlbefindens in der Lage [sind], erfolgreich zu lernen" (ebd.). In diesem Sinne sind die Lehrer aufgefordert, an Schultagen, an denen kein Sportunterricht stattfindet, über den Tag verteilt 20 min Bewegung einzubauen.

Anhang | 251

Literatur

ARGE Bewegung und Sport Oberösterreich (o. J.a). *Leitbild „Bewegung und Sport".* Zugriff am 16.07.2013 unter http://www.bewegungundsport.eduhi.at/index.php?artikel=1&kthid=9977

ARGE Bewegung und Sport Oberösterreich (o. J.b). *Arbeitsplatzbeschreibung für Landesarbeitgemeinschaftsleiter/innen.* Zugriff am 16.07.2013 unter http://www.bewegungundsport.eduhi.at/index.php?artikel=1&kthid=9978

ARGE Bewegung und Sport Oberösterreich (o. J.c). *Bewegung und Sport Schule bewegt!* Zugriff am 23.07.2013 unter http://www.bewegungundsport.eduhi.at

AUVA Soziale Unfallversicherung (o. J.). *Bewegung und Sport.* Zugriff am 23.07.2013 unter http://www.auva.at/portal27/portal/auvaportal/channel_content/cmsWindow?p_pubid=640852&action=2&p_menuid=70003&p_tabid=4#pd931915

Bayerischer Golfverband (o. J.). *BGV Schulgolf-Konzept. Kooperation mit dem bayerischen Kultusministerium.* Zugriff am 18.07.2013 unter http://www.bayerischer-golfverband.de/dynasite.cfm?dsmid=95538&dspaid=0

Bayerischer Landes-Sportverband e. V. (o. J.). *Aktionswoche „Schulsport tut Bayern gut".* Zugriff am 12.11.2012 unter http://www.blsv.de/blsv/sportwelten/sport-in-schule-verein/aktionen-und-preise.html

Bayerischer Landes-Sportverband e. V. (2007). FSJ im Sport nach 1. Zugriff am 24. Juni 2013 unter http://www.blsv.de/fileadmin/user_upload/pdf/breitensport_sportnach1_flyer.pdf

Bayerischer Landes-Sportverband e. V. (2013). Sportarbeitsgemeinschaft „Sport nach 1". Zugriff am 24. Juni 2013 unter http://www.blsv.de/blsv/sportwelten/sport-in-schule-verein/sport-nach-1.html)

Bayerischer Landes-Sportverband e. V. (2013). *Sportabzeichen-Schulwettbewerb. Infos.* Zugriff am 25.07.2013 unter https://www.sportabzeichen-bayern.de/index.php?id=4

Bayerische Landesstelle für den Schulsport (o. J.). *Internationaler Bodensee-Schulcup.* Zugriff am 23.07.2013 unter http://www.laspo.de/index.asp?k_id=5620

Bayerische Landesstelle für den Schulsport (o. J.). *Sport nach 1.* Zugriff am 24.07.2013 unter https://www.sportnach1.de/index.asp?typ=allgemeines

Bayerische Landesstelle für den Schulsport (2006). *Sport nach 1 in Schule und Verein. Das bayerische Kooperationsmodell.* Zugriff am 17.10.2012 unter http://www.sportnach1.de/images/Sport-nach-1-Broschuere2006.pdf

Bayerisches Staatsministerium für Ernährung, Landwirtschaft und Forsten (o. J.a). *Förderwegweiser – Schulfruchtprogramm.* Zugriff am 14.07.2013 unter http://www.stmelf.bayern.de/agrarpolitik/foerderung/003621/index.php

Bayerisches Staatsministerium für Ernährung, Landwirtschaft und Forsten (o. J.b). *Veranstaltungen. Tage der Schulverpflegung.* Zugriff am 16.06.2013 unter http://www.schulverpflegung.bayern.de/veranstaltungen/tagderschulverpflegung/

Bayerisches Staatsministerium für Unterricht und Kultus (2001). *Innere Schulentwicklung in Bayern. Aus der Praxis – für die Praxis.* Zugriff am 06. Juli 2012 unter http://www.schulentwicklung.bayern.de/userfiles/KM_Schulentwick_Gesamt_3011.pdf

Bayerisches Staatsministerium für Unterricht und Kultus (2008). *Voll in Form.* Zugriff am 05.11.2012 unter http://www.km.bayern.de/ministerium/sport/schulsport.html

Bayerisches Staatsministerium für Unterricht und Kultus (2012a). *Chancengleichheit und Förderung.* Zugriff am 06. Juli 2012 unter http://www.km.bayern.de/eltern/schule-und-familie/ganztagsschule.html

Bayerisches Staatsministerium für Unterricht und Kultus (2012b). *Chancengleichheit und Förderung.* Zugriff am 06. Juli 2012 unter http://www.km.bayern.de/eltern/schule-und-familie/ganztagsschule.html

Bayerisches Staatsministerium für Unterricht und Kultus (2013). *Die Mittelschule Bayern.* Zugriff am 16.07.13 unter http://www.km.bayern.de/eltern/schularten/mittelschule.html

Bayerische Staatsregierung (2012). *Bayerisches Schulfinanzierungsgesetz (BaySchFG) in der Fassung der Bekanntmachung vom 31. Mai 2000.* Zugriff am 23.07.2013 unter http://www.rechtliches.de/bayern/info_BaySchFG.html

Bewegung und Sport – Vielseitigkeitswettbewerb der Volksschulen. *Neuerungen im Schuljahr 2012/13.* Zugriff am 23.07.2013 unter http://www.eduhi.at/dl/2012_13_NEU_Erlass_Geschickt_und_fit_%282%29.pdf

Bundesministerium für Ernährung, Landwirtschaft und Verbraucherschutz. (o. J.). *Schulmilchprogramm vom Kindergarten bis zum Abitur.* Zugriff am 14.07.2013 unter http://www.bmelv.de/cln_182/sid_D3B62879529E707BADDA109589DBDD0F/SharedDocs/Standardartikel/Ernaehrung/GesundeErnaehrung/Kita-Schule/Schulmilch.html

Bundesministerium für Familie, Senioren, Frauen und Jugend (2013). *Bundesjugendspiele.de.* Zugriff am 24.07.2013 unter http://www.bundesjugendspiele.de

Bundesministerium für Unterricht, Kunst und Kultur Österreich (1994). *Rundschreiben Nr. 41/1994. Richtlinien zur Durchführung von Unverbindlichen Übungen (Freigegenstände) in Leibesübungen.* Zugriff am 20.11.2012 unter http://www.vdloe.at/wien/recht/download/rs1994_41.pdf

Bundesministerium für Unterricht, Kunst und Kultur (2011). *Mittagsbetreuung*. Zugriff am 24.10.2012 unter http://www.bmukk.gv.at/schulen/tagesbetreuung/mittagsbetreuung/index.xml

Bundesministerium für Unterricht, Kunst und Kultur (2012a). *Bewegungserziehung und Sportlehrerwesen*. Zugriff am 16.07.2013 unter http://www.bmukk.gv.at/schulen/unterricht/sport/bewgungserziehung.xml

Bundesministerium für Unterricht, Kunst und Kultur (2012b). *Bewegungserziehung und Sportlehrerwesen*. Zugriff am 24.07.2013 unter http://www.bmukk.gv.at/schulen/bw/ueberblick/hss.xml

Bundesministerium für Unterricht, Kunst und Kultur (2013a) *Qualitätsaktion – Gütesiegel*. Zugriff am 23.07.2013 unter http://www.bmukk.gv.at/schulen/tagesbetreuung/guetesiegel/index.xml

Bundesministerium für Unterricht, Kunst und Kultur (2013b). *Die Neue Mittelschule – ein Meilenstein der Schulreform*. Zugriff am 23.07.2013 unter http://www.bmukk.gv.at/schulen/bw/nms/index.xml

Bundesministerium für Unterricht, Kunst und Kultur Österreich. (2013c). *Schulische Tagesbetreuung – Ausbauoffensive*. Zugriff am 23.07.2013 unter http://www.bmukk.gv.at/schulen/tagesbetreuung/ausbau/index.xml

Bundesministerium für Unterricht, Kunst und Kultur Österreich. (2014). *Schulische Tagesbetreuung – Beste Bildung und Freizeit für unsere Kinder*. Zugriff am 15.01.2014 unter .http://www.bmukk.gv.at/schulen/tagesbetreuung/index.xml

Bundesministerium für Wirtschaft, Familie und Jugend (2013). *Kinderbetreuung. Struktur und Formen*. Zugriff am 23.07.2013 unter http://www.bmwfj.gv.at/Familie/Kinderbetreuung/Seiten/StrukturundFormen.aspx

Balz, E. (2010). Außerunterrichtlicher Schulsport. In A. Hummel, N. Fessler & G. Stibbe (Hrsg.), *Handbuch Schulsport* (S. 373-387). Schorndorf: Hofmann.

Bräutigam, M. (2008). Schulsportforschung – Skizze eines Forschungsprogramms. In Dortmunder *Zentrum für Schulsportforschung* (Hrsg.), Schulsportforschung. Grundlagen, Perspektiven und Anregungen (S. 14-50). Aachen: Meyer & Meyer.

Burk, K. (2006). Mehr Zeit in der Schule – der Rhythmus macht's. In K. Höhmann (Hrsg.), *Ganztagsschule gestalten: Konzeption, Praxis, Impulse* (S. 92-105). Seelze: Kallmeyer.

Deutscher Golfverband (2013). *Golf in der Schule*. Zugriff am 18.07.2013 unter http://www.golf.de/dgv/drive/schulgolf.cfm

Deutscher Olympischer Sportbund (2013). *Sonderpreis „100 Jahre Deutsches Sportabzeichen". Ausschreibung im Rahmen des Deutschen Schulsportpreises 2013/2014*. Zugriff am 25.07.2013 unter http://www.dsj.de/fileadmin/user_upload/Dokumente/Deutsche_Sportjugend/DOSB_Sportabzeichen_Flyer175-Deutsches_Sportabzeichen.pdf

Education Group (o.J.). *Gemeinsam in die Bildungszukunft.* (o. J.). Zugriff am 29.10.2011 unter http://www.eduhi.at/index.php?url=detailpage&kthid=12421&artikelid=303229

Freimüller, F., Giegler, S. & Freimüller, I. (o. J.). *Fit mit Koordi. Volksschulkinder fördern.* Zugriff am 19.07.2013 unter http://www.ooegkk.at/mediaDB/704343_Brosch%C3%BCre_Fit_mit_Koordi.pdf

Gesunde Schule (o. J.). *Gesunde Schule in Oberösterreich.* Zugriff am 25.07.2013 unter http://www.lsr-ooe.gv.at/gesunde_schule/

Hieronimus, D. (2012). *Bundesarbeitskreis FSJ – Für mich und andere.* Zugriff am 23.07.2013 unter http://www.pro-fsj.de/

Höfer, R. & Weinhandl, K. (2012). *Coaching in der Schulverpflegung. Ein Modellprojekt an bayerischen Schulen.* Bayerisches Staatsministerium für Ernährung, Landwirtschaft und Forsten (Hrsg.). München: Weber Offset GmbH. Zugriff am 17.07.2013 unter http://www.schulverpflegung.bayern.de/mittagsverpflegung/coaching/

Hummer, D. (2010). *OÖ Schule Innovativ – Freiräume für eine zeitgemäße Schule.* Zugriff am 25.06.2013 unter http://www.ooe-schule-innovativ.at/

Kommission JUGEND TRAINIERT FÜR OLYMPIA (o. J.). Zugriff am 11.7.2013 unter http://www.jtfo.de/daten_und_fakten/

Kolbe, F., Rabenstein, K. & Reh, S. (2006). *Expertise „Rhythmisierung". Geschichte – Praxis – Erfahrungen.* Bad Heilbrunn: Klinkhardt.

Krüger, N. (o. J.). *Kommentierte Literaturauswahl zum Thema „Bewegung im Unterricht".* S. 7. Zugriff am 13.08.2012 unter http://www.uni-marburg.de/fb21/ifsm/ganztagsschule/schulmaterial/bewegung-im-unterricht-literatur)

Land Oberösterreich (2010a). *Fortbildung.* Zugriff am 25.06.2013 unter http://www.ooe-schule-innovativ.at/fortbildung.html

Land Oberösterreich (2010b). *Rezertifizierung.* Zugriff am 25.06.2013 unter http://www.ooe-schule-innovativ.at/sekundarstufe-i/rezertifizierung.html

Landesschulrat für Oberösterreich (o. J.a). *Formen der schulischen Tagesbetreuung.* Zugriff am 23.10.2012 unter http://gts.eduhi.at/de/struktur/formen.html

Landesschulrat für Oberösterreich (o. J.b). *Schulische Tagesbetreuung an OÖ-Pflichtschulen.* Zugriff am 23.10.2012 unter http://gts.eduhi.at/de/home.html

Landesschulrat für Oberösterreich (2013a). *Geführte Standorte im Schuljahr 2012/13.* Zugriff am 23.07.2013 unter http://gts.eduhi.at/de/standorte_im_bezirk/standorte_1213.html

Landesschulrat für Oberösterreich (2013b). *Pädagogische Anliegen.* Zugriff am 24.07.2013 unter http://gts.eduhi.at/de/struktur/paedagog_anliegen.html

Laging, R., Derecik, A., Riegel, K. & Stobbe, C. (2010). *Mit Bewegung Ganztagsschule gestalten. Beispiele und Anregungen aus bewegungsorientierten Schulportraits.* Baltmannsweiler: Schneider.

Legewie, H. (1994). Globalauswertung von Dokumenten. In A., Böhm, A. Mengel & T. Muhr (Hrsg.), *Texte verstehen. Konzepte – Methoden – Werkzeuge* (S. 177-182). Konstanz: Universitätsverlag.

Mental Top (2013). *Mental Top in der Schule.* Zugriff am 08. April 2013 unter http://www.mentaltop.org/mental-training-kinder-schule.html

Massar, T. (2013). *Der Wegweiser zur Bildung – Schulträger.* Zugriff am 19.07.2013 unter http://www.bildungsserver.de/glossarset.html?sp=0&Id=144

Mundigler, S. (1998). Bewegte Pause und Freizeit. Vom Schulhof zum Spielhof. In Bundesministerium für Unterricht und kulturelle Angelegenheiten (Hrsg.), *Klug & Fit,* (6). Wien: Bundesministerium für Unterricht und kulturelle Angelegenheiten.

Österreichisches Schulportal (2013). *Bewegung und Sport – Vielseitigkeitswettbewerbe der Volksschulen „Geschickt und Fit."* Zugriff am 24.07.2013 unter http://www.eduhi.at/dl/Geschickt_und_fit_2013_14.pdf

Projekt StuBBS, Universität Marburg. (2012). *Von der Bewegungspause zum bewegten Unterrichten.* Zugriff am 13.08.2012 unter http://www.uni-marburg.de/fb21/ifsm/ganztagsschule/schulmaterial/workshop

Regensburger Projektgruppe (2001). *Bewegte Schule – Anspruch und Wirklichkeit: Grundlagen, Untersuchungen, Empfehlungen. Beiträge zur Lehre und Forschung im Sport,* (131). Schorndorf: Hoffmann

Repser, H. & Bayerisches Staatsministerium für Unterricht und Kultus (2007). *Mentor Sport nach 1. Leitfaden für Schulleiter und Mentorenbetreuer.* Zugriff am 17.07.2013 unter http://www.sportnach1.de/images/mentor_leitfaden.pdf

SERVICEAGENTUR „GANZTÄGIG LERNEN" Bayern. Deutsche Kinder- und Jugendstiftung GmBH (o. J.). *Ganztagsschule in Bayern. Ganztagsschule und Ganztagsangebote in Bayern.* Zugriff am 25. Juni 2012 unter http://www.bayern.ganztaegig-lernen.de/ganztagsschule-bayern

Schraml, P. (2010). *Bildung und Innovation – Lernen mit und durch Bewegung.* Zugriff am 14.01.2013 unter http://www.bildungsserver.de/innovationsportal/bildungplus.html?artid=758

Staatsinstitut für Schulqualität und Bildungsforschung (o. J.a). *Ganztagsschulen in Bayern.* Zugriff am 23.07.2012 unter http://www.ganztagsschulen.bayern.de

Staatsinstitut für Schulqualität und Bildungsforschung (o. J.b). *Gebundene Ganztagsschulen in Bayern* (Schuljahr 2010/11). Zugriff am 06. Juli 2012 unter http://www.ganztagsschulen.bayern.de/userfiles/GGTS10-11.pdf

Sekretariat der Ständigen Konferenz der Kultusminister der Länder in der Bundesrepublik Deutschland (2011). *Allgemeinbildende Schulen in Ganztagsform in den Ländern in der Bundesrepublik Deutschland – Statistik 2005 bis 2009.* Zugriff am 12.12.2012 unter http://www.kmk.org/fileadmin/pdf/Statistik/GTS_2009_Bericht_Text.pdf

spark 7SLAM Tour (o. J.) *Die spark7 SLAM Tour.* Zugriff am 23.07.2013 unter http://slam.spark7.com/

Thiel, A., Teubert, H. & Kleindienst-Cachay, C. (2006). *Die „Bewegte Schule" auf dem Weg in die Praxis. Theoretische und empirische Analysen einer pädagogischen Innovation.* Baltmannsweiler: Schneider Verlag Hohengehren.

Thiel, A., Teubert, H. & Kleindienst-Cachay, C. (2009). *Die „Bewegte Schule" auf dem Weg in die Praxis. Theoretische und empirische Analysen einer pädagogischen Innovation.* Baltmannsweiler: Schneider Verlag Hohengehren.

Wuppertaler Arbeitsgruppe (Hrsg.). (2008). *Bewegung, Spiel und Sport im Schulprogramm und im Schulleben. Qualität bewegungsfreudiger Schulentwicklung: Differenzen zwischen Anspruch und Wirklichkeit.* Aachen: Meyer & Meyer.

4Yougend – Verein oberösterreichische Jugendarbeit (o. J.). *4youCard.* Zugriff am 23.07.2013 unter http://www.4youcard.at/4youcard/was-ist-die-4youcard.html

Untersuchungsschulverzeichnis

Projektschulen

1. Hans-Carossa-Grundschule Heining-Schalding
2. Lenberger Grund- und Mittelschule Triften
3. Grundschule am Haidel Hinterschmiding-Grainet
4. Grundschule Gotteszell
5. Volksschule 2 Freistadt
6. Volksschule Laakirchen-Süd
7. Volksschule Perg
8. Volksschule Marchtrenk 2 – Dr.-Schärf-Schule
9. Mittelschule Regen
10. Mittelschule Vilsbiburg
11. Mittelschule St. Martin Deggendorf
12. Grund- und Mittelschule Hebertsfelden
13. Propst-Seyberer-Mittelschule Grafenau
14. Grund- und Mittelschule Teisnach
15. Hauptschule Vorderweißenbach
16. Musikhauptschule Eggelsberg
17. Neue Mittelschule Alkoven
18. (Sport-)Hauptschule Niederwaldkirchen
19. Realschule Neufahrn in Niederbayern
20. Realschule Damenstift der Maria Ward Schulstiftung Passau, Osterhofen-Altenmarkt
21. Conrad-Graf-Preysing-Realschule Plattling
22. Staatliche Realschule Passau
23. Coelestin-Maier-Realschule Schweiklberg
24. Realschule Schöllnach
25. Staatliche Realschule Tittling
26. Staatliche Realschule Freyung
27. St.-Gotthard-Gymnasium der Benediktiner Niederalteich
28. Adalbert-Stifter-Gymnasium Passau
29. Gymnasium Pfarrkirchen
30. Bundesrealgymnasium Landwiedstraße Linz
31. Bundesgymnasium/Bundesrealgymnasium Dr.-Schauer-Straße Wels
32. Georg-von-Peuerbach-Gymnasium Linz

Porträtschulen

33. Reinhold-Koeppel-Grundschule Grafenau
34. Volksschule 5 Wels-Mauth
35. Volksschule 43 Stadlerschule Linz
36. Sport-Mittelschule Hauzenberg
37. Hauptschule/Sporthauptschule Ulrichsberg
38. Maria Ward Realschule Neuhaus am Inn
39. Gymnasium Untergriesbach
40. Kollegium Aloisianum Linz

Bildnachweis

Covergestaltung:	Sabine Groten
Coverfoto:	©Thinkstock; Links: iStock/Daniel Hurst, Mitte: Digital Vision/Bec Parsons, Rechts/Autoren
Umschlaggestaltung:	Eva Feldmann
Innenlayout:	Cornelia Knorr
Satz:	Kerstin Quadflieg
Fotos Innenteil:	Herausgeber, Kap. 5 siehe Nachweis auf S. 206
Grafik Kapitelaufmacher:	©Thinkstock/iStock/Ann Triling
Lektorat:	Dr. Irmgard Jaeger

Abonnieren Sie unseren kostenlosen Newsletter unter **www.dersportverlag.de**

WASCHLER & LEITNER (HRSG.)
BEWEGTER GANZTAG

Band 1
BEWEGTER GANZTAG
Daten zur Analyse der Situation an Schulen und vorschulischen Einrichtungen in Niederbayern und Oberösterreich

ISBN 978-3-89899-812-3

€ [D] 29,95/€ [A] 30,80

Band 3
ACHT SCHULPORTRÄTS ZUM BEWEGTEN GANZTAG
in Niederbayern und Oberösterreich

ISBN 978-3-89899-814-7

€ [D] 24,95/€ [A] 25,70

MEYER & MEYER Fachverlag GmbH
Von-Coels-Str. 390
52080 Aachen

Telefon: 02 41 - 9 58 10 - 13
Fax: 02 41 - 9 58 10 - 10
E-Mail: vertrieb@m-m-sports.com
Website: www.dersportverlag.de

Unsere Bücher erhalten Sie online oder bei Ihrem Buchhändler.

MEYER & MEYER VERLAG

Meyer & Meyer
SPORTWISSENSCHAFT 2014/2015

SPORT
WISSENSCHAFT
2014/15

MEYER & MEYER
DER SPORTVERLAG
DEUTSCH & ENGLISCH

Abonnieren Sie unseren kostenlosen Newsletter unter www.dersportverlag.de

DIE KATALOGE AUS DEM MEYER & MEYER VERLAG

Meyer & Meyer
GESAMTKATALOG 2015

Meyer & Meyer
VORSCHAU FRÜHJAHR 2015

MEYER & MEYER
Fachverlag GmbH
Von-Coels-Str. 390
52080 Aachen

Telefon 02 41 - 9 58 10 - 13
Fax 02 41 - 9 58 10 - 10
E-Mail vertrieb@m-m-sports.com
Website www.dersportverlag.de

Unsere Bücher erhalten Sie online oder bei Ihrem Buchhändler.

MEYER & MEYER VERLAG